YOU & US
我们和你们

中国和伊朗的故事

刘振堂 主编

五洲传播出版社

图书在版编目（CIP）数据

中国和伊朗的故事 / 刘振堂主编 . -- 北京：五洲传播出版社，2019.4
（我们和你们）
ISBN 978-7-5085-4157-0

Ⅰ . ①中… Ⅱ . ①刘… Ⅲ . ①中外关系 – 友好往来 – 伊朗
Ⅳ . ① D822.237.3

中国版本图书馆 CIP 数据核字 (2019) 第 074558 号

中国和伊朗的故事

主　　编：	刘振堂	
出 版 人：	荆孝敏	
责任编辑：	高　磊	
装帧设计：	正视文化	
出版发行：	五洲传播出版社	
地　　址：	北京市海淀区北三环中路 31 号生产力大楼 B 座 6 层	
邮　　编：	100088	
发行电话：	010-82005927，010-82007837	
网　　址：	www.cicc.org.cn www.thatsbooks.com	
承　　印：	北京圣彩虹科技有限公司	
版　　次：	2019 年 4 月第 1 版第 1 次印刷	
开　　本：	787×1092mm 1/16	
印　　张：	19.5	
字　　数：	220 千字	
定　　价：	59.00 元	

序

非常高兴看到《中国和伊朗的故事》一书即将付梓。本书的作者均为熟知中伊两国国情世情民情、从事促进中伊友好交往工作的人士，包括中国前驻伊朗外交官、两国专家学者等，他们将自己在对方国家的所见所闻所感一一记录下来，向世人叙述着中伊人民友好交往的点点滴滴。

伊朗古谚有云："人心之间，有路相通。"2000多年前，伴着阵阵驼铃声，西汉张骞的副使甘英所率使团跨越千山万水来到安息（古代伊朗），受到了两万多民众的夹道欢迎，自此开启了中华文明与波斯文明交往的辉煌篇章，古丝绸之路的光辉也开始闪耀于欧亚大陆腹地。1500年前，波斯又十余次派遣使节到访中国北魏王朝。随着双方的友好往来，连接中国、伊朗等国的"丝绸之路"也全面畅通，为两国的经济文化交流开辟了新的纪元。通过丝绸之路，波斯的物产、服装、医药、音乐、舞蹈、宗教传到中国，而中国的丝绸、茶叶、瓷器、绘画、中医等则传到波斯乃至欧洲，两大文明交相辉映，熠熠生辉，彰显出文明交流互鉴的巨大价值。

中伊两国的友谊之路已经走过2000余年，不管如何沧海桑田，如何风云变幻，中伊友好的主旋律不仅从未改变，更是奏响了新的华美乐章。1971年中伊建交以来，两国友好合作稳步发展。2016年习近平主席访问伊朗，将两国关系提升到全面战略伙伴关系的新阶段。2018年，鲁哈尼总统出席上合组织青岛峰会期间同习近平主席成功会晤，为中伊关系进一步发展指明方向。两国交往日益密切，政治互信不断加深，各领域务实合作全面推进，谱写了丝绸之路在21世纪的新篇章。

2013年，中国国家主席习近平提出建设"一带一路"的倡议，受到沿线各国的广泛欢迎。伊朗自古就是丝绸之路上的重要交通枢纽和贸易集散地，至今仍是联通亚欧大陆的重要陆海贸易通道和世界主要能源供应国，战略地位重要，地缘价值突出。

"一带一路"既是一条经济合作之路，也是一条文化交流之路，更是一条民心相通之路。这21世纪的新丝路，承载着两国人民和睦相处的点点滴滴，必将成为中伊世代友好的历史见证。我们需要见证，需要将这新丝路上发生的动人故事一一记载，而《中国和伊朗的故事》的出版就是这样适逢其时，恰如其分。中伊友好交往的美好故事如繁星般灿烂，本书就像一只宝匣，撷取并珍藏着其中耀眼的那几颗，虽然不一定多，但它们足可吸引读者凝视两国星汉灿烂的历史长河，增进对彼此的理解和欣赏，夯实友谊的桥梁，构筑通向美好未来的坦途。我相信，这样的故事会越来越多，这样的书籍会越来越多。我相信，《中国和伊朗的故事》一书会像波斯旅行家阿里·阿克巴尔在1516年所撰写的《中国纪行》那样，把中伊友好的故事世代传颂下去。

庞　森
中华人民共和国驻伊朗大使

序

您读到的这本书，是由伊朗和中国的一些友好人士共同撰写的。从中可以看出，作者们都有一个愿望，就是想增进两国人民的相互了解，加强两国友谊的纽带。文章作者大都是多年来从事伊朗和中国交往的人士，包括中国前驻伊朗大使、波斯语专业教授、伊中关系问题专家、波斯语—汉语翻译工作者等。

伊朗和中国的友好往来可以上溯到 2200 多年前"丝绸之路"形成之初。那时虽然交通工具落后，路途遥远，但这些并没有阻止两国之间的交往。这种友好关系一直延续到今天，两大文明古国从中相互学习了很多东西。习近平主席 2013 年提出了旨在复兴丝绸之路的"一带一路"倡议。该倡议必将密切各国文化、经济和政治联系，通过互联互通、共建共享，揭开建设人类命运共同体的序幕。

伊朗和其他伊斯兰国家人民一向对中国持正面看法。伊斯兰先知穆罕默德在圣训中说："求知，哪怕远在中国。"这一圣训既表明了知识在穆斯林生活中的地位，同时也说明古代中国就是许多先进的科学技术的发源地。伊朗和中国通过近些年来的发展，在科学知识领域恢复了各自应有的国际地位。两国发展关系和开展合作，可以进一步提升两国的这种地位。

近代以来，特别是伊朗伊斯兰革命 40 年来，伊中两国关系日益发展。在两国领导人的推动下，2016 年两国关系提升至全面战略伙伴关系的水平。这意味着两国将深化政治、经济、安全、文化等各领域合作。习近平主席在谈到中国与世界各国发展友好关系时强调要"民心相通"。《中国和伊朗的故事》一书的出版，可以说就是民心相通之举，无疑将在促进两国人民的相互了解上发挥有效作用。

刘振堂先生和华黎明先生均曾担任多年的中国驻伊朗大使，他们可能是最了解伊朗国家领导人和人民对中国所持友好态度的人。两位先生为发展两国关系仍在不懈努力，令人赞赏，本书的编辑出版就是一个例子。

伊朗和中国可以称得上是全天候朋友，无论国际风云如何变幻，都不会影响两国之间的关系。希望其他对伊朗或中国有了解的朋友们，也能把自己的经历分享给别人，以便两国人民更多地了解对方的社会现状、文化特性和各领域发展情况。

再次感谢本书所有作者，感谢你们分享了自己在伊中友好交往中的知识、经历和印象。感谢五洲传播出版社，该社迄今出版了很多介绍伊朗和中国的图书，希望将来能看到更多类似的优秀作品。

穆罕默德 · 克沙瓦尔兹扎德
伊朗伊斯兰共和国驻华大使

目 录

记忆篇

人物篇

交流篇

记忆篇

见证中国与伊朗关系 40 年

华黎明（中国前驻阿联酋、伊朗、荷兰大使）

1958 年夏，我与北京外国语学院英语系 56 级的同学在石景山钢铁厂劳动锻炼期间，突然接到通知，要我转到北京大学东方语言文学系学习。后来才得悉，周恩来总理作出了一项颇有前瞻性的培养外交人才的决策，指示外交部从大学英语和法语专业里选拔一批学生学习亚非国家的非通用语。遵照周总理的指示，外交部从北大西语系和北京外国语学院英语、法语系，以及南开大学、复旦大学、南京大学、厦门大学、中山大学选拔了三十几名学生转入北大东语系，分别学习日语、阿拉伯语、印地语、印尼语、越南语、朝鲜语和波斯语。有 7 位同学被分配学波斯语，我是其中之一。从此，我就与伊朗结下了不解之缘。

中国与伊朗建交

在冷战前期，统治伊朗的巴列维国王在美国的压力下，不承认中华人民共和国。1971 年尼克松访华后，伊朗才与中国建交。

上世纪 70 年代初，中美关系改善，从敌对转变为互相倚重，中国开始奉行"一条线，一大片"的外交战略。在这"一条线"中，伊朗和土耳其处于正中间，战略地位十分重要。这个思想指导着上世纪 70 年代和 80 年代初中国对伊朗的外交和对伊朗形势的调研和观察。

1971 年尼克松访华后，虽然中伊还未建交，但两国关系已开始松动。

1991 年 6 月，华黎明大使向伊朗总统拉夫桑贾尼递交国书。

巴列维国王派他的两位姐妹先行来中国"探路"，周总理都亲自出面会见宴请。有一次，在北京前门全聚德烤鸭店宴请阿什拉芙公主时，周总理还亲自在烤鸭店门口迎接。

记得 1971 年中国和伊朗签署建交公报的时候，我还在山西离石的外交部五七干校劳动。1972 年 9 月的一天，干校的军代表通知我说，外交部要求我次日即赶往北京参加接待伊朗王后和首相胡韦达访华。他们到达北京的那天，周总理还亲自到机场迎接。车队经过天安门广场时，周总理陪同伊朗王后乘坐敞篷车接受数千名群众的夹道欢迎。除了游览故宫和长城由郭沫若陪同外，周总理在北京几乎全程陪同，这令伊朗王后和首相十分感动。

1975 年 5 月，伊朗国王巴列维的孪生妹妹阿什拉芙公主访华。她是周总理在 1955 年万隆会议时就结识的老朋友，重病中的周总理在医院会见了她。这也是我最后一次见到周总理。

1978 年，伊朗爆发了全国范围的反巴列维运动。这也使处于"蜜月"期的中伊关系面临严峻考验。

上世纪 70 年代是伊朗的暴富时期。随着第一次石油危机爆发，油价猛涨，波斯湾沿岸一批产油国迅速致富。几年内，伊朗的国民生产总值就翻了好几番。1973 年我初次陪同姬鹏飞外长访问伊朗时，看到首都德黑兰一片繁荣的景象，高楼大厦鳞次栉比，高速公路四通八达，200 万辆小汽车使首都的交通拥挤不堪。这一切，着实让我这个来自当时温饱还成问题的国度的外交官有点眼花缭乱。但是，财富迅速增长的同时，伊朗社会内部各种固有的矛盾也激化了。

1977 年底，我以一名年轻外交官的身份被派往驻伊朗使馆工作。不久，巴列维到华盛顿访问，美国总统卡特在白宫前的草坪上主持欢迎仪式。当时，大批伊朗留美学生到白宫草坪附近举行反国王的示威，规模很大，美国警方控制不住，最后使用催泪弹来驱散人群，但由于风向不对，催泪弹的烟雾反而飘向白宫草坪。我当时从电视上见到，两位元首都被催泪弹烟雾熏得泪流满面。实际上，反巴列维运动的序幕在华盛顿已经拉开了。

1978 年 2 月，抗议运动已经席卷全国。3 月 21 日是波斯新年，每年的这一天，所有的外国驻伊朗使节都要到伊朗王宫给巴列维国王拜年，使节们按照他们递交国书的先后顺序站立，然后国王过来和使节们一一握手，与每位大使寒暄几句。非常凑巧的是，焦若愚大使和当时的美国驻伊朗大使沙利文递交国书的时间是一前一后，因此排队的时候就挨着，我就站在焦若愚大使的身后给他们两人做翻译。正当巴列维国王从远处向我们走来的时候，沙利文突然对焦若愚大使说："这个国家缺少领袖！"我把这句话翻译给焦大使，焦大使一听，觉得很奇怪，于是就问他："您是不是指的这个人？"他说："是的。"实际上，美国人这时候已经开始对巴列维丧失信心了。沙利文退休后写了一本回忆录——《出使伊朗》，其中他就写道，当时他给美国国务院写的报告就认为美国仅仅依靠巴列维是很危险的。

1979年1月26日，巴列维国王在美国的压力之下乘飞机出国流亡，消息一传出，德黑兰数百万群众涌上街头，载歌载舞。那天我正好在德黑兰市中心，目睹了这一欢庆的场面。许多市民当街宰羊，所有的汽车同时打开大灯并鸣笛，竖起的雨刷上插着的鲜花来回飞舞，我乘坐的汽车里被欢庆的群众扔满了糖果和甜点，德黑兰市内几十座巴列维父子的铜像被群众推倒。不到十天，霍梅尼就从巴黎回到伊朗，建立了伊斯兰政权，统治了伊朗半个世纪的巴列维王朝从此寿终正寝。

在此期间发生的一件事，对日后的中伊关系产生了重要影响。1978年4月，中央决定由粉碎"四人帮"后担任党和国家领导人的华国锋当年8月出访罗马尼亚和南斯拉夫。

当时，我国领导人出访乘坐的专机是波音707客机，飞欧洲途中必须降落加油。由于德黑兰位于航线的中点，又是交通要冲，加上伊朗当时在中国外交中的特殊地位，中央决定往返都在德黑兰停降，并在回程时作正式访问。

1978年6月，时任外长黄华访问伊朗，为华国锋访伊进行前期准备。由于当时中国外交全神贯注于苏联问题，黄华外长在他和伊朗外交大臣哈拉巴里的会谈中，首先发言讲述苏联在阿富汗、索马里、红海、波斯湾地区以及南下印度洋的扩张势头。当时我担任翻译。轮到对方发言的时候，哈拉巴里居然只字不提苏联问题。他给我们讲了一个故事，说伊朗古代有位星象学家，夜间走路时总是抬头观察星象，有一天晚上，正当他仰天望星走路时，没想到前面有个坑，一下子就掉进坑里面去了。

现在回想起来，他讲这个故事是在暗示我们，他们的政权已经很危险了。

1978年8月，伊朗国内的局势已经严重恶化，到了不可收拾的地步，尤其是当华国锋已经快完成对南斯拉夫的访问准备返回的时候更是如此。伊朗国内因为动乱，死伤的人数相当多，巴列维国王在群众的压力之下不得不更换首相，对内阁进行改组。这时，华国锋已经完成了对南斯拉夫的访问，在铁托的陪同下在布列俄尼岛休息，听到这个消息之后，我国最高决策层就犹豫了：还要不要对伊朗进行访问？代表团联名给驻伊朗大使焦若愚发电报，征求他的意见。当时，外交部副部长何英和西亚北非司司长周觉已先期到达德黑兰。焦大使会同何英副部长和周觉司长连夜开会，我当时在驻伊朗使馆调研室工作，列席了这次会议。会议开了一个通宵，经过反复斟酌，大家的一致意见是：伊朗是"一条线"上具有重要战略意义的国家，尽管局势动乱，过门不入会影响两国关系。特别是，根据我们对形势的估计，当时的伊朗国内局势是受到苏联插手的，巴列维正处于一种比较困难的处境，因此，从我们整个大战略考虑，应该支持巴列维一下，因此使馆最后得出结论：不宜改变行程。

这样，华国锋就如期进行了对伊朗的访问，我作为他的翻译随行。实际上，这个时候局势已经非常紧张了：华国锋抵达之后，由于大街上到处都是游行示威的队伍，治安形势非常不好，专机抵达之后，所有的参观项目取消，仅在机场、宾馆、王宫三点之间活动，汽车也不能坐，只能乘直升机。由于局势动荡，为了安全起见，每次出去活动都准备了六架直升机，事先也不指定坐哪一架，随意坐，坐上之后六架直升机飞往不同的方向。

期间，我印象最深的两国领导人之间的会谈就是华国锋和巴列维之间的一次单独会谈，那次会谈除了我这个翻译之外没有其他任何人在场。会谈中，巴列维的情绪已经相当低落，他说，伊朗的形势已经非常困难，他的前途是个"未知数"。听到这句话，我感到非常吃惊：他作为一位国家元首，竟然对自己都没有信心了！

这次访问严重影响了伊斯兰革命后的中伊关系。伊朗公众普遍认为中国是巴列维的"朋友"，中国领导人在巴列维行将灭亡时访问伊朗是为旧政权打气。伊朗伊斯兰革命胜利后，大街上到处写的口号是："打倒美国、打倒以色列、打倒中国！"此后相当长的一段时间里，中伊关系相当冷淡。

改革开放和后伊斯兰革命时期的中伊关系

1979年中国正式改革开放，中美建交；同年，伊朗发生了伊斯兰革命。这两件事改变了冷战末期的国际格局，也改变了中伊关系。中国从封闭走向开放，并与美国建交；伊朗社会从高度西化转向宗教化、革命化，美国和伊朗结束了30年的结盟关系而走向敌对。

处于改革开放初期的中国国内百废待兴，拨乱反正，对外重点解决中苏敌对关系和处理刚刚建交的中美关系，无暇顾及也不愿卷入中东事务。伊朗方面，由于新政权刚建立，立足未稳，忙于内部斗争，加之伊朗公众对中国领导人在伊朗革命胜利前夕访伊的不满，中伊关系一度十分冷淡。

1979年11月4日上午，在伊朗首都德黑兰，数百名伊朗男女学生占领了美国大使馆，扣押66名使馆人员当作人质，要求美国政府立即引渡流亡到美国治病的巴列维。美国政府断然拒绝伊朗方面的要求。伊朗方面表示，若不引渡巴列维，则不释放人质。

11月4日当天，我正好陪同林兆南临时代办到伊朗外交部办事，当时我们还不知道美国大使馆被占领，结果到了伊朗外交部门口的时候，看到美国临时代办的专车停在那里。后来一打听才知道，美国代办带领两个随员到伊朗外交部抗议伊朗学生占领美国驻伊大使馆，他们没有想到，在他们提完抗议之后，伊朗外交部的官员就告诉他们：不得离开伊朗外交部。这样，美国大使馆的 49 名人质被扣押在使馆，美国代办和两名随员则被扣押在了伊朗外交部的一个房间里。

伊朗此举使伊斯兰革命的形象一落千丈，再加上伊斯兰革命政权还宣称对外"输出革命"，使得伊朗新政权在国际上很孤立。因此，当 1980 年 9 月 21 日伊拉克萨达姆政权大举入侵伊朗，两伊战争爆发时，国际社会多数却同情伊拉克，伊朗倍感孤立无援。当时，中国是世界上少数对这场战争保持中立的国家。1980 年 1 月 30 日，美国向联合国安全理事会提出对伊朗实行经济制裁的决议草案，安理会 15 个成员国中，10 个国家的代表投了赞成票；苏联和德意志民主共和国代表投票反对；墨西哥和孟加拉国代表弃权；中国代表没有参加投票。伊朗迅速对中国释放的善意作出了反应。两周后，伊朗现领袖、时任议员的哈梅内伊以总理特别代表的名义访华，"澄清国际事务立场"。1983 年，伊朗交通部长内贾特·侯赛尼扬和外长韦拉亚提先后访华，中国国家主席李先念会见了后者。1984 年 11 月，继中国农业部长何康之后，外交部长吴学谦访问伊朗，分别会见了伊朗总统哈梅内伊和议长拉夫桑贾尼。两国关系从此解冻。

1985 年 2 月，中国国务委员张劲夫率领庞大的经济代表团访问伊朗。同年 6 月伊朗议长拉夫桑贾尼访华，中国给予元首级的高规格接待。拉夫桑贾尼在此访中首次与邓小平会见。

1988 年 7 月 8 日，伊朗接受联合国安理会第 598 号决议，两伊战争结束。当年 9 月，中国全国人大常委会委员长万里即率团访问两伊。1989 年 5 月，哈梅内伊以总统身份访华，也在北京会见了邓小平。

后冷战时期的中伊关系

1989年6月4日，中国北京发生政治风波的同日，伊朗领袖霍梅尼谢世。中国遭遇以美国为首的西方世界的集体制裁。1991年柏林墙倒塌、苏联瓦解后，西方对中国施加了更强大的外交、经济和贸易压力；伊朗在霍梅尼去世后实现了权力的平稳交接和过渡，同时在国际上继续处于孤立的境地。这一时期，中伊两国在"反对霸权主义"问题上相互同情，相互支持。

正在此时，我被任命为中国驻伊朗大使，再次踏上这块友好的土地。在当时的国际环境下，中伊两国领导人互访频繁。1991年，中国国务院总理李鹏和国家主席杨尚昆在不到半年的时间里先后访问伊朗。次年，伊朗总统拉夫桑贾尼访华。

1979年伊朗伊斯兰革命后，美国因素常常成为中伊关系中的一个重要障碍。由于美伊敌对，伊朗问题成为中美关系中的一个重要议题。尤其是中国对伊朗能源供应的依赖度大幅增加后，这一矛盾尤为突出。美国在对付伊朗方面要求中国与它保持一致，而伊朗作为中国能源供应的大国又期待在受到美国压力时得到中国的支持。美国成了阻碍中伊关系的重要因素。

以下是美国华盛顿大学教授约翰－加佛在他的著作《中国与伊朗》中透露的上世纪90年代中美在伊朗问题上的分歧经过：

1991年10月，美国中情局根据其获得的情报断言，伊朗试图发展核武器，并"得到中国的合作和帮助"。从此，所谓"与伊朗核合作"成为中美关系中经常聚焦的重大问题。

1991年底，美国负责亚太事务的助理国务卿理查德·所罗门在美参议院秘密听证会上称，中国向伊朗出口的虽然不是核武器，但是核技术和情报。他说，"这是不能接受的"，美方已向中方表示关切。美国

华黎明大使任内拜会伊朗总统拉夫桑贾尼。

坚持，中国应该停止一切与伊朗的核合作，即使这种合作按《不扩散核武器条约》（NPT）是合法的。美方强调，美有"强有力和令人信服的证据"证明，伊朗在发展核武器，NPT不应成为掩盖这种企图的借口。

1991年11月，美国国务卿贝克访华。这是1989年中美关系冻结后美国对华关系的破冰之旅。贝克在此行中要求中方停止向伊朗出口美方所称的"M9"和"M11"导弹，要求中方加入"导弹及其技术控制体系"（MTCR），停止与伊朗的核合作。中美双方围绕此问题激烈交锋，谈判无果而终。

1992年9月，美国老布什政府决定向台湾出售150架F-16战斗机。8天后，伊朗总统拉夫桑贾尼访华，中国与伊朗签订核技术合作协定，中方同意与伊朗合作在伊修建核电站。伊朗核电站问题遂成为中美关系中最有争议的问题。

1993年克林顿入主白宫后，在伊朗核电站问题上加大向中方施压的力度。

1993年11月，克林顿总统与江泽民主席在西雅图举行的亚太经济合作组织（APEC）峰会期间首次会晤时谈及中伊核合作，克林顿要求中国停止帮助伊朗建核电站。1994年10月，美国国务卿克里斯托弗在与中国外长钱其琛的会谈中再次要求中方停止与伊朗的核合作，中方则向美方提出了停止售台武器的要求。美方认为，这是中方第一次将中伊核合作与售台武器挂钩，迫使美方在售台武器问题上让步。

1995年3月，美国国务卿克里斯托弗与中国外长钱其琛在联合国会晤时再次提及伊朗核电站问题，无果。

1995年9月，在江泽民主席对美国进行国事访问前夕，克里斯托弗和钱其琛再次会晤，会后钱外长举行记者招待会宣布，中方将单方面暂停与伊朗合作修建核电站。此后一年中，中方又中止与伊朗合作修建铀转换工厂，并停止向伊朗出售C801和C802反舰导弹。

中伊经贸合作关系

与中伊良好的政治关系相比，两国的经贸关系一度严重滞后。当时的伊朗正处在两伊战争之中，外汇严重短缺。伊朗遭美国等西方国家的制裁，需从中国进口大量商品，而中国在上世纪80年代还是石油出口国，从伊朗进口的少量原油也都转口到第三国。因此，中伊双边贸易中，中方保持大量顺差。双边贸易额长期徘徊在1—2亿美元之间。

1992年邓小平南巡讲话后，中国经济高速发展，首次遭遇能源短缺。自1993年起，中国由石油出口国转变为石油进口国。伊朗愿以原油代

1995 年，时任伊朗外长韦拉亚提为离任的华黎明大使送行。

替现汇支付从中国进口的商品。这本是两国经济互补双赢的最佳出路，但是，一个技术问题却成了中国进口伊朗原油的障碍。当时，中国的绝大多数炼油厂只能炼制中国自产的低硫油，"吃"不了伊朗的高硫油。要解决这个问题，中国的炼油厂必须增建脱硫装置，这需要大量投资，更需要时间。直至 1995 年我离任时，中伊双边贸易额未超过 4 亿美元。

1997 年之后，中国国内带脱硫装置的炼油厂如雨后春笋般建起，伊朗的原油滚滚流入中国市场。中国的机电产品和成套设备源源不断地输入伊朗。

进入 21 世纪，中国经济高速发展，对能源的需求猛增。2000—2002 年，中国进口的伊朗石油分别为 700 万吨、1085 万吨和 1110.7 万吨，在中国进口石油总量中分别占 10%、18% 和 15.16%。2001 年，伊朗曾超过阿曼，成为中国石油进口的第一大来源国。如今，伊朗每年向中国出口原油 2700 万吨，成为中国第三大能源供应国。

几点启示

第一，中伊建交 48 年来，国际形势历经冷战、苏联解体、海湾战争、"9·11"事件、阿富汗和伊拉克战争及金融危机；中国经历了"文革"、改革开放、经济高速发展；伊朗政权更迭后不断处于国际博弈的风口浪尖。在变幻莫测的历史风云中，两国关系不仅经受住了考验，而且还有长足发展。关键之点是，中国始终坚持了和平共处五项原则，尊重伊朗的主权，不干涉伊朗的内政。尤其在两伊战争期间伊朗被美国和多数阿拉伯国家孤立以及伊斯兰革命政权不被西方国家认同的情况下，中国坚持尊重伊朗人民的选择，与伊朗保持正常的国家关系，这对伊朗尤为珍贵，对中伊关系产生了深远的影响。

第二，中伊两国的政治制度和价值观相异，但是，两国都奉行独立自主的外交政策，不接受外国的霸权。中伊两国在不少国际问题上持相似立场，在两国遭遇西方大国压力、干涉时需要相互支持。

第三，战后历史表明，美国因素始终影响着中伊关系。伊美结盟、中美敌对、伊美敌对和中美关系正常化都曾经对中伊关系产生过重大影响。美国因素是中伊两国处理和发展双边关系时必须面对的现实。中伊友好关系是中国处理对美关系时一笔重要的资产，而不是包袱。

我同三位伊朗总统交往的故事

刘振堂（中国前驻伊朗大使）

　　我于 2002 年出任中国驻伊朗大使，任上五年有幸结识三位总统，他们分别是前总统哈塔米、拉夫桑贾尼和艾哈迈迪－内贾德。他们三位虽然都是在同一位领袖主导之下，但在伊朗独特的政治生态中，他们分属于三大派系。他们以各自独特的气质和言行，分别守护在伊朗伊斯兰共和国航船的左、中、右船舷上，以确保这艘航船沿着霍梅尼确定的航向平稳地向前行驶，为伊朗人民带来平安与福祉。

　　在浩如烟海的书报杂志媒体里，尚找不到一把统一的尺子来界定伊朗的派系，本文权且将哈塔米称作温和派（改革派），那么艾哈迈迪－内贾德就成为强硬派（保守派），介于两者之间的拉夫桑贾尼当为务实保守派了。艾哈迈迪－内贾德为世俗官员，其他两位则为教士，且哈塔米为圣裔，与伊朗国教什叶派的十二伊玛目（大教长）有血缘关系。这又说明，对一位伊朗政治家来说，在伊朗这个世界最大的政教合一国家里，教俗身份与政治派系并无必然的联系。

　　我于 2002 年 12 月 7 日下午递交国书时结识了哈塔米总统。记得在与使馆几位主要官员走进总统府接见大厅时，他端立在大厅对面正中，中等身材，不胖不瘦，满面红光，戴了一副秀郎眼镜，黑色的头缠上微显谢顶，身着淡灰色内袍，披淡茶色长袍，配上茶褐色皮鞋与袜子，显得典雅大方。我晓得伊朗上层宗教学者都会讲阿拉伯语，站定之后便用阿拉伯语向他致意并祝开斋节快乐。递交国书后，他也用阿语与我交谈，问我在哪儿学的阿语，并希望我能学波斯语，方便在伊朗交往。

2002 年 12 月 7 日，刘振堂大使在伊朗总统府向哈塔米总统递交国书。

哈塔米对中国友好，经常拨冗参加中伊合作项目的开工与竣工典礼。记得中国公司承包的卡拉季至古勒沙赫镇铁路竣工时，他刚刚结束对外国的访问，便风尘仆仆地赶来出席竣工仪式。他在仪式上高度评价与伊合作的中国公司优质高效，盛赞中国经济技术取得的巨大进步，期望伊中进一步加强有效合作，取得更多硕果。

哈塔米又是一位周到细致的领导人。记得伊朗中部的克尔曼省举行的一场中伊合作项目竣工仪式后，他本已在其他官员的簇拥下退席走向大门，临近大门口，突然回头转身走向我，与我道别，同时再次表达对中国的谢意。

哈塔米欣赏中国的和谐哲学。他称，无论一个民族还是一种宗教，没有自己的特性就无以生存。不同特点并不意味着对立，互相之间可以相互学习、相互欣赏、和谐共存。他认为，他所主张的东西方、各民族之间的文明对话，与孔夫子倡导的"和而不同"是一致的。他还多次表示，希望再有机会访华，与中国朋友探讨文明对话的途径与前景。

他一贯倡导不同国家、不同意识形态之间应进行"文明对话"。2000年，他在联大发言时全面阐述了这一主张，得到广泛响应。联合国遂决定将2001年定为"国际对话年"。随后，亚欧对话会议也设置了"文明对话"机制。

2005年2月行将卸任前，在为伊斯兰革命曙光节举行的使节团拜会上，哈塔米再次重申他的文明对话理念。他说，伊斯兰革命是非暴力革命，它使伊朗由落后与附庸变成独立、自由和发展建设的国家，从而结束了150年的屈辱史。欧洲、亚洲和非洲国家都要独立自主，相互进行文明对话，伊朗愿意与欧洲国家继续互利合作。

哈塔米作为改革派代表，主张言论自由、制度民主、改善与西方国家关系，其理念得到年轻一代及上层革新派的支持。

在哈塔米任内，伊朗与欧洲、阿拉伯关系得到较大改善，欧盟成为伊朗主要贸易伙伴，英、法、德三国就伊朗核问题与伊朗开展对话。哈塔米往访多个阿拉伯国家，与没有正式外交关系的埃及总统穆巴拉克会晤时，主动提出愿更改以谋杀埃及前总统萨达特主凶命名的德黑兰一街道的名称，甚至提出伊朗欲以观察员的身份加入阿拉伯联盟。

哈塔米总统1997年执政后，奉行开明的妇女政策，重视对妇女权益的维护。那时，女青年穿非黑色长袍的增多，有的甚至将头巾裹至脑后部，露出部分秀发也无须顾虑。哈塔米在一年一度的外交使团团拜会上，总是按"女士优先"的原则，首先与使节夫人寒暄。对于使节夫人在盛夏时节戴头巾的不便，他表示理解，甚至在某些场合还表达歉意。西班牙新任大使递交国书前，其夫人要求陪同，哈塔米迅即破例同意，并在接受国书时当面向大使夫人明确表示，他不赞成让非穆斯林戴头巾。2006 年，在会见到访的中国作家王蒙夫妇时，哈塔米主动询问王夫人："戴头巾不会感到不适吧？"接着，哈塔米以不无自嘲的口吻说："你瞧，包括我在内的许多男人也在陪戴呢（指宗教人士戴头缠）！"当王蒙答称其夫人戴了头巾更漂亮时，哈塔米幽默地说："是否比她年轻时更漂亮？"

哈塔米为提升妇女社会地位，将妇女事务局更名为"妇女参与中心"，并扩大其职能，设总统妇女事务顾问一职，由妇女参与中心主任兼任。该顾问由总统直接任命，无须经议会批准，且作为内阁的一员有资格参加内阁会议，其地位仅次于负责环保事务的女副总统。哈塔米任内，每个部委及各省都设有各自的妇女事务办公室，或设主管妇女事务的顾问，司法部门对不利于妇女的相关法律条文作了修改，在各部委和省市各级的总预算中专拨经费用于妇女活动与事务，以鼓励妇女积极参与政治、经济和文化活动，加入非政府组织，提高自立意识和维权意识。

另一位总统是拉夫桑贾尼先生，他是伊朗全方位的政治家，当之无愧地"德高望重"。在伊朗，拉夫桑贾尼所任高职之多之久，除领袖之外，没有任何政治家能与之比肩。他曾任两届议长、两届总统，卸任后即任确定国家利益委员会主席，直至 2017 年 1 月因病去世。2007 年 9 月之后，他又先后当选专家会议副主席、主席。这个专家会议非同寻常，它是负责推荐、选举、监督、罢免最高领袖的特殊机构。

拉夫桑贾尼 14 岁就进入库姆神学院读书。22 岁以后，他紧紧追随霍梅尼从事反对巴列维国王的活动，多次被捕入狱，曾坐牢三年。他所蹲过的监狱我曾参观过，即位于德黑兰中心区的前王朝临时监狱，附属于国王情报中心（萨瓦克）。自 1960 年开始，这里先后关押了 543 名革命者，现领袖哈梅内伊就曾被关押在此六次之多。拉夫桑贾尼当时属重犯之一，被单独禁闭在四平方米的牢房里。监狱所使用的酷刑与当年

由中资公司承建的德黑兰地铁项目是时任伊朗总统拉夫桑贾尼一手促成的。图为刘振堂大使参加新线开通仪式后，在列车上听取中资公司代表汇报。

"中美合作所"所属的重庆渣滓洞监狱没什么两样，许多年轻学生在此被折磨致死。

霍梅尼被流放国外期间，拉夫桑贾尼是与霍梅尼一直保持联系的几位教士中最年轻的一位。1979年革命胜利后，拉夫桑贾尼与哈梅内伊共同创立了执政的伊斯兰共和党，他本人除担任上文提及的高职外，还曾任内政部长、武装部队总司令、霍梅尼驻最高国防委员会代表、德黑兰市临时教长、星期五祷告领拜人。其教阶已升为阿亚图拉。

拉夫桑贾尼是中伊关系的缔造者与见证者之一。他采纳伊朗外交部国际问题研究所的建议，1985年以议长的名义访华。应该说，这次访问是一次破冰之旅，从此，中伊两国关系特别是经贸关系进入了一个新的发展阶段。在他和中国领导人共同努力下，伊朗成功引进中国地铁技术，从而使伊朗成为中国地铁在海外的首个商业用户。

我在任期间多次拜会拉夫桑贾尼，他每每回忆起 1985 年、1992 年两次访华，都兴奋不已。他总是强调伊朗领导层都希望发展对华关系，他本人尤其如此。

拉夫桑贾尼 2007 年 10 月接受我辞行拜会时已年逾七十，但依然精神矍铄、笑容可掬。他与我交谈中提到，中国走的道路是正确的，取得了举世瞩目的成就。中国的砝码在世界的天平上越来越重，终有一天中国会变成世界上最强大的国家。随后，他转向轻松的话题，询问我退休后工资是否会降低，从而影响生活水平，退休后可否继续为增进两国关系出力。我答：中国发展了，百姓生活水平普遍提高。公务员退休后工资稍有减少，但生活无忧。我退休后的初步打算是推动"中国—伊朗友好协会"的建立，从而促进民间交流，争取尽早写一本关于伊朗的书，让更多的同胞了解伟大的伊朗和智慧的伊朗人民。他表示赞许，并将其新近出版的阿拉伯文版《拉夫桑贾尼传》赠送给我，我回赠了中国伊斯兰教协会出版的《中国穆斯林》画册，其中有他 1992 年作为总统访华时在钓鱼台国宾馆 18 号楼拍的照片。

伊朗新任命的大使赴任前，都要到主要领导人那里接受指示。新任驻俄罗斯大使、前外交部亚太总司长安萨里受拉夫桑贾尼接见的 35 分钟里，拉夫桑贾尼大谈伊朗—中国关系，赞赏中国的发展，强调伊中关系的重要性及他本人为推进伊中关系所作出的不懈努力。安萨里大使听到这里，迷惑不解，便插话提醒拉夫桑贾尼，说他本人此次履新要去的是莫斯科而非北京。拉夫桑贾尼答称，知道你去俄罗斯，你曾任亚太总司长，更不能忽视伊中关系的重要性。

我结识的第三位总统是艾哈迈迪－内贾德先生。他于 2005 年 6 月当选为伊朗伊斯兰共和国第九任总统，接替第七、第八任满的哈塔米总统。在担任总统之前的德黑兰市长任内，艾哈迈迪－内贾德就曾多次接

2007 年 10 月 24 日，伊朗总统艾哈迈迪－内贾德
在总统府与前来进行辞行拜会的刘振堂大使合影。

见我。记得 2006 年秋天，我陪同他参观刚竣工不久的塔里甘水坝。他
望着波光粼粼的水面，感慨地说，中国公司了不起，保质保量，且提前
完工，创造了多重效益，希望中国公司再为伊朗建设 20 座这样的水坝，
使伊朗地表水得以充分利用，早日实现农产品自给的目标。

2006 年 6 月，艾哈迈迪－内贾德作为观察员国元首出席在上海举
行的上海合作组织成立 5 周年暨"上海五国"机制建立 10 周年庆祝活动。
他返回德黑兰时，在机场向我表示：对此次上海之行十分满意，请相信，
伊朗是中国可信赖的朋友，伊朗奉行"向东看，向中国看"的政策非权
宜之策。伊朗希望全面开展双边经贸合作，两国贸易不应停留在一两百

亿美元的额度，可以达到 2000 亿美元甚至更多。

谈起艾哈迈迪－内贾德，不少人觉得他桀骜不驯、好战爱斗，而我在伊朗工作五年期间耳闻目睹，尤其是多次与总统本人接触交往后，对于他艰苦朴素、廉洁奉公、为人亲和、不畏强权、固守本国优秀文化传统和价值观等留下深刻的印象。

艾哈迈迪－内贾德于 2005 年 6 月当选总统并于 2009 年胜选连任，应该说是大势所趋，是国际局势与伊朗国内形势交织互动的必然结果。对他的当选，国际上最先作出消极反应的是美国。美国称伊朗的选举不公正，并怀疑他参加了 1979 年绑架美国驻德黑兰使馆 52 名外交人员一案，还有鼻子有眼地指称当年实地录像中的一个人很像他。伊朗官方当即予以否认，指出内贾德当年就读的德黑兰工业科技大学学生并未参加那次扣押美国外交官行动，而录像中与内贾德相像的那个人也已过世。美国不情愿看到内贾德上台，然而内贾德的上台却与美国对伊朗政策有着内在的联系。伊朗前总统哈塔米是位相当务实开放的总统，他率先发出"文明对话"的倡议。令人费解的是，就在哈塔米总统第二任期过去不足半年时，美国总统小布什就给他当头一棒，将伊朗定为"邪恶轴心"国。向美国示好的路走不通，对美国强硬的思潮理所当然要重新抬头，这一思潮在伊朗是根深蒂固的，有广泛的社会基础。该思潮代表人物正是艾哈迈迪－内贾德，他同以哈塔米总统为代表的温和派的首次较量，是在 2003 年 5 月的德黑兰市议会选举中，强硬派获得大胜，遂推举他任德黑兰市市长。这为他日后大展宏图、登上总统宝座开启了第一道大门。

当时，伊朗国内还有其他一些条件对内贾德胜选相当有利。伊朗的绝对权威哈梅内伊在大选的关键时刻宣示，国家领导需要新鲜血液。内贾德当年只有 49 岁，比他的竞争对手——确定国家利益委员会主席拉夫桑贾尼年轻了 22 岁！

内贾德自身的魅力与理念也是他胜选的重要原因。除去他在治国方略、宗教心结、对外政策，特别是对美国、以色列的政策上与领袖哈梅内伊绝对保持一致外，他的政绩、品行和为人也是有口皆碑的。

内贾德不但勤政，而且廉政。内贾德出身卑微，作为铁匠的儿子，自幼生活在社会底层。任德黑兰市市长期间，他自驾一辆1977年款的标致504普通轿车，还常常自带午饭；他在任省长时还有银行存款，随着三个孩子渐大并上学，夫妇俩工资刚够全家开销，任市长时已无银行户头。他唯一的不动产是位于德黑兰南区（穷人区）的40年老房，占地175平方米，建筑面积127平方米。内贾德穿的外套多是普通夹克衫，即使任总统后，在公众场合穿着依然故我，接待外宾或出访偶着西装，也是普通的面料；我见他穿的最好的西装是在2007年10月末向他辞行时，但面料质地看上去也不是特别高级。

艾哈迈迪－内贾德强烈反对社会不公和贪污腐败，入主总统府伊始，就采取了一个令人吃惊的行动——将总统府所有高级地毯收起，送给清真寺，代之以平民用的普通地毯。波斯地毯举世闻名，它织进了波斯人的传统、性格、审美与追求，是地位与财富的象征。内贾德搬走一流地毯，显然用意在于拉平同普罗大众的关系。紧接着，他又采取了一系列亲民、勤政、廉洁措施，亲自带领内阁赴全国各地巡视工作，并在各省省会召开办公会议；规定新任部长要写保证书，不为自己或亲属谋利，违者扫地出门；到各地出差不下榻豪华饭店；等等。内贾德对自己要求严格，他将总统专机改作民用，出国访问使用普通飞机；中午仍坚持食用自带的由妻子一手烹饪的饭菜；出差到外地不仅不住高级饭店，开的也是小房间，喜用小床垫、一条毛毯，席地而眠；每月仍拿在大学兼职的相当于250美元的薪水，不另拿总统工资。

内贾德对亲友黎民谦和、朴实的另一面，则是对敌人、对强权的超乎寻常的刚硬、坚毅与顽强，最具代表性的是他对美国的态度。他认为美国是当今世界霸道、蛮横、邪恶与野心的总代表，是国际上许多冲突和灾难的总根源；伊美敌对，理在伊朗，美国"9·11"之后完成了对伊朗的包围，志在囊括中东、掌控石油，进而称霸全世界；伊朗绝不会向美国妥协，除非美国放弃仇视、颠覆伊朗的立场。艾哈迈迪－内贾德上台后，接连不断地向美国发动外交攻势。他先是向布什总统发出长信，从哲学的角度阐述伊朗的伊斯兰理念，剖析美国"9·11"之后在中东、在世界连连受挫的根本原因；接着两度提议，利用两国元首出席联大会议之机进行面对面的辩论。这些都被布什总统断然拒绝了。唯一一次没有被美方拒绝的是，2006年联大会议期间，应艾哈迈迪－内贾德本人要求，美国哥伦比亚大学邀请他到该大学发表演讲。令人莫名其妙的是，哥大这所全球闻名的高等学府之长，竟不留一丝斯文，当着他请来的客人——一个主权国家元首的面，极尽侮辱和攻讦。面对突如其来的羞辱，艾哈迈迪－内贾德处之坦然，仅用三言两语不愠不火地回敬了这位校长，接着面对美国听众，慢条斯理地将伊朗的理念和立场娓娓道来。

那些年，伊朗及其总统艾哈迈迪－内贾德成为全世界新闻媒体关注的焦点。中国《环球》杂志将内贾德选入2006年十大环球人物，与中国人、巴菲特、尤努斯、金正日、布什、潘基文、安倍晋三、凯阿斯林、齐达内并列。《人民日报》和中国国际广播电台联袂评出2006年十大国际新闻，将安理会就伊朗核问题通过的1737号决议与伊拉克危机并列为榜首。

而内贾德及其代表的伊朗强硬派，以及内贾德的反对派即温和派、务实派，对中国的关注丝毫不亚于中国对伊朗的关注。他们一直在琢磨，是什么神力庇佑着中国，在确保共产党的领导、政权不改变颜色的情况下，以世界一流的发展速度，取得经济建设的骄人成就。内贾德对中国的重视始于他就任德黑兰市市长后，他多次参加中国公司承建项目的开工、竣工典礼，深为中国公司所建项目的质量与速度所折服，并多次在

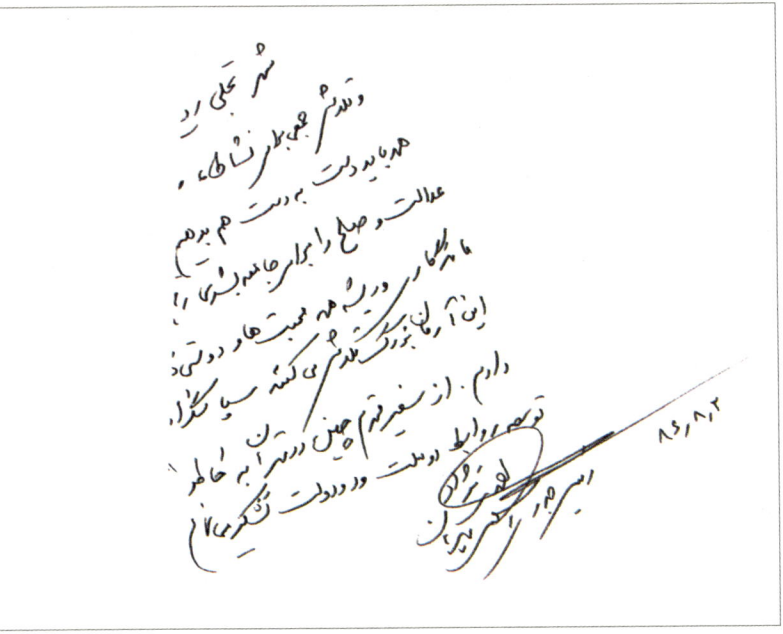

艾哈迈迪－内贾德总统为上海世博会
亲笔题写的祝词

他的市长办公室接见我，表示希望更多的中国公司参与德黑兰建设项目，为此期盼德黑兰市与北京市早日结为友好城市。内贾德任总统后，参加项目剪彩活动有增无减。

2007 年 10 月 24 日，内贾德刚结束对亚美尼亚的国事访问归来，就在总统府接受我的辞行拜会。看上去，他面带倦容，从讲话所带的浓重鼻音，我感觉他已受风寒，可是他始终热情周到，谈兴不减。最后，我受上海一位友人之托，请他为 2010 年上海世博会题词，他欣然接受，即兴命笔：

辉煌的城市、温情的社会与共同的努力，为人类创造了欢乐、激情与高尚。让我们携起手来，为人类营造充满友谊、公正与和平的生活。

这是永恒的秘密，是所有爱与友谊的源泉。感谢所有为实现这一伟大理想而奋斗的人们，祝他们成功！感谢尊敬的中国驻伊朗大使为两国人民与政府之间的关系所作出的杰出贡献！

2010 年 6 月，我作为上海世博会中国政府副总代表，在上海参与接待艾哈迈迪－内贾德总统。在俞正声书记举行的午宴上，我将刊载他的上述题词的上海报刊剪报及我写的《伊朗零距离》一书赠送给他，并告诉他中国—伊朗友好协会业已成立，我作为该协会副会长将一如既往地为增进两国人民相互了解而努力。他深表赞赏，期望两国和两国人民在加深彼此交往和了解的基础上，使双边关系得到更大的发展。

一个中国学者的伊朗情结

李国富（中国国际问题研究院中东问题研究中心主任、研究员）

我第一次访问伊朗是在 1985 年下半年。在之后的 30 多年中，我曾多次访问这个国家。在诸多访问伊朗的行程中，我不仅游览了许多美丽的景点和历史古迹，结交了许多好客的伊朗朋友，同时也耳濡目染了伊斯兰革命胜利后伊朗社会、民众以及伊朗内政和外交的演变过程。其中感受最大也最欣喜的是，中国与伊朗两国友好关系始终朝着好的方向发展。

我的第一次伊朗之行

我虽多次访问伊朗，有很多记忆随着时间的流逝，现在已淡忘了，但第一次访问仍印象深刻，有很多座谈和景点至今仍历历在目。1985 年，两伊战争处在最激烈的阶段，并有升级扩大到整个地区的危险，中国作为两伊的好朋友，试图为早日结束两伊战争作出自己的贡献。为此，中国国际问题研究所（国研所）组成了以徐善楠副所长为组长的"两伊战争考察组"一行三人访问伊朗，我也是考察组成员。当时，伊朗方面没有与国研所相应的对口单位，因此，出发前我们了解到的情况是，考察组以中国驻伊朗大使樊作楷客人的身份访问伊朗，由中国驻伊朗大使馆负责接待、安排考察组在伊朗的行程，费用自理。

当时，我们乘坐的是伊朗航空公司从日本东京途经北京前往德黑兰的波音 747 大型客机。一登上伊朗的客机，我就感受到伊朗人对中国人的热情和友好。当时中伊两国人员来往不多，庞大的客机机舱显得十分空荡，好客的伊朗机组人员热情地将我们安排在机头宽大的席位上。经过 8 个多小时的飞行，当地时间凌晨时分，飞机平稳地降落在德黑兰梅赫拉巴德国际机场。在德黑兰霍梅尼国际机场修建之前，梅赫拉巴德机场一直是伊朗最主要的国际机场。抵达德黑兰后，令我们感到惊奇的是，除了中国大使馆参赞来接我们外，伊朗外交部的礼宾官也来接机。我们被直接带到了机场贵宾休息厅，伊朗的礼宾官负责我们一行的过关手续和行李。在贵宾厅稍事休息后，由警车开道，我们坐着伊朗外交部的礼宾车，直接住进了德黑兰的五星级饭店独立饭店。路上，中国大使馆参赞告诉我们，这次接待我们的单位是伊朗外交部下属的新成立的伊朗政治与国际问题研究所（IPIS），所长拉里贾尼先生还是伊朗外长的外交顾问。伊朗方面对我们超规格的接待，说明伊朗对发展与中国关系的重视。

第二天上午，我们在 IPIS 拜访了所长拉里贾尼先生和副所长马利基先生。拉里贾尼所长对我们的到访表示热烈的欢迎。他表示，前不久中国高规格地接待了伊朗议长拉夫桑贾尼，说明了中国对发展与伊朗关系的重视。拉夫桑贾尼对中国的访问非常成功，他回国后指示政府各部门要加快发展与中国的友好关系。拉里贾尼所长详细地向我们介绍了伊斯兰革命胜利后伊朗的国内情况和两伊战争的发展形势。在会谈中，双方还讨论了两所今后加强学术合作和所际交流等事宜。我们对 IPIS 的访问打开了中国智库与伊朗智库合作的大门。在之后的时间里，拉里贾尼所长和马利基所长都曾率 IPIS 代表团来我所访问交流。

IPIS 的院落很大，也很幽静，坐落在德黑兰城北达尔班德山的山坡上。伊朗朋友告诉我们，IPIS 所址在伊斯兰革命前曾是王家高级军官的俱乐部。之后，我曾多次访问 IPIS。在这里，我结识了许多伊朗朋友，与 IPIS 结下了深厚的友情。

在伊朗的第一次参观访问中，巴列维国王的妹妹阿什拉芙公主在卡拉季（Karaj）的夏宫给我留下了深刻的印象。该宫坐落在距离德黑兰以西 100 多公里的卡拉季市王家园林的一大片草地中，其外形与北京国家大剧院类似，一口硕大的玻璃"大锅"将一座小山坡整个罩在里面。穹顶上有活动玻璃窗，既能防雨、防晒、保温，又能吸收阳光和新鲜空气。进了宫门，拾阶而上，右边是阿什拉芙公主起居和会客的场所。陪同我们访问的伊朗朋友介绍说，阿什拉芙公主生活非常奢侈、腐化，起居室所用的五金件都是黄金打造的。我仔细察看后感觉好像并不是纯金的，而是包金的。左边是小山坡，种满了各种名贵花草。山顶上是一个平台，散落着几把椅子。小山坡底下有一条流向宫外的小河，架着一座小桥。左边的尽头是阿什拉芙公主私人娱乐和健身的场所，有一间私人影院。我参观后的感觉是，阿什拉芙公主很会享受生活。

在访问阿什拉芙公主夏宫期间，有一件意外的事情也给我留下较深的印象。在我们一行在宫外草地上散步时，园林中的大喇叭一直在工作。我问陪我们的中国大使馆同事，大喇叭在播放什么。他说这是伊朗道德治安警察在播放游人在园中游览的注意事项，其中包括男女青年在公共场所手拉手是要受到鞭打的惩罚的。随着伊朗经济的发展，伊朗社会比当初开放了，现在，热情奔放的男女青年再也不用担心手牵着手而受处罚了。

伊朗政治的特色

伊朗的政治体制很有特色。伊朗首先是政教合一的宗教国家。伊朗伊斯兰宪法明确规定：伊朗实施政教合一的政体，神权统治高于一切，国家的一切行为必须符合伊斯兰原则，《古兰经》是所有法律的基础。其次，它还是一个共和国，在伊斯兰统治下，实行行政、议会、司法三权分立的共和制。伊朗宗教领袖霍梅尼在缔造伊朗伊斯兰共和国时，是希望伊朗同时拥有伊斯兰教和民主的（伊朗总统鲁哈尼语）。因此，伊朗的政治统治体系大致分为两大系统：法基赫系统（神权统治）和政府系统。法基赫系统是监护系统，以法基赫（最高领袖）为首，作为真主在人间的代理人和穆斯林乌玛的最高宗教领袖，法基赫拥有至高无上的权力，凌驾于立法、行政和司法三个政府部门之上，掌握着武装部队。法基赫不由民选，没有任期限制，是通过乌玛统治集团内部协商指派产生的。政府系统具体管理国家的日常事务，在法基赫的监护下，实行立法、行政、司法三权分立。司法部门实际上附属于法基赫系统，总统和议会由普选产生，相对独立于法基赫系统。总统拥有除领袖掌管事务之外的行政领导权，任期四年，可连任一届。

在伊朗的政治体制中，总统发挥着最奇特的作用。由于总统是民众通过普选产生的，因此，总统不仅仅是名义上的第二把手，还是民意的代表。自1985年我第一次访问伊朗以来，伊朗先后经历了五位总统：哈梅内伊、拉夫桑贾尼、哈塔米、内贾德和鲁哈尼。在宪法允许的范围内，以上五位总统因各自执政理念和风格的差异，以及当时伊朗所处的不同内外环境，执政期间内外政策都有明显的不同，有时甚至是对立的。

拉夫桑贾尼总统可以说是伊朗的改革之父，他以务实、稳健、懂经济著称。在执政期间，他通过推行市场经济对伊朗经济结构进行改革，很快医治了八年两伊战争给伊朗经济和社会带来的创伤，使伊朗经济逐步走上正轨。期间，伊朗还改善了与海湾国家特别是沙特的紧张关系。哈塔米总统被人们普遍称为改革派总统，主要是他提出了一些比较敏感的主张。哈塔米总统在国内政治中强调"法制与民主"的重要性，主张所有伊朗人参与政治决策的进程；在国际上提倡"文明对话"，改善了伊朗与西方国家尤其是欧洲国家的关系。哈塔米总统的开放性政策虽活跃了人们的思想，但也引起了宗教集团的不满。在美国总统布什将伊朗定为"邪恶轴心"国后，哈塔米总统与西方改善关系的努力彻底失败。相较其他总统，内贾德被称为"平民总统"，也是至今唯一一个不是"毛拉"的总统。内贾德总统对西方尤其对美国持强硬立场。他执政的八年里，伊朗基本围绕着伊朗核问题与美国和西方进行斗争。内贾德总统卸任后曾表示，他执政最大的成果是伊朗核计划取得了重大成果，但代价是伊朗遭受了最严厉的国际制裁。现任总统鲁哈尼上台后，缓和了与美国的紧张关系，与国际社会达成了核协议，促使国际社会解除了对伊朗与核相关的制裁。

从哈塔米政府的开放政策，到内贾德政府的强硬政策，再转到鲁哈尼政府的温和政策，伊朗内外政策的重大变化往往是通过一次总统选举来实现的，进而改善其国内环境和国际处境。这其中当然有国际大环境的因素和伊朗的需要，但每位总统的执政理念和伊朗民众的需要也起了至关重要的作用。这也是为什么伊朗民众对总统选举始终非常关注和热情。自伊斯兰革命胜利后，特别是当国内外形势紧张时，如何使其宗教统治与民主有机地统一起来，是伊朗始终纠结的。伊朗朋友有时会表示，伊朗的国名表明了伊朗的伊斯兰与民主是高度统一的，就像一个硬币的两面是不能分离的。但伊斯兰国共和国 30 多年的经历表明，当宗教与民主发生冲突时，伊朗的政局就会不稳。

伊朗与美国的关系

伊斯兰革命胜利后，伊朗称美国为"大魔鬼"，每逢群众集会都高呼打倒美国的口号。但相对而言，伊朗民众并不讨厌美国。在官方层面，过去 30 多年中，伊朗与美国有两次改善关系的历史性机遇，但很可惜，两次机遇都因各种原因擦肩而过。第一次是在克林顿政府后期，当时美国国务卿奥尔布赖特在美国亚洲基金会发表的演说中表示，美伊两国在过去相互伤害过对方，但两国要努力推倒相互之间不信任的高墙，发展两国未来关系。伊朗积极回应美国伸出的橄榄枝。1999 年，我曾有幸被邀请参加以美国亚洲基金会和伊朗 IPIS 为首的两国智库在日本京都举行的改善两国关系研讨会。会上，双方对两国改善关系都表示出了期盼，但可惜的是，因克林顿政府所剩时间不多，美伊双方在改善关系方面并没有取得实质性的突破。"9·11"事件为伊朗与美国布什新政府继续保持改善两国关系的势头提供了契机。"9·11"后，伊朗总统第一时间向美国总统发电慰问；德黑兰消防局长打电话给纽约市的同行，询问是否需要帮助；伊朗民众在德黑兰广场举行烛光晚会，为世贸大厦的亡灵祈祷。尤其是美国在阿富汗进行的反恐战争，伊朗积极配合。但可惜的是，布什总统对伊朗的示好视若无睹，反而将伊朗定性为"邪恶轴心"国。布什总统对伊朗的强硬立场使哈塔米政府试图改善与美国关系的努力付之东流，同时也促使伊朗坚信，布什政府的既定政策就是推翻伊朗伊斯兰革命政权。因此，2005年的大选中，伊朗强硬派内贾德的胜出可以理解为是伊朗对布什政府根深蒂固的敌视伊朗政策的反弹。在一定程度上也可以说，是布什总统的对伊朗政策"帮助"伊朗新保守派坐上了总统的宝座。

2015年，伊朗温和派总统鲁哈尼上台执政，为伊朗与美国改善关系提供了第二次机遇。这一次，双方改善关系的契机是如何就伊朗核计划达成一个双方都能接受的协议，并在此基础上使美伊两国关系开始解冻。美伊在伊朗核计划问题上能够达成协议，一个重要原因是美国与伊朗都需要这样一个协议。

在内贾德执政期间，美国和西方严厉的制裁虽给伊朗经济带来巨大困难，但未能遏止伊朗在核领域快速研发的步伐。根据西方核问题专家评估，伊朗距跨过制造核武器的"核门槛"只有两个月时间。老实说，奥巴马总统对"伊核问题"可选择的方案并不多。对伊朗动武，美国可能要再一次在中东进行一场更大规模的战争，即便这样也不可能彻底摧毁伊朗核计划和打掉伊朗已掌握的核能力，反而可能会促使伊朗下决心生产核武器。在经历了伊拉克反恐战争后美国民众反战情绪高涨和经济不景气的大背景下，奥巴马不想使美国再次在中东卷入一场更大规模的战争。为应对中国崛起，美国正在将战略重点从中东移到亚太地区。因此，奥巴马非常希望能与伊朗就"伊核问题"达成一个限制伊朗核发展的协议。

伊朗的需求是现实的。多年来，美国和西方因"伊核问题"对伊朗的严厉制裁对伊朗的经济产生了严重影响，尤其是石油和金融制裁使伊朗石油出口和石油收入锐减，伊朗金融对外商业往来遭封锁，导致伊朗国内货币大幅贬值、通货膨胀、物价飞涨，殃及民众正常生活，严重制约了经济与社会发展。其次，缓和与美国紧张关系，可改善伊朗安全和政治环境。由于"伊核问题"，伊美对抗日趋加剧，美国对伊朗军事打击的风险越来越大。伊朗虽表示不怕，但一旦动起手来，吃亏的肯定还是伊朗。因此，伊朗无论是发展国内经济，还是发挥重要地区大国作用，圆昔日波斯大国梦，都首先需要解决核问题。

此外，奥巴马政府的高级人员组成也对与伊朗达成核协议有利。除了奥巴马总统外，美国副总统、国务卿和国防部长这些奥巴马政府的重要成员在伊朗问题上都被认为是属于"温和派"，这种情况在美国历届政府中都是罕见的。但美伊关系对两国来说，不仅仅是一个对外关系问题，更是个美伊两国国内政治和利益集团斗争的问题，此外还涉及其他国家和中东地区的政治格局。在这些制约因素的影响下，两国虽就伊朗核问题达成了协议，但两国关系并没有任何实质性的改善。可以肯定地说，在奥巴马总统之后，美伊关系前景并不看好，美伊关系的改善仍需下一个历史性的机遇。

中伊关系越来越密切

中伊两国都是文明古国，两国的交往可追溯到公元前 2 世纪。但近代以来两国的交往并不是很多，尤其是彼此对两国已发生的翻天覆地的改变了解得并不是很多，导致在伊斯兰革命胜利初期，两国对对方政策的判断出现了误解，伊朗曾将中国视为是"五大"反对的对象之一 [在伊斯兰革命胜利之初，伊朗将美国、苏联、以色列、（伊拉克的）萨达姆和中国作为主要的反对对象]。在前几次访问伊朗时，伊朗人往往错把我看成是日本人或者韩国人；在下榻的饭店或伊朗外交部招待所，有日文和韩文的欢迎牌，就是没有中文的。这些从另一个侧面说明，当时到伊朗访问的中国人没有日本人和韩国人多。但随着中伊友好关系的不断发展，去伊朗访问的中国人越来越多，上述现象正好倒过来了。现在，伊朗人用中文向你问候已很普遍了。

中国开启改革开放的进程与伊朗取得伊斯兰革命的胜利几乎是同时发生的。伊朗对中国改革开放以来所取得的举世瞩目的成就感到惊讶和重视，向中国改革开放学习几乎成了伊朗精英的共识。我曾与多位伊朗对中国改革开放政策考察组的专家座谈，他们最感兴趣的问题是中国如何能做到在坚持社会主义道路的同时全面实施市场经济。在这期间，我还有幸参观访问了伊朗的一些经济开发区，其中包括位于波斯湾、为吸引外国游客而重新开发的基什岛。但由于形势的变化和国际社会对伊朗的制裁，这些经济开发区没有收到预期的效果。

过去的 30 多年是中国与伊朗关系发展最快的时期，两国人员交流越来越多，尤其是经贸关系有了长足发展。两国的双边贸易额从上世纪的几千万美元增长到 2014 年的 518 亿美元，中国已连续多年成为伊朗第一大贸易伙伴国。现在访问伊朗，你会看到商店里几乎都是中国的商品。特别是在美国等西方国家对伊朗进行严厉制裁时，中国的商品满足了伊朗民众的日常基本需求，帮助伊朗人民度过了西方严厉制裁带来的困难时期。

2016 年初习近平主席对伊朗的正式访问是两国关系中的一件大事，标志着两国关系进入了一个新的历史时期。访问中，两国领导人就双方共同关心的问题进行了交流，同时，两国宣布建立全面战略伙伴关系，签署了两国共建"一带一路"备忘录，草签了两国今后 25 年全面合作协议，使两国今后的发展实现了战略性对接。目前可以说是中国与伊朗关系最好的时期。可以预见，随着中国、伊朗在东亚和西亚的崛起，两国政治关系会越来越密切，两国之间的能源合作、经济贸易、"一带一路"框架内的战略合作会有更大的发展。

杂谈中国伊朗关系

田端惠（中联部国际交流中心主任）

2016 年 1 月 23 日，中国国家主席习近平访问伊朗，会晤最高领袖赛义德·阿里·哈梅内伊；与哈桑·鲁哈尼总统共同宣布两国建立全面战略伙伴关系，并见证两国政府签署关于共同推进"一带一路"建设的谅解备忘录，以及能源、产能、金融、投资、通信、文化、司法、科技、新闻、海关、气候变化、人力资源等领域的 17 个双边合作文件。两国元首一致同意以此作为中伊关系新的起点和纲领。

回顾中伊两国关系近年来的跌宕起伏，此次习近平主席访问伊朗是两国关系中的重要事件，具有重大战略意义，令我们这些长期从事中伊友好事业的人欢欣鼓舞。

在上世纪 70 年代那个特殊时期，我刚满 16 岁就懵懵懂懂地被安排学习波斯语。当时，我对这个神秘的国家、完全不得要领的文字一无所知。当我第一次踏上伊朗土地的时候，伊朗伊斯兰革命已经胜利多年，并正在经历着残酷的战争。但是，伊朗人的热情好客、不同地域的旖旎风光和美食给我留下了深刻印象。以后，我悉心研读伊朗历史和中伊友好交往史，充分领悟了两国的浓浓情谊，这促使我大半生为推动中伊友好事业不断发展作出点滴努力。

1985 年，应伊朗国家奥委会邀请，我作为国家体委选派人员，随同中国排球、体操、乒乓球和羽毛球教练赴伊朗做翻译工作，为期大约

田端惠与伊朗驻华使节
切磋波斯语。

一年时间。这是我第一次踏上伊朗的土地，一切都感到新鲜。这也是我重新认识伊朗的开端，我深深感到在学校里学习的有关伊朗的知识与现实有着很大差距。

在这一年以及以后在伊朗学习和工作多年的经历中，我走遍了除东南部的锡斯坦—俾路支斯坦以外的山川大地，充分感受到伊朗人民对中国人民的友好感情，并饱览了伊朗的绚丽风光，品尝了令人垂涎的烤羊肉串（chero kabaab kubidie）、烤羊腿（sheshilike）和煮羊腿（lamp）以及其他各色美食。

在陪同教练的一年时间里，我们除了在德黑兰综合体育中心进行四个项目教学和训练外，还根据奥委会的安排，从德黑兰翻越厄尔布尔士山脉到达马赞达兰省省会萨里，然后沿着里海途经拉什特、瑙沙赫尔等沿海城镇，饱览伊朗北部里海各城镇的自然风光。那里的地理和气候条件与中国的南方相似，以种植水稻、棉花和茶叶为主，到处郁郁葱葱，层峦叠嶂，山清水秀，花团锦簇，如诗如画；里海烟波浩渺，千顷碧波，水光山色，相映成趣。以后，我们从瑙沙赫尔向西南转到大不里士，最后到达西北边陲的乌尔米耶，看到的又是另外一番景色，令人心旷神怡。一路上，我们不时被当地人请到家里做客，品尝美食。在大不里士，我曾病倒，得到了各个项目教练、运动员和医生护士的悉心照料。

在德黑兰大学文学院波斯文学专业学习期间，我经常利用假期从自由广场乘坐长途汽车到周边城市观光游览，丰富关于伊朗的历史、文化、民俗等知识，同时也锻炼自己的语言表达能力。特别是在伊历新年期间，学校组织外国学生乘车沿着库姆—伊斯法罕—亚兹德—阿巴斯港线旅游，又使我领略了伊朗中部和南部沙漠戈壁的自然风光，让我有了另外一种感受。那里的地貌和气候与中国西部的新疆极为相似，无边无际的沙漠像黄色的大海，连绵起伏的沙丘如同大海中的波浪；戈壁如同一片睡着了的海，被阳光衬得灰暗，透出一层灰褐色；间或看到一片绿洲，犹如一块绿宝石镶嵌在戈壁的边缘，那里是村落或阿月浑子园。一提起沙漠，有人便会因为它的荒寂和苍凉而生畏。但是，看到那一片片凸起于地面的沙丘或戈壁与蓝天、绿洲融为一体，看上去烟波浩渺，雾气蒙蒙，构成了一幅美丽的画卷，如诗如梦，真让人怀疑这是不是"海市蜃楼"。

我在学校学习期间，中国安徽杂技团曾应邀赴伊朗进行友好演出，我被延聘为节目报幕员。准备期间，伊朗同学悉心帮助我准备报幕词；演出期间，我每次报幕都受到了观众们的热情鼓励。伊朗电视台第二套节目对这次演出作了全程录像，并在以后一段时间里的每个星期五下午两点分段播送，可以说我每个星期都会在电视节目中亮相。一时间，我成了德黑兰一部分人心中的"明星"。有时乘坐出租车时，司机会突然问我："你不是那个中国杂技团的报幕员吗？"得到肯定的回答后，司机都对节目赞不绝口，并希望更多地看到中国的文艺演出。而且，几乎每次下车时，司机都坚决地拒绝收我的出租车费；甚至学校与宿舍区之间的出租面包车司机也坚决不收我的车费，虽然每次只有50里亚尔，按照当时的汇率只相当于几分钱人民币，但是这令我十分感动。这些小事从另外一个方面反映出伊朗人民对中国人民的友情。

当然，还有另外一件小事反映出伊朗人民对中国人民的认识与两国人民的互信关系随着两国战略合作的拓展而不断加深。伊朗人热情好客，在大街上见到外国人，很多人特别是年轻人都会问你是哪个国家的人。上世纪80年代中期，有一次几个伊朗青年问我是哪个国家的人，我反问：你看我像哪个国家的人？他们首先说：是朝鲜人？看到我摇头后，他们又继续猜测说是日本人、韩国人、新加坡人、马来西亚人等。最后，我问：你们知道东方有个大国吗？他们不假思索地脱口而出：印度人？但是你不像。我再问：你们知道长城吗？他们才恍然大悟地说：啊，是中国人。但是到了90年代初，他们见到我后会问：你是朝鲜人、日本人，还是中国人？到了90年代末，人们见到我们首先是问：你们是中国人吗？这是随着两国政治、经济、贸易、人文交流的日益密切自然而然产生的互信效果。

在以后几次驻伊朗使馆工作中，我又有机会赴伊朗各地参观考察旅游，曾多次到东北部的圣城马什哈德，西北部的大不里士和阿尔达比勒，西部的历史名城哈马丹，中部的伊斯法罕，中南部的设拉子、亚兹德、卡尚，西南部的石油城阿巴丹和享有"沙漠翡翠"美誉的巴姆古城，南部港口城市阿巴斯港等。其中，到伊斯法罕大概有30次，仅2000年一年就去了11次。以上行程中，我不仅为众多中国朋友介绍伊朗政治、经济、历史、文明、文化、民俗等情况，而且结交了很多伊朗朋友，使我对伊朗的认识进一步加深。

关于伊朗，我不准备再多写些什么，只是引用一下一位女士在微信上发的到伊朗旅游前后的感受。她在题为"伊朗，一个可以改变你的国家"的微信短文中写道：我去伊朗之前，读了《我在伊朗长大》和张佩瑜的《伊朗手绘旅行》，这两本书都是从女性视角写的，读后也让人有点心里戚戚然，总觉得去伊朗是拿自己的人生冒一次险。现在平安归来，我得说，去伊朗确实是一次冒险。但是，不是拿自己的人身安全冒险，而是一次冲破头脑中被媒体附加的刻板印象、遭遇异域文化与反省自己文化的心灵冒险。

她认为，伊朗是一个在当今世界上受到很多误解的国家：当周围的人听说我要去伊朗的时候，没有去过伊朗的人为伊朗贴上的标签有"邪恶轴心国""女性受虐地区""战争狂""宗教极端分子集散地"，等等。但是，真正在伊朗转了一圈之后，我发现上面的标签不适用于属于伊朗人日常生活的伊朗。我给伊朗贴的标签是：到今天都很有文化的斑斓多彩的波斯文明古国、对旅行者超友好的热情人民、得天独厚的自然人文环境造就的"奶与蜜"之地、适合生活的地方。

关于伊朗人的热情，我还是引用她的微信：作为一个不懂波斯语，只能勉强辨认波斯数字的人，待在伊朗这种地方，我本应觉得孤独无助、举目无亲。但是我并没有。在设拉子的街道上，穆哈玛德夫妇主动向想进清真寺参观的素不相识的我们伸出援手，又开车带我们转了设拉子的所有景点，直到日暮，还慷慨地送了我一本哈菲兹诗集。在德黑兰，当语言不通的我迷了路，向路人打手势求助的时候，奥马尔先生从旁路过，不仅将我护送到目的地，更同意我坐地铁以考察民情的要求，还主动提出次日带我游览德黑兰市容。我更无法忘怀，当我走进清真寺的时候，当我进入地铁女性专用车厢的时候，那些黑袍和头巾下友好的笑脸和温暖的善意。我首次进入镜宫时，两个十几岁大的小姑娘主动跑来用英语问我有没有问题，她们愿意解答。在伊斯法罕的清真寺，一位不会讲英

田端惠陪同以伊朗政党联合会第一副主席侯赛尼·考舍菲·瓦哈提为团长的伊朗政党联合会干部考察团访问山东淄博。

语的大婶怜悯地看着被雨淋湿的我，送上一碗热乎乎的当地甜点，笑着做手势让我喝下去。

她的结论是：从古迹和花园的景观，我被伊朗之美震撼；但是，是这些伊朗人，使我的旅行有好故事，使这次冒险闪烁着人性的光辉，使伊朗对于我成为一片温暖的土地。正如有人说，假如你喜欢充满意外、令你吃惊的旅行，就去伊朗，而在那里，会令你最吃惊，也给你留下最美好印象的，就是伊朗人。这是一位第一次到伊朗旅游的女士的切身感受。

这是这位女士带着偏见到伊朗后的真实感受和内心独白，比我写些什么都更有说服力。看了她的微信后，我感触很深。长期以来，伊朗被西方妖魔化了，中国的一些媒体也跟着妖魔化伊朗，传播着一些负面声音，令人痛心；史书中记载的中伊两国友好交往、交流、交融与互鉴的历史，已经被人为地淡忘了。今天，我们有必要重温两国交流与交融的历史，就如同习近平主席与鲁哈尼总统达成的共识那样，以此为中伊关系新的起点和纲领。

在写这篇短文的时候，我既不想过多记述我们的先辈开辟长约7000公里的丝绸之路，把我们两个国家紧紧地连接在一起所历经的艰辛，也不想过多重复史书中关于两国交流互鉴的记载，只想史海钩沉，做一点比较。

我认为，中伊两国在历史与现实中有着密不可分、水乳交融的紧密联系。

首先，两国都是具有5000年以上有文字记载的文明的古国，两种文明交相辉映，都为世界文明的发展作出过杰出贡献。中国古代指南针、火药、造纸术和活字印刷等四大发明，以及医学、航海、建筑、哲学、历史、文学、艺术、烧瓷、制丝等技术对推动人类的发展进步作出了杰出的贡献。伊朗在医学、天文学、数学、农业、建筑、哲学、历史、文学、艺术和工艺方面也取得了辉煌成就，其中波斯医学家阿维森纳在11世纪所著的《医典》对亚欧各国医学发展有着重大的影响。

其次，两国都有着悠久的传统文化，中华文学与波斯文学相映成趣，各具特色。中国古代有屈原、李白、杜甫、白居易等大诗人和文学家，伊朗先后有菲尔多西、哈菲兹、萨迪和哈亚姆等著名诗人和散文家；中国诗歌以韵律诗歌为主，伊朗文学以散文和散文体诗歌为特色；中国有《格萨尔王传》《江格尔》和《玛纳斯》等散文体诗歌，伊朗有《列王纪》（或称"王书"）和《蔷薇园》等史诗和散文；中国古代有孙子兵法，伊朗有政策谋略书。中伊两国学者的许多数学著作达到了很高水平。中国的唐宋诗歌、《西游记》、《红楼梦》等文学作品，伊朗菲尔多西的史诗《列王纪》和萨迪的《蔷薇园》等，不仅是我们两国的文学珍品，同时也是世界文坛的瑰宝。

第三，两国都保留着各自在重要民族节日前后独具特色的习俗。中国春节前后有清扫、祭拜、家庭团聚和走亲串友以及磕头上香祈福等习俗，伊朗有伊历新年前清扫、用麦苗或豆苗等绿色装饰、家人聚会和互拜亲戚朋友，以及节后扔麦苗、跳火盆祈福等习俗。另外，两国老一辈人都有坐茶馆喝茶、听说书的爱好，不同的是中国人以喝绿茶、抽旱烟为主，伊朗人以喝红茶、抽水烟为主。

第四，两国都经历过外敌入侵、惨遭蹂躏的民族屈辱历史。先有伊朗遭受马其顿帝国亚历山大军队铁蹄的践踏，波斯帝国夏都波斯波利斯（伊朗人称之为"贾姆希德宝座"）被摧毁的悲剧，后有中国遭受西方列强依靠船坚炮利入侵、火烧北京圆明园的屈辱。这两处闻名于世、迄今依然矗立着的残垣断壁，似乎仍然在向世人控诉着西方列强对我们两个东方民族犯下的罪行。

第五，上世纪70年代末中国开始进行改革开放，伊朗取得伊斯兰革命胜利，两国基本上同时跨入了新的发展时期。

有关资料显示，近代以来，当西方列强强加给中国的不平等条约体系化的时候，伊朗在1920年与中国签署了《中波友好条约》，并商定互派外交官等事宜。当时，双方由于各自忙于内战及处理与列强的关系，没有互派使节和互设使馆，但这个《中波友好条约》却是中国近代以来对外签署的第一个平等协议。在1945年9月中国人民抗日战争刚刚结束的时候，又是伊朗在重庆设立了公使馆，成为唯一一个在中国人民抗日战争及世界反法西斯战争刚刚取得胜利后在中国设立外交机构的国家。抛开政权兴替和党派之见，中伊之间的患难友谊可见一斑。

1971年8月16日中伊建立外交关系后，两国关系发展顺利。特别是1979年4月1日伊朗伊斯兰共和国成立后，两国关系步入了新的发展阶段，高层互访频繁，政治、经济、贸易、文化、军事、宗教以及议会、政党交往关系日益紧密。

虽然 2003 年以后伊朗由于核问题不断受到国际制裁，两国政府、议会交往减少，经贸与军事合作受阻，但是政党交往异军突起，不仅有效地维护和巩固了两国政治互信的基础，而且开辟出新的合作领域。2006 年以后，在伊朗国际处境最困难的时候，时任中共中央政治局委员王乐泉、刘云山以及四川省委书记刘奇葆先后访问伊朗，与伊朗有关方面充分交换意见和看法，有力地维护了双方互信的政治基础。2010 年以后，在国际金融危机不断发酵、美国和西方对伊朗金融制裁的绳索开始收紧的时刻，中共中央政治局常委李长春、贺国强先后访伊，与伊朗高层就进一步推动双边关系发展达成了广泛一致，有效巩固了双方的战略互信。2012 年 9 月，吴邦国委员长访问伊朗，在困难时期把两国关系推上了一个新台阶。近年来，两国元首在不同场合多次会晤会面，探讨两国关系发展的新路径，助推两国关系全面持续发展。2016 年 1 月 23 日，习近平主席访问伊朗，两国宣布建立全面战略伙伴关系，使两国关系站在了历史的新起点。相信在两国领导人的共同推动下和在"一带一路"的合作框架下，两国政府、议会、政党、经贸、军事、文化、旅游等各领域的全方位交流与合作会更加顺畅，两国人民之间的友谊之花会绽放得更加绚烂。

我们的新疆蜜月之旅

迈赫迪 · 佐尔佐德
（伊朗国家电台资深记者、中伊合作《东方之珠》广播节目制片人）
罗来安 译

　　2013 年 5 月的一天，我和爱人新婚燕尔，正考虑到哪个地方度蜜月，突然接到中国国际广播电台驻伊朗记者罗来安打来的电话。他告诉我一个好消息：中国国务院新闻办公室邀请我们夫妇俩去新疆参加"亚欧邻国媒体负责人研修班"活动。太好了！我和我爱人的蜜月之行可以在中国新疆度过，这是个多么浪漫又难得的机会！

　　以前我们也听说过新疆，知道这个地方生活着不少穆斯林，他们的风俗习惯跟我们有些相似。特别是中国国家主席习近平提出"一带一路"倡议后，新疆的重要性更加突出了。当然，我们也接触到一些国际反华媒体有关新疆的报道，他们试图掩盖新疆的美丽和快速发展的现实。因此，作为媒体人，我们特别想亲眼看看真实的新疆。而且，平时和中国朋友的接触中，我们也了解到中国政府为新疆发展做出了巨大努力，因此也特别想有机会去看看新疆的发展，了解更多有关新疆的真相。

　　我把去中国度蜜月的计划告诉了爱人，她惊喜不已。她平时也热爱中国，知道一些新疆穆斯林的幸福生活。不过，欣喜之余，她的眼里还是流露出一丝不安。我知道，她是担心在一个陌生的地方万一发生什么意外会破坏我们的蜜月之行，毕竟这是我俩共同生活的开始。

　　2013 年 10 月 20 日下午 4:30，我们乘坐的航班降落在乌鲁木齐机场，迎接我们的是这个城市秋的气息。当然，打动我的还是专程来迎接

佐尔佐德夫妇和新疆当地老人合影

我们的国际台波斯语部王法先生，他一句熟悉的波斯语问候"你好，欢迎"立刻消除了我们初到异国他乡的紧张感。令我们感到惊奇的是，我们到处见到的维吾尔语书写的标志牌是那么的熟悉，跟我们的波斯语字母差不多，很多句子或标识我们都能猜出意思来。这就是新疆给我的第一印象，一点也不让人感到陌生。此外，让我们印象深刻的是，当地穿着伊斯兰服饰的穆斯林妇女好奇地打量我夫人的服饰，她们彼此露出欣赏的眼神，交换着会心的微笑。

机场离市区不远，我们很快见到了中国国务院新闻办的官员和其他国家的客人，比如美联社巴基斯坦分社社长噶达里、土耳其方向电台的克林克、卡塔尔半岛电视台的尤库……他们和我们一样，对新疆有点了解，又充满好奇。

佐尔佐德夫妇穿上蒙古族服装补拍婚纱照。

　　简短的开幕式后，我们参与了一场有关新疆经济和社会发展的研讨。当晚和此后几天，分别举行了关于新疆宗教、媒体发展等主题的研讨会。此外，我们还参观了一些经济、文化和社会设施，比如新疆博物馆、新疆广播电视台、达坂城风力发电厂等。

　　这次活动中，最令人难忘的经历之一是到新疆维吾尔、哈萨克、塔吉克和俄罗斯族普通民众家里做客。他们听说我们是新婚夫妇，表现出了特别的热情，举行了有点类似伊朗新婚夫妇的"回门"仪式，家族中的长辈隆重地把新郎新娘带出来介绍给客人。此外，让我们的蜜月更加甜蜜的是当地少数民族的歌舞表演。新疆是歌舞的海洋，我们每天都能感受到歌舞带来的欢乐！

　　我夫人很好奇，对新疆各种食品、特产都饶有兴趣。她有一个厚厚

佐尔佐德夫妇在塔城额敏迎宾大
桥留影

的笔记本，里面详细记录了关于新疆烤馕和其他美味的制作方法，比如其中有一位阿訇夫人教她制作烤羊腿肉的方法。

我们能深切感受到新疆人民对家庭和婚姻生活的重视，他们讲究夫唱妇随。这里到处可以感受到当地政府对民族风俗的尊重。可能是参观团里有一对新婚夫妇的消息传到了地方接待人员的耳中，我们所到之处受到特别优待，晚宴时经常被安排在主宾位置上。

一天上午，我们来到天山欣赏天池的美景，这是一段令人心旷神怡的经历。我们看到一些人在拍结婚纪念照，便过去询问当地摄影师，他们给我夫人穿上白色的婚纱，我也穿上西装，然后又换上新疆少数民族传统服装，拍了一组中西合璧的婚纱照。这对我们是非常珍贵的纪念。

佐尔佐德夫妇在塔河炼化厂参观时留影

有一天自由活动，我和夫人想去大街小巷逛逛。我们入住的宾馆对面有个胡同，我们来到这里，只见两位白胡子老人坐在路边，他们有点好奇地看着我们，可能觉得跟他们似像非像。老人起身跟我握手，微笑着致意，嘴里说着"色俩目阿莱库姆（愿真主赐你平安）"。胡同里都是传统建筑，我们完全被吸引了，内心充满了激动，虽然越走越深，但一点也不担心人生地不熟。我们看到很多熟悉的伊斯兰标识。但考虑到祷告时间到了，我们不得不停止进一步的探幽入微，回到宾馆附近的清真寺。

清真寺有位年轻工作人员叫拉赫马特，懂英语，他告诉我们，这里的穆斯林不仅有维吾尔族、哈萨克族、回族、柯尔克孜族、乌孜别克族、塔吉克族和塔塔尔族等也都信伊斯兰教。他还说，新疆的蒙古族一般信藏传佛教，俄罗斯族信东正教，满族、达斡尔族等还有信仰萨满教的。他听说我们来自伊朗，又兴致勃勃地聊起拜火教，说来自伊朗的这个宗教一度在新疆非常流行，这令我非常感兴趣。

通过跟拉赫马特聊天，我认识到，我们这次新疆之行其实是一次丰富多彩的文化之旅。跟拉赫马特告别后，我们离开清真寺想继续胡同游。这时夜幕降临，一些流动夜宵摊位出来了，大部分都卖烤串，不时有人高声叫卖"shishlik"——这是伊朗人很喜欢的一种烤肉。肉香诱惑着味蕾，我们买了一串品尝，果然别有风味。这里的烤肉上都撒孜然，据介绍，"孜然"这个词就来自波斯语（zire），然而遗憾的是，我们伊朗人吃烤肉很少用孜然了！

除了乌鲁木齐，我们还去了其他地方，印象较深的是在吐鲁番走访一个回民居住点。当地居民的服饰明显受伊斯兰教影响，比如回族妇女穿衣服不暴露，就缘于伊斯兰有关着装的教义；男人戴白帽，俗称"礼拜帽"，做祷告时手脚并拢，朝西跪下，双手合并，举过头顶，前额和鼻尖必须着地。

一位居民热情邀请我们去他家坐坐：一个干净整洁的小院，种着各种花草，有石榴，还有我叫不出名字、开着黄色小花的灌木；青砖白墙，窗框为木质格栅窗，檐口为砖雕，风格古朴典雅。面对我们的交口称赞，房东告诉我们，这种传统院落在回族聚居区很常见。有些家庭没有院子，会在房前搭起葡萄架，炎炎盛夏，坐在葡萄架下可以享受清爽的凉风；晚上，一家人在葡萄架下铺开餐布，席地而坐就餐。

我们又聊起结婚习俗，我爱人对当地回族婚礼很好奇，正好主人家女儿结婚不久，家里保存了他们的结婚录像，很热心地放映给我们看：新娘穿戴也是伊斯兰风格，没有过分华丽的装饰。一位白胡子长老写下婚姻文件，见证了新人的起誓。婚车去接回新娘，亲朋好友不时跟新郎说俏皮话，还给新郎父母头上戴上一顶彩色的帽子，脖子上挂上红辣椒，脸上涂上各种颜色，增添了婚礼的欢快气氛。

通过对新疆多个民族聚居区的走访，我得出结论：新疆的民族和语言多样性在中国各省区中是独一无二的。生活在这里的 13 个世居民族，每个都有悠久的历史。但是据我观察，他们也无不处在东西方文化的交汇融合中。尽管如此，长期以来这些世居民族一个个都保持了自己的文化特性。引起我注意的是，中国政府接受和鼓励这些差异性的存在，认为这是各民族平等的基础。乍一看，文化差异好像会导致不和谐甚至冲突，其实人的信仰虽有不同，但大都缘于灵魂对真善美的追求。

10 天的蜜月之旅给了我们认识新疆的机会。由于时间关系，很多地方我们还未能走到。我们了解到，新疆是中国陆地面积最大的省级行政区，有最漫长的国界线，距离海洋最遥远，很多大河发源于此。

新疆是一个色彩斑斓的地方，绿色有草原林地，比如美丽的巴音布鲁克草原；白色有雪山冰川，还有大片大片的棉花；黄色有荒漠戈壁，这片土地的主色调；此外，还有西红柿的红、地下流淌的"黑金"。

大自然的多姿多彩，造就了新疆文化的多样性，更增添了这片土地的神奇魅力。多宗教、多民族相互影响，共同繁荣。萨满教、摩尼教、拜火教、佛教、伊斯兰教、东正教以及道教和儒家思想，都在新疆留下了自己的足迹。

在新疆这个美丽的天堂，我和夫人度过了蜜月。这是我们终生难忘的经历，每次想起都会唤醒我们最甜蜜的回忆。因此，我们向很多伊朗朋友推荐：去新疆旅游吧，那是一个神奇美丽的地方！

我在伊朗 18 年

路长金（中国前驻伊朗、阿富汗使馆经商参赞）

1975 年，我提前结束了在北京外贸学院（现对外经济贸易大学）英语系的学业，被分配到外贸部。入部伊始，我即被指定赴伊朗公费留学。当年 10 月，在结束了长达两个月的留学前入学教育后，我与蔡勇、葛相文、滕慧珠、徐秉威四位来自国内不同工作单位的同学启程前往伊朗，开始了我们三年的波斯语学习生涯。没想到这一去，我竟与伊朗这个伟大古老的民族和热情友好的伊朗人民结下了不解之缘。伊朗成为我学习和工作长达 18 年之久的第二故乡。

44 年前的伊朗与今天大相径庭，这个古老伟大的民族在当时是西亚、海湾乃至中东地区政治、经济、军事上最具实力的国家，是地地道道的地区超级大国，人均 GDP 位居世界前列。我们乘坐的飞机在德黑兰梅赫拉巴德机场着陆后，放眼望去，偌大的机场停满了崭新的波音747 大型客机（当时我国还没有这种机型），灯火通明的城市和满街的奔驰、宝马、凯迪拉克等高档轿车以及双层大巴车、出租车，令我们这些来自中国首都的人目不暇接。满大街衣着时髦的人群，布满街区的酒吧、电影院和夜总会，令我们想起了在国内语言学院接受出国前政治教育时领导强调的一句话："到了国外，要防止资产阶级思想的侵蚀，要拒腐防变，做到出淤泥而不染。"

伊朗是一个具有 6000 年历史的文明古国，波斯文化在世界历史上享有崇高的威望，令世人仰望。2500 年前的波斯帝国在世界史上亦影响深远。从近代史的角度考量，伊朗在全世界尤其是波斯湾和中东地区

1975 年，路长金与蔡勇（左）、葛相文（右）在德黑兰革命大军大学（语言学院）留影。

的影响亦举足轻重。1979 年伊斯兰革命之前，伊朗曾是以美国为首的西方国家在该地区的"代言人"和"宪兵"。伊美全方位的战略合作关系曾使伊朗成为该地区最重要的地区安全因素。伊朗是一个地区大国，8000 万人口、164.5 万平方公里的领土面积及其重要的地理位置为伊朗成为地区最重要的国家奠定了坚实的基础。

1979 年伊朗伊斯兰革命胜利后，人质事件导致伊美关系全面破裂，两国由全方位的战略合作关系转变成为不共戴天的死敌。美国指责伊朗为恐怖、邪恶轴心和无赖国家，伊朗则反击称美为恶魔和世界动乱之源。面对美国及其盟友长达 40 年之久、各种手段的严厉制裁，伊朗从未略显退缩，维护了国家的利益和政治上的尊严。30 多年来，伊朗问

1977 年，邓颖超副委员长访问伊朗期间，在中国驻伊使馆
与文化处工作人员和留学生合影。（后排左 4 为路长金）

题一直是最吸引世人的焦点、热点和难点问题之一。最近十几年以来，
围绕伊核问题，联合国安理会五大常任理事国和德国与伊朗（即所谓的
"6 + 1"会谈）进行了数十次的谈判与交锋，最终，在中国的积极撮
合下，终于在 2015 年 7 月 14 日就伊核问题的解决达成了协议。2016
年 1 月 14 日始，伊核协议开始顺利执行，联合国及以美国为首的西方
国家对伊实施的各项制裁逐步取消，伊核问题终于有望得到全面解决。
为此，伊朗和其他谈判参与国对中国所起的至关重要的协调作用予以高
度评价。

　　受媒体宣传和美国及西方国家抹黑的影响，没有去过伊朗的人对
伊朗总有一种错误或不好的印象，认为伊朗的安全形势与伊拉克、阿富
汗、叙利亚等国一样，人民每天都面临着恐怖袭击、人肉炸弹、汽车炸
弹等的威胁，认为伊朗老百姓的生活与那些动乱国家一样缺吃少喝、衣

不蔽体、难民成群。我可以负责任地告诉大家，现在的伊朗与人们的这些想象截然不同。在安全方面，伊朗是世界上最安全的国家之一。除伊斯兰革命初期和两伊战争期间外，鲜有听到过枪声，连凶杀和抢劫这一类刑事案件亦鲜有发生。受两伊长达八年之久的战争、战后长时间石油价格低迷及多年来美国与西方国家经济、金融制裁和人口膨胀等影响，伊朗经济发展缓慢、通胀严重、失业率居高不下，人民的生活水平确实受到了很大影响，给人以今不如昔的感觉。但伊朗是一个能源大国，其石油和天然气储量均居世界前列，生产和出口源源不断，保证了国家近80%的外汇收入。伊朗亦是海湾和中东地区最大的工业生产国之一，在钢铁、冶金、机械制造、汽车制造、石油化工、制药、家电和食品加工等方面具备较强的能力。伊朗农、林、牧、副、渔俱全，除粮食基本自给以外，蔬菜、水果等经济作物自给有余，且大量向中东和海湾地区国家出口。这亦是面对严酷的经济制裁，伊朗未被压垮的主要原因之一。最近几年，我曾数次陪同国内的朋友前往伊朗。对我来讲，伊朗如同自己的第二故乡，没有什么新鲜感，但对于第一次造访伊朗、原来只在电视上看过、媒体上了解过伊朗的朋友来讲，他们的溢美之词却令我意外。绝大多数朋友都认为，伊朗是个坚韧的民族，面对西方国家长时间严酷打压而岿然不动，城市整洁，生活井然有序，人民热情好客、彬彬有礼。与一些欧洲国家相比，伊朗并不逊色。在亲眼目睹之后，朋友们纷纷表示他们过去被媒体和西方的反伊宣传骗了。

18年在伊朗工作和生活的经历，使我自信对这个国家了解较深。在这18年中，我几乎走遍了伊朗所有的大城市，数十次造访基什岛、格什姆岛和其他伊政府认定的所有自由贸易、石油、天然气特区。我对德黑兰、伊斯法罕、里海沿岸地区城市的了解比我对北京的了解还深刻。我在伊朗经历了巴列维国王、霍梅尼和现在的哈梅内伊三个时代，时间跨度近40年，时间拉近了我与伊朗人民的距离。

2500 年前的波斯帝国王宫遗址，
位于设拉子市郊区。

　　作为经商参赞和长期从事对外经济贸易的外交官，我见证了中伊两国建交后几乎所有的重要经贸活动，亲身参与了两国间重要的经贸合作项目的谈判、签约、奠基、竣工庆典等大型活动。上世纪 90 年代以来，我国企业在伊朗承揽的德黑兰地铁全部 1—5 号线项目，德黑兰、大不里士、阿拉克炼油厂的改造升级项目，为伊建造五条 30 万吨级油轮项目，六座 32.5 万千瓦火电项目、大坝及发电项目，德黑兰至里海高速公路，大型铜冶炼厂，石油天然气勘探开发项目等，使伊朗成为我国企业实施走出去战略最重要的国家之一。地铁、油轮、火电厂、大坝等项目亦是我国当时对外承包规模和金额最大的项目，两国的进出口贸易额从 1998 年的十几亿美元跃升到 2008 年的 350 亿美元，十年间增长了近 22 倍。自 2005 年至今，中国一直是伊朗最大的经贸合作伙伴。双边经贸关系的发展极大地推动了两国政治和友好关系的全面发展。伊朗是我国最主要的原油进口来源国之一，对于我国的能源安全战略有着举

2001 年 11 月 1 日，中国为伊朗建造的第一条 30 万吨巨型油轮在大连造船新厂举行隆重的下水仪式。

足轻重的作用，双方的能源合作符合两国的共同利益。在欧美国家对伊出口原油禁购期间，我国根据本国的需要，仍坚持从伊进口原油，缓解了伊朗因不能出口原油而面临的困境，为伊经济提供了支撑，受到了伊政府和人民的广泛赞扬。此举亦为在国际社会结束对伊经济制裁后中方企业进一步拓展伊朗市场奠定了良好的基础。

在中伊经贸合作方面，有一个项目我至今历历在目，终生难忘。上世纪 90 年代末，我国的造船业还未到如今的如日中天的水平，面临日本和韩国等造船强国的激烈竞争，大连造船厂新厂虽然已建成了 30 万吨巨型油轮的船坞，但苦于没有订单而不能投入生产。当得知伊朗国家油轮公司拟采购五条 30 万吨 VLCC 油轮后，我国有关企业即开始了紧张的竞标工作。由于我国企业此前未有建造 30 万吨巨型油轮的业绩，而韩国等已在这方面有了成熟的经验，我国企业竞标处于劣势。时任国

路长金陪同伊朗石油部副部长兼国家油轮公司总裁苏里（中）和伊朗驻华大使（左）等步入油轮下水典礼会场。

务院总理朱镕基对此项目极为重视，曾多次指示我国相关企业和国务院有关部门加大工作力度，想尽一切办法将该项目拿下。根据上级领导的指示，使馆和经商处作为在国外的第一线，与伊各有关部门进行了积极沟通，做了大量增信释疑工作。当时，我国与伊朗的经贸关系、政治关系都处于相对比较困难的时期，伊方对我国的一些做法颇有微词。在我们与伊方各主管部门交涉的过程中，很多尴尬场面不言而喻。考虑到我国曾在两伊战争中伊朗最困难时期给予过最有成效的援助，经过伊外交部的协调，伊政府从两国关系的大局出发，最终决定将该项目授标给中国公司。大连造船新厂在国家各有关部门的大力支持下，克服了种种困难，按时保质地完成了五条 30 万吨巨型油轮的建造任务。几年后，当上述船舶全部交付并运营后，伊方业主、伊国家油轮公司给予了非常高的评价。该项目的竞标成功，对我国造船业起到了巨大的推动作用。可以说，该项目是我国一跃成为世界上最大的造船国的分水岭，对两国经贸关系的快速发展也起到了重要作用。

伊朗是全世界 57 个伊斯兰国家中最重要的国家之一。波斯文明史为世界留下了很多宝贵的文化遗产。伊斯法罕、设拉子、马什哈德、哈马丹、大不里士等历史名城吸引了世界各地大量的游客。在 2016 年对伊制裁解禁

伊朗国家珍宝馆中展出的巴列维王朝末代王后法拉赫的王冠

后，更多的游客涌向伊朗。闻名遐迩的波斯地毯、细密画、西红花（藏红花）、里海黑鱼子酱、开心果、波斯绿松石、各种精美的手工艺品等亦成为赴伊游客的首选产品。伊朗首都德黑兰是一座新兴的城市，只有几百年的历史，但该市是伊最大的政治、文化、商业中心，人口占伊总人口的五分之一还多。到了德黑兰，巴列维国王行宫、地毯博物馆、国家珍宝馆、占地数百公顷的南城大巴扎等应为必游之地。伊朗国家珍宝馆虽然馆内面积不大，但馆藏文物每一件都价值连城，钻石论盆装，鸡蛋大的祖母绿、红宝石，鸽子蛋大小的天然珍珠比比皆是，充分显示了伊朗雄厚的家底。我曾陪同李岚清副总理参观该馆，事后李副总理感慨地说：伊朗国家珍宝馆的展品之丰富、之珍贵，完全可以与大英博物馆媲美。

几十年来，我结识了大批的伊朗新老朋友，与这些朋友的接触，增强了我对伊朗民族的了解。该民族爱憎分明、坚忍不拔、不惧强权，伊朗伊斯兰革命以来几十年艰难的历程就充分说明了这一点。此外，伊朗这个民族热情、奔放、好客、助人为乐的精神亦给我留下了深刻的印象。

　　相信上点年纪的人们都知道，爆发于上世纪 80 年代初的两伊战争共打了八年，直到 1988 年 8 月才真正停战。这场战争的发起者是伊拉克当时执政的总统萨达姆。那时伊朗伊斯兰革命刚刚胜利不久，伊朗因新旧政权交替，国内秩序极为混乱，军队基本处于瘫痪状态，加之美国与伊朗之间因人质事件而导致关系破裂，美国联合西方国家对伊朗实施制裁，可以说，伊朗当时的形势是四面楚歌。萨达姆错误地认为，报伊朗国王时代长期欺压伊拉克之仇的时机到了，故悍然发动了对伊朗的侵略战争。战争伊始，伊朗战场形势十分危急，大片土地被伊拉克军队占领。伊朗业已瘫痪的军队被临时拼凑起来抵抗侵略，霍梅尼领导的政府动员全国人民参军，甚至成千上万的中学生都被派往前线参战。在伊朗人民的奋勇抗击下，战场形势很快得到了扭转，大部分入侵的伊拉克军队被赶出了伊朗，伊朗军队甚至几度攻入伊拉克境内，并曾长期占领伊拉克南方的战略要地法奥半岛。期间，拉锯战、袭城战等对两伊都造成了巨大损失。据战后的初步统计，战争导致三四十万伊朗官兵阵亡，上百万人负伤。伊拉克的伤亡人数基本相当。两伊战争期间，多数阿拉伯国家、当时以苏联为首的东欧国家和所有的以美国为首的西方国家几乎都站在伊拉克一边，萨达姆可以说是要钱有钱，要枪有枪。而伊朗却是孤家寡人，用战后伊朗人自己的话说：两伊战争期间，伊朗是用一个拳头对付一百个拳头。霍梅尼在停战后亦曾表示不得不吞下伊朗以停战方式结束战争这颗苦果。反过来看，伊朗人民能在如此恶劣的环境下以不败的结果结束这场长达八年之久的战争，亦属不易，反映出了伊朗这个民族坚忍顽强的精神。这也是美国一直想用武力解决伊核问题而未敢动手的一个重要因素。

　　一个强悍、坚韧的民族，同时又充满热情、好客、助人为乐的精神，这不是所有国家和民族都具备的良好品德。发生在中国中兴通讯公司在伊朗项目组人员身上的一件不幸事故让我至今不能忘怀。2005 年，中兴伊朗公司两名年轻的技术人员因工作需要，在伊朗新年前赶往伊斯法罕进行设备调试，完成任务后乘出租车返回德黑兰总部。回程中，不幸的事情发生了，因司机长途疲劳驾车和超速行驶，出租车冲入路基下的河床，猛烈的翻滚致使汽车严重变形，两名中方技术人员当场一死一重伤。令人感动的是，事故发生后，经过该路段的数十辆伊朗人的汽车全部停下参与抢救。几位司机将血肉模糊的伤员和死者抬到自己的汽车上，驶往距事发地几十公里的一座中心医院。由于抢救及时，重伤者的命保住了。更为感人的是，那些参加抢救的素不相识的伊朗朋友在把伤员送到医院后悄然离去。得知事故消息后，我当即指派经商处的一名一秘陪同中兴德黑兰公司总代表前往出事地点处理善后事宜。事后我的同事告知，他们到达医院后，首先代表中国使馆和中兴德黑兰公司总部向参加抢救伤员、处理死者遗体的医院医护人员表示感谢，并表示愿意支付为此而产生的所有费用。该医院负责人的一席话令我们感动不已："两位年轻的中国小伙子是为伊中友好和经贸合作不远万里来伊朗工作的，我们为未能挽救死者的生命而感到遗憾，费用就不用交了，这是我们应该做的。"事后，我在给伊外交部和医院所在省份省政府的致函中表达了我们真诚的谢意。伊朗人民这种救死扶伤、不计报酬的精神值得我国人民学习和效仿。诸如此类的事情在我在伊朗生活和工作的过程中屡见不鲜。这不是中伊友好所能全部概括的，它充分体现出了伊朗这个民族的优良品德。

从历史的角度考量，中伊友好关系的历史早在 2000 多年前就开始了，丝绸之路是两国友好关系的历史见证。传统的友好关系为双边政治、文化、经贸关系的快速发展奠定了坚实的基础。习主席提出的"一带一路"倡议，伊朗是最重要的合作对象之一，两国在能源、矿产资源、轨道交通、基础设施建设等领域有着良好的合作前景。伊朗是上海合作组织的观察员国，在国际社会对其解除制裁后，伊朗将有望成为该组织重要的一员。愿中伊两国人民之间的友好关系万古长存！

难忘的人们，难忘的时光

赵玫玫（中国前驻伊朗大使郁红阳夫人）

一位村长等候在大使专车经过的路边，向郁红阳大使赠送村民手纺的漂亮地毯。

　　我曾前前后后在伊朗工作生活了10年，先生更是在那里学习、工作、生活了17年。伊朗成为我们除祖国外生活时间最长的国家，也成为我们除祖国外感情最深的国家——因为在那里遇到的许许多多人和事。

　　伊朗是一个你从车窗里问路，对方都会请你喝茶的地方；是一天中无论遇到多少次，彼此都会笑颜问好的地方。可以说，在我常驻和旅游过的欧亚几十个国家中，伊朗人是最热情友好、最令人难忘的。

大使的朋友哈克米

　　哈克米（Hakimi）是一位在中国使馆工作了 20 多年的保洁工。使馆的人员来来往往不知换了多少，但无论使馆馆员还是伊朗雇员，都知道哈克米是郁大使的朋友，这成了在驻伊朗使馆流传已久的佳话。每当有人刚刚得知，吃惊并羡慕地对哈克米说："你是大使的朋友啊！"他都会露出憨憨的美滋滋的笑容。是的，他是大使的朋友，而且还是三十几年的老朋友。这个大使朋友可不是他攀来的，当初他绝不会想到，那个手足无措的二十几岁的中国小伙有一天会成为中国驻伊朗大使。

　　哈克米家住在德黑兰南城，对德黑兰有点了解的人都知道，那里是千千万万在底层辛苦谋生的贫寒家庭居住的区域，而所有的外国使馆和外交人员的家都在富人聚居的德黑兰北城。三十几年前的先生刚刚开始在使馆工作，连随员都还不是。学会开车后不久，有一天他驾车去南城办事，想不到车抛了锚，停在路上不动了。人生地不熟又没有多少有关汽车的知识和经验的他四顾茫然，束手无策。那时又没有手机，他无法联系同事来帮忙。这时候，不知从哪儿跑来了比他更年轻的伊朗小伙哈克米。还好先生会说波斯语，哈克米很容易就搞清楚了怎么回事，然后果断设法帮他把车送到了修车行。那时，对先生来说，哈克米简直就是天上下凡的天使。先生非常感激，问了哈克米的姓名，留下了联系方式。后来，哈克米像所有热情的伊朗人一样，多次邀请先生到他家做客，像是先生帮了他似的。先生认识了他那极为普通的家人：他的爸爸妈妈和三个哥哥——他原来还是家里最小的。从此，他们就成了朋友，说起来，哈克米成为先生的朋友比我还早好几年呢。

　　1990 年，先生第二次赴任伊朗，我随任，才认识了哈克米。在国内，先生就给我看过哈克米的照片，给我讲他在伊朗有这样一位朋友和他们怎样认识的故事。到了德黑兰，安置下来不久，先生就联系了哈克米。

1993 年，时任中国驻伊朗使馆二秘郁红阳（右2）和夫人赵玫玫（左1）与哈克米（右1）夫妇及女儿和另一对伊朗籍雇员黑达利（Hedrif）夫妇在使馆合影。

那时哈克米已结婚，有了自己的小家，但他仍然像以前请先生一样，请我们到了他爸妈家。姑且借口那时还年轻吧，我们竟然什么礼物都没有带，哈克米的爸爸妈妈和一家人却照样好好地招待了我们，大家伙儿一起盘坐在地毯上，围炉长谈。

两年多后的一天，哈克米带了一小束花来见先生，说花是他妈妈送给先生的。他说他很不好意思，因为他打工的岳父的小店倒闭了，他得养活妻儿，母亲也为他的事很着急，无奈之下，正生病住院的母亲给他出了个主意，让他来替妈妈请求他的中国朋友帮忙。哈克米说：现在伊朗找工作很难，你如果能帮忙，我妈妈会很高兴很感激你，她的病也会很快好转起来。哈克米文化水平不高，也没什么特长，他说干什么都可以。先生找了时任办公室主任武惠骏，武主任跟哈克米面谈后把情况上报馆领导。领导批准后，哈克米就来使馆上班了。不久，我们离任回国。由于哈克米为人老实，从不挑活儿，结果一干就是20多年，直到现在。

先生1998年第三次赴伊朗，任使馆二把手政务参赞，我在办公室任三秘，主要做礼宾工作。哈克米的工作包括为我家搞卫生，他让我见识了伊朗人搞卫生的标准，见识了什么叫一尘不染。电话座机细小的沟沟坎坎里、家具雕刻的纹路里，他都擦拭得干干净净，搞得我潜意识里以为那电话机本来就不招土。后来，这个工作调换过别人做，我才知道电话机也会蒙尘。他还经常伸手去掏洗卫生间下水孔里的积垢，吸尘器里的集尘袋他也经常拆卸下来洗得白白的，地毯、门垫、沙发、阳台等就更不用说了。从此，哈克米搞卫生的标准就成了我要求的标准，走到哪儿我都想着哈克米是搞到什么程度的。

先生读报纸听广播时常做记录，随时读到什么东西、接打电话等也经常需要记下来。因此，他的桌子上常常散落着各种报刊和大大小小、颜色不一的本本及纸片。哈克米搞卫生从来不用嘱咐，哪怕再小再皱没有正常形状的纸条也不会被他当废纸扔掉。相反，他还会把那些纸条归整起来。他看不懂中文，有时认真摆放的小纸片却放倒了，让人忍俊不禁。

哈克米文化水平不高，也不那么聪慧，所以一直从事最简单的保洁工作，但令所有人无法解释的是，憨憨的哈克米的汉语口语却是所有伊朗雇员中最棒的。刚从国内来的同事看到馆员跟哈克米随便用中国话布置工作后，哈克米扭头就走开去执行了，都吃惊得不得了。哈克米还会唱好几首中国歌曲，有时外出游玩他给我们开车，让他唱一首，他就高高兴兴地唱上一首。伊朗人性格多开朗大方，他们的字典里似乎没有怯场和自卑。他唱的"走走走走走啊走，走到了九月九……"，那个"走到了"唱得地道极了，简直像个北京油子。因为向他交办事情容易，所以大家经常会让他干一些搞卫生之外的活儿，在司机不够用的情况下，办公室也经常派他开车。对此，哈克米都从无怨言，也不计较是否有加班费。有时我们在车上说到他，他听明白后，就美滋滋地偷笑。哈克米真是一个天生善良的人。

2010年末，我随先生再次赴任伊朗时，哈克米见到我们欣喜不已，像见到久别的亲人。他已不再年轻，满脸沧桑，头发开始花白，微微有些驼背，干活不如以前那么精力充沛了，我也不像以前那样要求他。但是，哈克米为人更真诚忠厚了，把家交给他你不会有一点不放心。有一次，哈克米开车送我出去参加活动，出门时我手上还戴着一枚金戒指，到家后却发现不见了。我想不起丢在了哪里，只能在车里找找，没有找到。哈克米很难过，他觉得自己说不清，憋了好几天后有天向我解释说：夫人，我在车里找了好几遍也没有找到。你知道我在你家里搞卫生，你们的手表、美元就放在桌上，我从来没拿过。我知道我无意中伤了他，感到很歉疚，我说：没有你的事，我一定是丢在外面了。哈克米，你在中国使馆一干就是20多年，这就是你人品最好的证明。这一任我还发现，每天到了祷告时辰，哈克米就在官邸客厅两层楼的楼梯之间拐弯处一块小平台上铺一块小地毯，朝着麦加的方向做祷告。这还是我有一次喊他做事时发现的。那天我喊了他好几声，他都没有像往常一样立即应声，我去找他，发现他在静静地祷告。我没有打搅他，他也没有停下。他做完祷告才来问我什么事。从此，我就注意再不打扰他祷告了。

还有一次，我快要回国休假了，哈克米知道后非常不好意思地跟我说了她女儿的病情，说他听说中国有更好的中药可以治疗，让我帮他买一些。我帮他买回来后，他反复说着"非常感谢"。哈克米就是这样一个人，让你想起他就会惦念。

哈克米，你现在还好吧？妻子和孩子们都好吧？

小学生和老师们向中国客人招手。

"二进宫"的秘书妮娜兹

我在使馆办公室任三秘时,妮娜兹(Ninaz)是我合作最多的伊朗雇员。她的办公室在使馆一进门相当于传达室的位置,她管收发,接打使馆的多数事务性电话,起草打印所有的波斯文照会和大部分英文照会,打印大使、参赞对外发送的请柬和宴请时的来宾座位卡、菜单等,还跟伊朗许多部门打交道办理种种杂事。

我到任的时候,她已经在我们使馆工作了几年,业务精通,工作态度认真负责，无论实际接触还是电话中对人都非常有礼貌，以至给经常接到她电话的别国外交官都留下不错的印象。她就是那种典型的一天不管见到多少次都会热情地微笑着彬彬有礼地向你问好的伊朗人。每天早晨，当她从窗户里看到大使或参赞来上班，都会走出门迎上去，双手郑重地放在膝上，深深鞠躬，向大使或参赞问好："Good morning, your excellency.（早上好，阁下。）""Good morning, Mr. Yu.（早上好，郁先生。）"她打印好的东西从来都是双手托着，干干净净平平展展地交给我。她建立了使馆有联系的所有机构和个人的电话簿。我们新到任的工作人员，不光关于伊朗的种种问题经常会向她咨询，有时办理某些事情的例行做法也会问她，她都耐心地给我们讲解。

一年后，她提出加薪。我们向她解释：加薪必须由国内批准，否则我们也没有钱给你们。她遗憾地说：其实我非常喜欢在这里工作，非常喜欢你们，喜欢中国人，但是如果不能加薪，我只好离开这里。我们商量后，仍然没有好的办法把她留下，于是同意了她的辞职请求。但我没想到，她在离职之前每天比平时工作更忙，除了日常工作，就是整天整理补充档案资料。她告诉我什么文件在哪里，照会编号记在哪个本子上。她说：即使我死了，你们也什么都找得到。

她走的那天，我们办公室全体工作人员给她开了个欢送会。欢送会上，我们每个人都说了表扬和感谢她的话。有位比我到馆早的年轻外交官真诚地说：我刚来的时候，你就像大姐姐一样，告诉我什么事情怎么做，我从你那里学到了很多东西。欢送会上她一直在哭，欢送会结束时，我送了她一件礼物，她哭着和我紧紧拥抱告别。我说：你走了以后虽然不再是我们使馆的雇员，但我们还是朋友。

她去了另一个使馆工作，那里的工资差不多比她在我们使馆的工资多一倍。我们聘用了另一位伊朗姑娘。转年，使馆得到了给当地雇员加薪的预算。由于以前多年没有给他们加薪，原工资起点较低，加之必须考虑的伊朗当时通货膨胀物价上涨等因素，所以那次加薪幅度较大。加薪后不久，新来的伊朗姑娘去欧洲留学的申请通过了，她提出辞职。妮娜兹得知后，给我写了一封长长的英文信，请求再回我们使馆工作。信中言辞恳切，诉说了在我们使馆工作时中国人留给她的深刻印象和她与我们建立的深厚感情，说一直想念我们。她说她知道我们使馆现在的工资仍然比那个使馆的略低些，但她不介意，因为她喜欢我们，亲身体验过和我们一起工作的快乐，所以她非常希望能够回来。我把她的信交给了使馆领导，领导让我们办公室每个人说说自己的意见，结果大家因为对她印象都不错，相信她是真诚的，都愿意让她回来。领导批准后，她就又回到了原来的岗位。

回来后，她又跟我说："你们中国人没有什么等级观念，不但对我们当地雇员平等相待，而且热情友好，体谅我们，帮助我们解决困难，连大使参赞都那么平易近人、和蔼可亲。当时不加薪我能理解，我不怪你们。"是的，我记得很清楚，你不但一点没有怪我们，还那么认真地为后来人、为我们精心地整理好文档，那么不舍地离开我们……

我们离任的时候，她执意要送给我们礼物，其中一件是她妈妈专门为我们画的油画。

我知道，无论走到哪里，你的记忆里，哪怕在一个角落，也会有我们；我们的记忆里，也会永远有你。

冬至日的温暖

冬至是伊朗人一年当中重要的节日之一。那一天，孩子们都会回到家里团聚，通常除了一些平时经常吃的水果和小吃外，开心果和西瓜是那一天必备的食品，很多家庭平时舍不得买这些东西吃，冬至日也一定要买。冬季的西瓜本来就贵，那一天的西瓜还会因节日涨价。曾有富裕

中国大使馆一行全体人员与托拉比（前排中）一家合影。

的伊朗朋友邀请我们一起欢度冬至夜，但普通老百姓家怎么过我们还不知道。

2011年12月21日，我们出差途中遇到前不着村后不着店的情况，随即赶往最近的一个安静的小城市博鲁杰尔德（Boroujerd）。晚上7点到达入住酒店，吃完饭看完新闻后，我们就到酒店大堂问服务生等人他们的冬至怎么过，酒店有没有冬至的节目。他们说酒店没有，这种节日都是在自己家里过，他们10点下班，然后就回家过节。其中一个叫托拉比（Tolabi）的电工说：欢迎你们到我家去过节。如果能亲自到他们家里去看看当然好，可我们不敢相信大晚上10点以后还能去人家家里。我们问：真的欢迎吗？淳朴的托拉比回答：当然真的欢迎。

我们跟随他来到一条灯光昏暗的小胡同，走进他家。和伊朗普通老百姓一样，他家也是厅很大，零星的家具让客厅显得空荡荡的，除了

在托拉比先生家中，他的儿子为郁红阳大使端上甜点。

一个立柜外，只有两对沙发、一个茶几，没有椅子，机织化纤地毯一直铺到墙边，地毯上有几个靠垫。主客都坐在地毯上，可以立起靠垫倚墙而坐。起初主人夫妇执意请先生和我坐在沙发上，我们还是和大家一起坐在了地毯上。

茶几上摆着几种水果和糖果点心，其中代替西瓜的是蒸南瓜，代替开心果的是一种炒熟的像苏子似的东西，没法吐皮也不必吐。抓一小把放嘴里，连皮带仁一起嚼，倒也有些坚果的香味。我非常喜欢和佩服伊朗人的性格，这种时候，他们不会为家里没有更好的东西招待你而抱歉或惭愧，也不去过多担心你可能不喜欢吃，只是问你吃过没有，执意让你尝尝。是的，萍水相逢，非亲非故，他们请我们来，他们的心是热的，是真诚的，何愧之有呢？我们吃着南瓜，嚼着"苏子"，感谢着他们的热情好客，和他们聊着家常，问候着他们每个家庭成员的情况，祝贺他们刚刚上大学的二女儿，并祝他们没机会上大学、尚没有工作，因而尚

郁红阳大使在另一伊朗人家受到
热情招待，宾主亲切交谈。

未结婚的 29 岁的二儿子早日成家。

炉子烧得很暖和，我们和他们一家人在一起，其乐融融。

听伊朗朋友说过，他们的这种待客习俗是很久以前形成的。那时交通不便，旅店也少，去麦加朝觐的人们都是以骆驼为交通工具甚至徒步，一路要走很多天，不知几天才能碰到有人家。所以，遇到有人经过时，大家都会留赶路的人在自己家住下，让他们和自己家人一起吃饭。

在伊朗的小镇和乡村，我们探访过不少普通人家，每次出差都去一两家。他们无一不是男女老幼全家出动，倾其所有地招待我们。邻居和亲戚听说来了中国客人，也都聚到这家，主人家居然能在毫无准备的情况下拿出招待几十人的各种水果小吃以及杯盘刀叉，小吃大多是自家做的。他们还会拿出自己织的地毯，或自己的刺绣作品，或自己手工钩织的花边请你赏鉴，并常常随手就送给你。他们还会带你去看他们家养的

主人家八九岁的小女儿熟练地为客人准备茶杯。

牛或羊，给你看他们结着这样那样果子的树，给你看他们不在家的家人的照片，给你讲述他们的故事。你离开的时候，他们所有的人都来到门口和你握手甚至拥抱，说着"谢谢"，说着"再见"。车开动了，他们还会久久地站在那里向你挥手。

中国，我儿时魂牵梦萦的地方

马苏德·贾法里（伊朗红龙国际集团主席）

罗来安 译

记得小时候第一次看武侠片，那是功夫巨星李小龙的《龙争虎斗》，我感觉内心深处一团火焰瞬间被点燃，从此痴迷上了中国功夫，总觉得自己跟它前世有缘。事实上，我此后的人生路，也一直被它牵引着南北西东。

青少年时期，我看了很多功夫片，当然，那时候想看到这些片子也不是那么容易的事。我生活的北方里海小城贝赫沙赫尔那时还没有VCD、DVD，而是流行VHS录像带，看过印象比较深的片子有《独臂刀》《猛龙过江》《醉拳》《南北少林》……看中国功夫片几乎占据了我青少年时期精神生活的全部。不过，我最初接触的体育项目是体操，因为我有个哥哥是练体操的，他担任了多年伊朗国家体操队教练，我跟他学了一些体操动作。

工地搬砖赚学费

我念念不忘中华武术，幻想有一天也能像电影中的大侠那样行走江湖。可是，寻遍贝赫沙赫尔的大街小巷，我也没能找到电影中的那种武馆。1989年，我听朋友说他加入了一家武术俱乐部，但那里不让外人进。后来，经不住我软磨硬泡，朋友带我去了，但他警告我只能在外面等机会，我一口答应。

来到一栋老房子，大门紧闭，我透过大门玻璃往里看，只见七八十

贾法里穿着从德黑兰表哥那里借来的练功服参加俱乐部训练。

贾法里的启蒙教练哈登鲁师父

个身穿中国武术练功服的人在练习，七彩阳光照射在他们身上，一个个英姿飒爽。我全神贯注正看着，完全被练习者的动作和神态吸引，突然感觉耳朵被人揪住，转身一看，身后出现了一个满头卷发的男子，他用粗鲁的声音喝道："你在这里干什么？"原来是俱乐部经理。

我说我喜欢武术，想加入俱乐部。经理说学员名额已满，不再招新人了。我说，我朋友也在这里学习呢。最后好说歹说，经理勉强同意我下堂课来报到，我兴奋地蹦了起来。

两天后我去报到，俱乐部经理递给我一份承诺书，告诉我先读一遍，想好了再签字。只见上面写着：不守承诺者将被逐出师门；习武先学德，无德不入门；谦逊谨慎、尊敬师长、帮助弱者、在武馆外不许用功夫伤人等规定。签完承诺书，我感觉练武是件很庄重的事。

第一天上课，先练习热身动作。小组长领着大伙压腿、弯腰、跑步，一个多小时都在重复这几个动作，我逐渐感觉头晕恶心，冒出一身冷汗。就在感觉撑不下去时，教练及时出现，叫停了热身。这时，我感觉眼冒金星，天旋地转。真实的武术世界原来这么艰苦，那些功夫高强的人，不知流了多少汗水！

德黑兰的表哥练过一段时间武术，我就向他借了一套练功服。他的衣服我穿着大，但是没办法，我没钱买新衣服。家里孩子多负担重，父母并不支持我学习武术，他们认为练武没什么用，还耽误学习。俱乐部每月50土曼（当时大概合8美元）的学费，家里不给钱，我只能靠自己打工积攒。

我8岁就打工赚钱，起初卖冰棍和口香糖，稍大点儿到工地搬砖、做油漆工等。记得有一年夏天，我们俱乐部建新房，打工可以抵扣学费，我和几个小伙伴就在工地上干了三个月，每天在烈日下运大石头。

每天我都把练功服穿外衣里面，这样就没人会注意到我是去俱乐部。冬练三九，夏练三伏。我从一个瘦弱的阿扎里少年，逐渐变成黝黑结实的小伙。当然，其他练功的孩子跟我也差不多，一个个黑不溜秋的，精瘦有力。

日子一天天过去，我逐渐适应了俱乐部的环境。夏天到了，我们穿着白T恤，由于高强度运动，每次训练完就像刚洗过澡一样，全身被汗水湿透。我越来越喜欢练习，觉得光在俱乐部练还不过瘾，于是，我们几个小伙伴组成了课外习武小组。回家后，晚上11点，我来到家附近的葡萄园，独自一人在静静的月色下练习。那段时光真的很难忘，每天都激情澎湃，感觉有使不完的劲儿。

练习非常艰苦，对忍耐力是很大的考验。我的启蒙教练阿里·阿克巴尔·哈登鲁是伊朗武术界的名人，对学员要求严格，甚至比我在电影里看到的那些师父还严。比如，他推行一种被称为"死亡墙"的抗击打训练：队员分列两行，中间空出一条过道，一个学员双手放在脖子后面穿过队列，途中要经受至少50人对他身体不同部位的击打。

我们周五常去外地训练，那是一个距离贝赫沙赫尔20公里的城市。我们7点起床坐中巴，从8点练到12点，下午两三点返回。印象最深的是，我们常常要在酷暑严寒中等两三个小时的车。

一天天的练习使我们越来越强壮，也懂得了些为人之道。哈登鲁师父教导我们，武术的灵魂不在于外表的强悍，而是内心的平和，"你们身体强壮如虎，但要做温顺的小鹿"。

我接受能力强，很快当上了小组长，教练开始安排我去参加一些比赛。我对比赛没有什么概念，只知道需要赢，因为赢了有奖金。有一次去外地参赛，一天有三场对抗。上午两场紧张激烈的比赛我都赢了，中午师父奖励我一个热狗，这是我记忆中最好吃的一个热狗。受此鼓励，下午的比赛我也赢了。

经过多年的摸爬滚打，我的竞技水平不断提高，同时还参加了多期教练裁判培训班，我也开始武术教学了。为追求更大发展，我移居德黑兰，同时也在各地办武术培训班。

2003年，我注册成立了红龙国际集团。我是龙年(1976年)出生的，"红龙"对我和我的团队来说，是力量与和平的象征。这里说起来还有个故事：当年"丝绸之路国际武术节"在阿塞拜疆巴库举行，我应邀当裁判，与两位中国裁判相识并成了朋友，他们问我名字，我说叫马苏德·贾法里，可是记住这个名字对他们来说有点困难，于是我脱口而出：你们可以叫我"红龙"！这就是红龙的来历。当然，大家也都知道，红色在中国是喜庆的颜色，中国人自称"龙的传人"，二者都是最有代表性的中国文化符号。因此，"红龙"蕴含了多重涵义，我非常喜欢这个名字。

异乡孤身赴少林

去少林学艺一直是我的梦想，但这似乎又只能是个遥不可及的梦——我没钱，还有些债务。但我想，无论如何我得去一趟。我到中国使馆询问签证事项，签证官告诉我，如果我能从伊朗武术联合会拿到介绍信，他可以给我签证。

我想，这能有啥问题？武术联合会的人都认识我，前不久我还代表武术界在总统面前表演过呢！去一趟肯定就行了。但事情不是我想的那么简单，尽管联合会的人完全了解我的情况，但也不知道是出于嫉妒还是其他原因，就是不肯给我开介绍信。我气得瞪眼睛拍桌子，然而无济于事，只好回家。

或许这对我来说不是什么坏事，就像一位恺加王朝的诗人说的："知识就是我的守护神，石头旁我也能把玻璃保存。"

我没空唉声叹气，挫折更加激起了我的斗志。通过旅行社，我申请了旅游签证。朋友介绍了郑州的苗教练给我，说他曾经担任过伊朗国家武术队指导，到了那边他可以帮我。随着出发日期的临近，我努力赚取并节省每一个里亚尔，同时向亲戚朋友借款，以保证旅途的开支。

出发前两天，朋友帮我联系的一笔赞助资金到位，我得到了几张银行支票。出发当天，我和朋友去巴扎换美元，但是找了好几家钱庄，都没人接受银行支票。这时离航班出发就剩几小时了，时间一点点过去，我们干着急没办法。我对朋友说，停车安静一下，深呼吸，或许三分钟后奇迹就会发生。

然后，我们去了下一家钱庄，果然奇迹发生，这家钱庄居然接受支票，给我换了美元。我们高兴得手舞足蹈，赶紧回家，在最后时刻赶到了机场。登上飞机的时候，我长舒了一口气，过去的一幕幕浮现在眼前，不禁热泪盈眶。我知道，尽管困难还没有过去，但我决心已定，无论前面有多少艰难险阻，我都将义无反顾。

2006 年冬天的一个清晨，抵达北京首都国际机场，我才知道我们波斯语说的城市 Pekan，其实大家都叫它"北京"。我拿着几个大箱子，里面塞满了食物和衣服，要赶到北京火车站，然后乘火车前往河南郑州。

北京机场很大，这又是我第一次到中国，我努力用简单的英语想打听去火车站怎么走，可是没找到懂英文的人。中文我只会说几个跟体育相关的词，此外还知道数字，但即便是这些，后来我也发现，自己的发音其实是不对的。

走出机场大厅，来到出租车点，我以为首都机场的出租车司机会懂英文，排到跟前我就上了车。上去后就傻眼了，司机根本不知道我在说什么！怎么办？我急中生智，一边用手有节奏地比画着火车开动的动作，一边从喉咙里发出轰隆隆的声音。司机终于明白了我的意思，我俩哈哈大笑。

天气很冷，北京火车站到了，司机说只能在车站对面停车，我不得不拖着沉重的行李箱走到马路对面去。售票厅有很多窗口，每个窗口都排着长队。跟在机场一样，我没能找到一个懂英文的，只好随便找个窗口排着。轮到我时，我告诉售票员我要去"郑州"，她敲出了几个发音相似的城市名字：常州、儋州、真州？糟糕！我不知道郑州的准确发音，急得做了几个武术动作，然后又说"少林！少林！"售票员总算明白了我要去的地方，然后带我到了该排的窗口。可是，买完票我又傻了：我的票是北京西站出发！票上全是中文，只有几个数字我能看懂。不过一路下来，我也不太慌了，就靠这几个数字一路摸索，我还是成功登上了去郑州的列车。

抵达郑州站，苗教练在车站等我，我一颗悬着的心总算落了地。吃过晚饭，我们一起打车去登封。差不多半夜 2 点，我到了少林寺，招待

2006 年贾法里在少林寺进修时的练功照

所凑巧有个空铺。一天的紧张奔波后，我兴奋得睡不着，想起遥远的丝绸之路，那些在丝路上奔忙的人们；想起更遥远的来自印度的达摩祖师，据说他是少林武术的开创者。不过，最近听少林寺方丈说，根据一些历史文献记载，达摩祖师说波斯语……

就在我迷迷糊糊遐想的时候，嘹亮的喇叭声响起，宁静的夜空被打破，武僧和学员们早操的时间到了。我立刻起床到外面院子，看到了期盼已久的景象：精神抖擞的学员们，排着整齐的队列，踩踏有声，喊着口号在嵩山山腰跑步。早操从 5 点到 7 点，脚步声、呐喊声在深山里交互响起，甚至登封市里都能听见。想想看，这样的场面延续了 1500 年！天还是黑

2006 年贾法里在少林寺进修期
间与少林弟子合影

的，寒风凛冽，但学员们钢铁般的意志震撼并激励着我，任何困难都不
在话下。

当天上午，我到办公室报到，负责人给我介绍了训练计划和相关制度。
还不错，国际部有几位教练和工作人员粗通英文。我接过服装，认识了
教练，期待早点开始训练。同期的还有几位外籍学员，他们分别来自俄
罗斯、法国、美国、哈萨克斯坦等国。

每周六天训练，只有星期日休息，可以处理私人事务，或去登封市
转转。少林寺周围有很多武术学校，每天估计有三四千人在这里接受严
格的训练。登封市每年接待数百万海内外游客，他们无疑都是奔着少林
寺来的。

哈塔米总统接见红龙武术队。

刚开始时，我对中餐不适应，身体明显承压。中餐使用的调味品，比如盐、香料和糖，跟伊朗餐明显不同，我难以下咽。幸亏我从国内带了很多食物，可以吃上一阵子，然后慢慢适应。

少年梦变成了现实，为达到更高目标，我每天都努力学习和锻炼，教练对我很满意。少林寺有个演练厅对游客开放，记得一个周末，游客很多，教练选中我参加表演，我很高兴地跟着师兄弟们一起表演了少林拳。在这里，我认识了很多来自五湖四海的朋友，不同民族、不同宗教、不同肤色，因为对武术的热爱，大家走到了一起。

短短的三个月即将过去，我的旅游签证不可能再延了，不得不打道回府。在结业考试中，我参加了少林象形拳的考核，以高分获得少林寺颁发的专业证书。我很高兴自己的技艺能够在短时间里取得飞跃。此后我多次到少林寺参加各种活动，但都没有第一次那么激动。

2009 年在北京参加孔子学院总部举办的演出间隙，红龙表演队在排练。

　　回国前，我在北京参观了中国中医科学院，在那里学到了一些中医针灸知识，这为我以后从事武术运动和教学工作带来了很大帮助。

　　回到伊朗后，我开始传授和推广新学到的武术，很多过去的同事和学生纷纷加入了我的团队。但是很遗憾，跟从前一样，还是不断有人找事，掺沙子使绊子，我不得不花费大量精力去摆平那些事。

　　2009 年，应孔子学院总部邀请，我带领我的学生出席第四届孔子学院大会，我们的武术表演受到好评。回到伊朗后，我一边继续教学，一边在伊朗和阿塞拜疆筹办了多次集训和比赛活动。中伊两国媒体都对我举办的活动进行了报道，中国驻伊朗大使馆、德黑兰大学孔子学院等机构也开始找我合作。

电影《红龙》海报

初登影坛获大奖

随着事业的发展，儿时另外一个梦想开始不断涌上我的心头，那就是演功夫片。

我看过很多功夫片，也一直梦想能当功夫片主角。我知道大多数伊朗年轻人都是通过功夫片了解中国文化的。武术蕴含深奥的人生哲理，可以帮助人控制愤怒情绪，达到内心的平和。通过练习武术，你可以学会爱、尊重、纪律、忍耐、努力和为别人考虑。

我从事武术行业也有段时间了，能不能再进一步进军影坛呢？为此，我们组建了一个团队，开始研究武术电影。我们决定拍摄伊朗第一部中国功夫片《红龙》，尽管没有什么影视经验，也找不到投资方，但一旦

电影《红龙》中女儿的扮演者叶甘妮参加中国国际广播电台听众见面活动。

决定了就没有什么能阻挡我。我担任制片人和主演，我的外甥艾哈迈德·拉斯特古出任导演，伊朗著名女星沙拉列·拉汉姆出演女主角。

影片《红龙》根据我的亲身经历改编，讲述的是这样一段故事：一位伊朗武术教练和他的女儿到北京参加孔子学院总部的庆典演出，因表现出色被一家中国电影公司看中，公司准备邀请父女俩去中国拍片，此事被教练的仇家知道，由此引发了一段善与恶的生死搏斗……

这部电影的拍摄、制作和上映，经历了太多的艰难曲折、痛苦和欢乐。我的亲朋好友都给了我最大的支持，无论是资金还是人力物力，包括几位中国朋友，比如德黑兰大学孔子学院中方院长仇学琴、中国国际广播电台驻伊朗记者罗来安等。

2013年12月，《红龙》首映式在德黑兰米拉德塔影院举行。上海外国语大学东方语学院院长、时任中国驻伊朗大使馆文化官员程彤在首

2013年，贾法里在电影《红龙》首映式上接受中国国际广播电台记者罗来安采访。

映式后表示：作为一个外国人，他觉得片中表现出的武术水平相当高。此外，中国文化和伊朗本土文化的有机结合，也是该片的亮点，"这部影片在中伊电影交流史上也可以留下一笔，因为这毕竟是第一部由伊朗人自编自导的中国武术影片，为中国武术的发扬光大提供了一个很好的途径；另外还可以通过中国武术，让伊朗人民进一步了解中国文化"。

2014年10月，我来华参加了两场重要活动：一个是中国郑州少林国际武术节，63个国家和地区的近2000名运动员参加角逐，包括很多世界冠军；另外一个是在西安举办的首届丝绸之路国际电影节。

10月19日上午，我参加了在少林寺举行的迎宾式文艺表演，仪式

2014 年 10 月，电影《红龙》在首届丝绸之路电影节上荣获大奖。

2014 年 10 月，贾法里在第十届少林国际武术节上荣获金牌。

刚结束就马上乘坐高铁，去西安参加电影节开幕式。电影节五天期间，《红龙》在多个影厅放映。但由于武术节有比赛任务，我不得不又乘火车赶回郑州。

我抵达时，比赛就要开始了。根据抽签顺序，我排在前面出场，我方领队曾找组委会交涉希望能让我晚点出场，但很遗憾未能获准。没有更多的时间热身，我只能匆忙上场。凭借多年的功底，我的表演充满激情、收放自如，裁判打出了高分，我为伊朗代表团拿到了唯一的金牌。

比赛结束后，我回到北京，内心对西安电影节没抱多大希望，毕竟《红龙》只是我的电影处女作。我正准备订票回国时，却意外地接到电影节工作人员的电话，通知我《红龙》获得了大奖，要我赶紧去领奖！

贾法里与张国祥师父合影

　　我匆忙回到西安，到那里才知道《红龙》获得了"观众最喜爱的故事片奖"，当晚将举行隆重的颁奖仪式。能在短短数日内为伊朗获得两项荣誉，我感到无比的自豪。走上红地毯接过金杯的那一刻，我感觉我和我的团队这么多年来所有的努力都值了。真希望他们此刻都在我的身边，和我分享这一荣光时刻。

　　获奖后，应仇学琴教授邀请，我到了云南昆明。仇教授曾在德黑兰大学孔子学院担任中方院长，我们曾合作编写过一本波汉双语版的《武术汉语》，为伊朗武术爱好者学习正宗的中国武术提供了很大帮助。我的中文名"云小龙"，也是仇教授帮我取的。

　　昆明是一座美丽的城市，根据历史记载，大概800年前，云南省首任行政长官赛典赤·赡思丁就是波斯裔（塔吉克族）。经仇教授介绍，我有幸拜太极大师张国祥为师。张大师是杨氏太极拳第五代传人，真正

红龙职业搏击选手参加中国 MMA 职业
搏击大赛获得冠军。

的太极高手——虽然名气不是很大，可能因为他不轻易收徒的缘故。在昆明期间，我每天早上都会去找大师学习，大师对我完全信任，倾囊相授。在大师的指导下，我对中国武术的领悟又有了精进。现在，尽管公司事务繁忙，闲暇之余我还是会飞往云南，接受张国祥师父的当面指导。大师也很欣赏我，称我是他的四大弟子之一。

回到伊朗，我浑身充满干劲，确定了红龙国际的三大业务：影视剧拍摄、职业竞技和艺术表演。

红龙职业竞技队由伊朗散打、泰拳、跆拳道和 MMA 综合格斗的冠军队员组成，近年来多次赴中国、俄罗斯、格鲁吉亚、罗马尼亚、亚美尼亚、

2012 年红龙表演队参加中国驻伊朗大使馆"欢乐春节"活动演出。

哈萨克斯坦、印度、阿塞拜疆和土耳其等国参加比赛，多次荣获冠军。

红龙表演队拥有伊朗唯一的舞龙队和舞狮队。队员们都是跟随我十多年的学生，不仅在伊朗，还在多个国家参加过表演。中国驻伊朗大使馆每年的"欢乐春节，走进伊朗"活动，都会邀请红龙表演队参加，精彩的舞龙舞狮表演增添了节日喜庆气氛，深受在场嘉宾和两国各界好评。

近年来，红龙国际日渐成为伊中两国文化交流的桥梁。中国闪亮传媒与伊朗法拉比基金会签订了拍摄影片《少林路》的协议，该片故事取材于我的个人经历，红龙国际也一直在做前期准备工作。2019 年 1 月，经红龙国际牵线，国际著名导演马吉德·马吉迪与中国儿童电影制片厂

2019 年 1 月，贾法里陪同伊朗著名导演马吉迪访问中影集团。

达成了为期六年的合作协议。此外，我们与西安一家影视公司合作拍片的计划也在紧锣密鼓地进行。

　　我们的梦想正在变为现实，只要我们坚定信念。想起刚到中国的那些日子，人生地不熟，一个人大包小包从机场赶去火车站，何其艰难！现在，我可以很轻松地到中国各个城市旅行，中国就是我的第二故乡。在我看来，我们现在提倡复兴"丝绸之路"，其实它一直就存在，沿线国家就是丝路上熠熠发光的一颗颗宝石。

在那并不遥远的波斯湾

李玉琦（中国国际广播电台译审）

　　新世纪的第 16 个春天在不知不觉中悄然而至。我打开卧室朝阳的窗，春的清新气息轻飘飘地流进来，记忆的窗口也在不知不觉中开启，数年在伊朗生活、学习和工作的场景跳动着呈现在眼前……

　　上世纪 70 年代中期，我作为中国教育部派赴伊朗的留学生，在德黑兰大学苦读了三年，对这座美丽的名城留下了难忘的印象。

　　春天，德黑兰的天空总是湛蓝湛蓝的，显得格外空旷而高远，柔和的微风不时送来花木的清香，公园里和街头绿地上，嫩绿的草坪令人神清气爽，争芳斗艳的蔷薇花使人赏心悦目。蔷薇品种繁多，色彩缤纷，是伊朗人引以为骄傲的国花。难怪波斯古代大诗人萨迪把自己最享盛誉的文学巨著取名《蔷薇园》。夏天到来时，德黑兰变得炎热而干燥，但主要街道两旁有枝繁叶茂、浓荫满地的高大梧桐，大大减杀了骄阳的威风。

　　德黑兰海拔 800 多米，其北面是终年积雪的达马万德峰。伊朗一位历史学家说，地图上的伊朗像一只缩腿弓背准备腾跃的猫，而德黑兰则宛如挂在猫脖子上的一个发出悦耳音响的银铃。20 世纪 60 年代以后，由于伊朗石油财富剧增，这座城市也获得了空前的发展。

　　现代德黑兰是一座规模庞大、热闹繁华的大都市。这里几乎汇集了世界上现代化设计的各种建筑风格，不过我更欣赏伊斯兰式建筑的流畅线条。如果你从德黑兰机场进入市区，很远就能望见城市西南方有一座高达 50 米的大纪念塔，犹如一个巨人眺望着远方，它是为庆祝古波

建于 1971 年的德黑兰自由塔

斯帝国创建2500周年而修造的。在城市南部，有一座名为"古列斯坦"（即"蔷薇园"）的旧王宫，以其璀璨耀眼的玻璃壁饰闻名遐迩，如今已辟为博物馆。它的大厅内有两尊巨大的瓷瓶，十分惹人注目，釉工极为精细，瓶面上的中国人物个个栩栩如生。据说，这两尊瓷瓶是几百年前中国生产的。这足以表明中国和伊朗文化交流的历史多么悠长。与旧王宫相隔不远，是首都最大的"巴扎"（市场），它那互相衔接的巨大棚顶比北京过去的东安市场规模大得多，整日顾客云集，熙熙攘攘。城北有可容纳几十个国家同时参展的展览馆，占地广阔，芳草如茵。坐落在西郊的具有世界一流设备的体育场可容纳 10 万观众，第七届亚运会曾在此举行。作为一个伊斯兰国家的首都，德黑兰自然还有许许多多拱顶的清真寺，据说有1300多座，其中庄严肃穆、气势宏伟的沙赫清真寺规模最大。

　　当然，长达八年的两伊战争严重影响了德黑兰的建设和发展。但当

1975 年李玉琦（后排右 1）和大
学同学在德黑兰自由塔前合影

战火一停，百姓们在伊斯兰政府的领导下，全力投入了伊斯兰共和国的
建设。令我兴奋的是，1989 年 8 月，停火刚刚过去一年，我便以中国
国际广播电台记者的身份再赴伊朗。

一进入德黑兰，我最突出的感觉是，与十几年前相比，汽车更多了，
街上各种型号、颜色的大小汽车总是密密麻麻，川流不息；每到夜晚，
无数车灯闪耀，犹如一串又一串钻石项链在飘摆。那时，伊朗直接进口
的汽车已经很少，大多是用外国部件在本国组装。就是在当时的条件下，
伊斯兰指导部一位负责旅游事业的副部长向我们介绍说，800 万人口的
德黑兰已有五六百万辆机动车。

德黑兰给人的另一个突出印象是道路好。只要是铺了柏油的路面，
平整又光洁，即使在 40 摄氏度的高温下路面也不会软化。汽车在高速

1993 年 1 月，李玉琦在参加当地
人婚礼时打手鼓助兴。

公路上飞驰，没有一点颠簸之感。

这座在八年战乱中曾遭受百余发导弹袭击的城市，很快又恢复了战前的繁华，商业气氛浓厚，大小商店比比皆是。夜间只要不停电，五光十色的霓虹灯照得大街通明晶亮，让人眼花缭乱。

我们这次访伊行程虽短，但却处处可以感到伊朗人民对中国有一种特殊的感情。在德黑兰，我们去拜访了伊朗著名老学者达比尔·西亚基博士。老先生一见到我们，激动得脸色泛红，喜悦之情溢于言表。他曾几次来中国讲学，古稀之年还到新疆喀什和塔什库尔干探访古代丝路，并与我国塔吉克民族的一些人员建立了友谊。有些史学家认为，中国的塔吉克人属于雅利安人的分支，与波斯人同宗，因此也使用波斯语，只是后来历史的演变使他们分居遥远的两地，分属不同的国家。

伊朗人民不但热情，而且十分坦率。伊朗声像组织（前身为国家广播电视台）副主席沙希迪·马达卜说，他曾五次访华，每次都看到中国有很大变化，他衷心希望中国繁荣富裕，但不愿看到一个不加区别模仿西方的中国。我们坚定地告诉伊朗朋友：请放心，我们走的路是有中国特色的大路！

在伊朗第二大城市伊斯法罕，我们游览了萨法维王朝时（公元16—18世纪）兴建的阿里·卡普皇宫。皇宫主体是一座高48米的六层建筑，楼上有一观礼台，可俯视宫前广场。广场在古代是个大马球场，帝王后妃们可以坐在台上欣赏激动人心的马球比赛。它使我想起了1983年在西安附近的唐代章怀太子墓道口看到的保留至今的壁画，壁画描绘了唐人在马上追逐奔突打马球的生动场景，场边还有人观战助威，气氛十分热烈。原来，马球从波斯传入中国，在唐代十分盛行。由此也可见，中伊文化交流是多么久远而深入。就在1989年5月，伊斯法罕市刚刚与西安市结为"友好城市"，我们来访问，伊斯法罕市市长马列克·马坦尼亲切热情地接见了我们。谈到不久之前的中国之行，他说给他留下的印象"太美好了"！

这次采访给我留下了深刻印象，不久后，我写的文章《八月伊朗行》发表在《人民日报》上。

1991年3月，我被借调到外交部，派赴中国驻伊朗大使馆工作两年。

那年10月的一个休息日，湿润的空气中洒着雨星，我和使馆的老颜乘公共汽车上街购物。我们正在商业街上看得高兴，雨点突然密集起来，不一会儿，噼里啪啦的大雨点砸下来，我们赶忙躲到店铺的廊沿下避雨。转眼间，唰唰的雨线变成了哗哗的雨帘，眼前竟是白茫茫一片。一般年份，德黑兰的降雨并不多，那年却是例外。等了将近一个小时，时弱时强的雨竟没有停歇，我们有点着急了。

忽然，一辆汽车鸣着喇叭停在我们站立的台阶下，车上一位男士和一位女士打着手势让我们上车。我们一看是私人汽车，不好意思上，嘴里连声感谢却让人家走了。没过几分钟，一位满腮白胡子的老人开的车停下来，我们拱手表示谢意却还是没上车。又过了一会儿，一辆棕黄色的出租车在雨声中戛然止住，我们急忙钻进车子。司机问了句："Japanese（日本人）？"我回答："不，是秦尼（中国人）。"他侧头看了一眼，放大声音说："中国人？欢迎！亲爱的朋友！"

他的车技娴熟，一边眼盯前方，飞快地穿街过巷，一边和我们热烈地交谈着。转眼之间，出租车就到了中国大使馆门口。我刚要掏钱，他却连珠炮似地不停嘴："不，不，不，亲爱的朋友，今天这个钱我不能收。刚才我见你们在躲雨，就想给你们个方便，没想要钱。你们是中国朋友，我更不会要了。"左说右说，他坚决不收。最后他说："你们要再坚持，我可就不高兴了。"见此，我们只好作罢。我把一张名片留给他。他说他叫亚兹迪，他家还没有电话，就给我留下了家庭住址。

后来，我在使馆签证处前又见到他两次，是来送乘客签证的。他几次邀请我们到他家去，我们也想到一个普通伊朗人家去看看，同时表示谢意，于是约好了日子。

他家在德黑兰南城的一条小巷子里，房子自然算不上豪华。他家楼下住着另一家人，他租住的二楼有三间大小不同的房间。我们四位中国人的光临自然惊动了他们全家。亚兹迪和他的妻子、三个女儿、两个儿子，还有几位亲友都站在房门口迎接我们。我们把中国工艺品作为礼物赠送给主人，他们都对中国工艺的精美连声赞叹。

宾主围坐在厅堂里铺开的地毯上，耳边回旋着录音机里传出的伊朗民乐，欢乐而别有韵味；面前摆了不少波斯风味的茶点、饭菜、水果。我们边吃边互相介绍着各自国家的风俗习惯，后来又天南地北地聊起来，十分尽兴。亚兹迪的儿女们起先还是听大人们聊，后来全热烈地加入了聊天行列。

在亚兹迪家，我告诉伊朗朋友：我是中国国际广播电台的工作人员，目前临时借到使馆工作，欢迎他们收听北京的波斯语广播节目。他们很高兴，记下了我们电台的波长和播出时间，有的还表示想在广播中学习中文。主人的一位亲友说：伊朗古时候有不少人，其中包括世界文化名人、大诗人萨迪都去过中国，许多人把中国描绘成人间天堂呢；可你们的文字就像天书一样复杂而神秘，如果能学会一些，也算是掌握一种艺术吧。

交谈中，话题自然而然扯到了两国如何过新年。我们介绍说，中国人最看重春节，节前家家忙着备年货、大扫除、贴春联；到了除夕，全家人要吃团圆饭，特别是要包饺子，放鞭炮；正月初一开始大拜年，唱大戏，一直热闹到正月十五吃元宵……言者说得津津有味，闻者口中啧啧连声。伊朗朋友说，伊朗的新年是公历的 3 月 21 日，人们年前早早就开始大采购，年底各家各户也要大扫除，还要准备"七新"。每年最后一个星期三的晚上都有"跳火"仪式，据说源于伊朗古代的琐罗亚斯德（拜火）教，当晚，人们在街巷中或庭院里堆起一些木块或树的干枝条，点燃之后便从火堆上方跳过去，嘴中还叨念着："你给我光亮，我给你健康！"祈求来年战胜天灾、不幸和妖魔，保佑平安。每年的正月十三是"踏青节"，波斯文称"塞兹达比达尔"，即十三临门之意。这一天，伊朗人几乎都是全家出动，乘车或步行，远者到郊外，近者去公园，找水草鲜亮或树荫可蔽之处，铺开毡毯或塑料布，放上吃食、饮料，一边欣赏音乐，一边说笑交谈，兴致所至，便放开歌喉，边唱边舞，如醉如痴，气氛欢快而轻松，预示着冬季的沉闷一扫而去，春天的烂漫绽放在鲜亮可爱的大地上。伊朗朋友滔滔不绝的描述令中国客人也兴奋起来。

我提了一个问题："你们刚才说的'七新'是什么意思？"亚兹迪给我们大致解释了一下，又说："以后我让你们亲眼看看。"

在亚兹迪家的聚会结束以后，我和几位同事抑制不住内心的兴奋，

李玉琦参加伊朗人诺鲁兹节前的跳火节活动。

七嘴八舌地议论了好几次。

快到伊朗新年——诺鲁兹节了，亚兹迪给我打电话，说他以前为之工作的公司主人得知他认识中国使馆的先生，想和中国人认识认识，以便将来和中国做些生意。于是，在伊朗新年期间，我们和商务处的一位朋友一起到了亚兹迪的前老板家。亚兹迪说："今天请你们看看'七新'是什么样子。"在主人家的客厅里，一张大长台子上铺着大方美观的暗花台布，台上几盏蜡烛闪着明亮柔和的光，一本伊斯兰教圣典《古兰经》静静地置于台桌的一角。几大盘鲜嫩的韭菜散发出清新的气息，一小杯无色透明的新醋和一碟嫩蒜，上面罩着透明的盖子；一种用麦芽水和面粉制成的甜食——"萨玛努"和伊朗特有的一种名为"索茂格"的调味品静置其旁；几只红中带黄、鲜亮诱人的大苹果和几枚亮闪闪的银币向观者炫耀着自己的风采。上述的七种物品，其波斯文名字都以一个"Sin"发声的字母开头，七个"Sin"，我用音义结合的中文表达就是"七新"。至于为什么用"Sin"发声的物品以示吉祥，说法则不一。

李玉琦（右）和司机在伊斯法罕扎
因达河畔留影。

在伊朗友人家过诺鲁兹节，自然也是新鲜有趣的。类似这样的聚会，让我们对伊朗人的生活起居有了更感性的认识，对伊朗人民有了更深一层的了解，也算是在伊朗生活、工作的一种收获吧。

1993年初春，我夫人到德黑兰探亲。前来驻地看望我们的人中，有一位姓韩的姑娘，是我原单位的年轻人，根据单位安排到德黑兰大学进修。她在学校认识了一位伊朗女学生，名叫阿赫塔尔，平时对小韩的学习帮助很多，来我们住处时，小韩把这位伊朗姑娘也带来了。通过简单接触，我们感觉这位伊朗姑娘是个很单纯的女孩，对有关中国的故事特感兴趣。有一次她说，如果哪天回家，很高兴把小韩等几位中国女士带到伊斯法罕的家中玩几天。

很快假期到了，小韩、我夫人以及新华社老葛的夫人一起跟着阿赫塔尔登上了从德黑兰开往中部城市伊斯法罕的火车。由于伊朗铁路运输的发展速度和规模远不及汽车工业，所以坐火车出行的人没有那么多，车开得也不快。她们四个人傍晚登车，天蒙蒙亮时到了伊斯法罕，然后再乘出租车到了阿赫塔尔家。

阿赫塔尔家住在一间公寓里，有几个房间，不显拥挤。她的父兄有事未归，只有妈妈一人在家。阿赫塔尔十分热情，忙里忙外做了一些伊朗饭菜，又热了牛奶，吃完饭她们便上了街。当地的大巴扎（市场）商品琳琅满目，丰富诱人，她们几个东走走、西转转，随时购一点儿伊朗货，特别是有伊斯法罕地方特色的东西。因为有阿赫塔尔陪同，会帮她们说说话、介绍介绍，购物比较顺利，中国女士们的心里很是惬意。

买完东西，她们向周边一看，原来她们正在伊斯法罕市的伊玛目广场（前称"皇家广场"）南侧。广场面积很大，据说有 8 万平方米，西侧便是萨法维王朝修建的王宫；北侧是伊玛目清真寺（前称"国王清真寺"），规模很大；东侧是卢特夫罗长老清真寺。这些建筑个个精美优雅，突显了历史上伊朗伊斯兰风格建筑的高超水平。

一条由远山雪水融化形成的扎因达河流经伊斯法罕城区，河水不很深，平缓清澈。古人在河中修了一座三十三孔桥，舒展又大方，成为旅游胜地，也是人们休闲的好去处。

几位中国女士在这座平静而优美的伊朗中部城市几乎忘了移步，几天的伊斯法罕之行令她们久久不能忘怀。

愿伊朗人民在新的世纪生活得更美好，让这个并不遥远的波斯湾国家成为我们更熟悉的朋友吧！

我与伊朗的亲密接触

刘 武

(中国中央电视台资深导演、电影制片人，电影频道《中国电影报道》栏目主编、策划)

探秘"德黑兰会议"旧址

2007年1月26日凌晨，当进入德黑兰这座古城后，我就迫切希望能找到1943年"德黑兰会议"的旧址，实地感受电影《德黑兰43年》中那些熟悉的场景。

几经打听，我才得知当年的会议旧址在如今的俄罗斯驻伊朗大使馆内，显然，想到那里看看几乎不太可能。不过幸运的是，那时我正好有机会采访中国驻伊朗大使刘振堂先生，在采访他的时候，我就打定主意要请他帮忙。其实，那是我能想出的唯一办法。让我欣慰的是，刘大使当即答应帮我联系。我回到住地，心里一点儿底也没有。当晚，中国大使馆办公室的康主任打来电话，告诉我通过外交照会，俄罗斯使馆同意我们第二天去拍摄、采访，这让我倍感兴奋。

1月30日上午，我带着摄像和翻译走进俄罗斯驻伊朗使馆，来到当年罗斯福、丘吉尔和斯大林三巨头聚会的地方。距那个历史性时刻已过去整整64年，这一天像当年一样阳光明媚、宁静温和。经过半个多世纪的风雨，德黑兰会议旧址在外观和内部装修上都有不少变化，但大体保持了当年的外观风格。从这幢白色的小楼正门拾级而上，我走进大厅内，在内厅门边看到一张罗斯福、丘吉尔和斯大林的合影，一旁的铜牌上刻着文字介绍。

德黑兰会议旧址

1943 年 11 月 28 日至 12 月 1 日，英、美、苏三国领导人在这里首次会晤，确定美国、英国等在欧洲开辟西线战场，苏联从东线全面进攻德国的计划。俄罗斯使馆工作人员米哈伊尔·古瑟夫（Mikhail Gusev）先生告诉我：这里原来是苏联驻伊朗大使馆，当年三国领导人出于安全考虑，希望在三国之外的地方举行会晤，伊朗当时已被盟军占领，相对来说较为安全，因此，三巨头便选择在这里进行首次会晤。

我走进当年三巨头实现历史性会见的会议厅，这里空间非常大，但里面的陈设已不是当年的模样。我仿佛看到，三国领导人在会议厅中的一个大圆桌前举行会议，丘吉尔当场送给斯大林一件礼物，上面写着："俄罗斯就像钢铁不可摧毁。"

据记载，丘吉尔赠送给斯大林的是一把特地为纪念斯大林格勒保卫战而铸造的宝剑。斯大林郑重地接过宝剑后，轻轻吻了一下，转身递给伏罗希洛夫，让他捧出去交给苏联仪仗队。当时的这段小插曲使德黑兰会议一开始就有了一个良好的气氛。会后，三巨头走出会议室，在这幢

刘武在德黑兰会议旧址留影。
德黑兰会议在这个房间里召开。

小楼的门廊下并排坐在一起，拍下了一张具有历史意义的合影。这张照片几乎成了人们对德黑兰会议最强烈的印象。

为了还原当年的历史场景，我特地让米哈伊尔 · 古瑟夫先生帮忙，搬来三把椅子摆在门廊中，然后拍下这一幕。我面对镜头说："当时三国领导人就是在这里拍的合影，左边坐的是丘吉尔，中间坐的是罗斯福，右边坐的是斯大林。不过，他们坐的椅子跟现在的有些不一样，整个背景也有一些变化。他们历史性的会见，改变了世界历史进程，加速了德国法西斯的灭亡。"

德黑兰会议 37 年后的 1980 年，苏联、法国、瑞士、西班牙联合拍摄了电影《德黑兰 43 年》，再现了这次历史性会议背后鲜为人知的惊险故事，让很多人再度回想起三巨头的会见。片中的经典插曲《让爱情长留人间》悠扬而充满伤感，让人感觉回味无穷。我庆幸自己有机会走进那个三巨头曾经相会的地方，感受了那次历史性会议留下的绵长韵味。

阿舒拉节游行活动中，挥舞詹吉什的人们表情都很凝重。

赶上两个盛大节日

我在伊朗的时候恰逢当地两个重要的节日，其中一个就是"阿舒拉节"，是先知穆罕默德的孙子侯赛因在卡尔巴拉蒙难的日子，它某种程度上相当于中国的清明节。阿舒拉节前一晚，我就看到许多伊朗人迫不及待地走上街头，举着旗帜，抬着花匾，有节奏地敲起大鼓，喊着口号，唱着歌曲，在大街上一圈圈地走来走去，一直持续到深夜。

节日当天，德黑兰的很多人早早起床，先做两件事情。一是集体用大锅做好喷香喷香的饭菜，准备沿街免费提供给游行的人们。我也早早跟随翻译萨伊德走向德黑兰大巴扎内的消防队，看到伙房里升起熊熊火焰，做起了几大锅米饭和肉汤。这里焖饭的方式是将炭火放在铁皮盖上，从上面加热焖熟米饭。

111

第二件大事就是大家要集中到清真寺内祈祷。由于当天人太多，很多人都坐在清真寺外的街道上，男女之间用大块黑布隔开，分别进行祈祷。妇女们这天一律要穿上黑袍，戴上黑色头巾，只露出一双眼睛参加祷告。

我看到，在祈祷之后，当地人便开始了一整天的盛大游行。游行时，人们会带着几件非常重要的道具。其中之一是"阿罗马特"大花匾，沉重的金属架子长达六七米，高约两米，重约100公斤，缀满了铁片、花环等东西。由于它太重，身强力壮的小伙子一般也只能扛着它行走二三十米，然后再换上另一个小伙子，继续扛着它前进。这个扛着"阿罗马特"的人，绝对是游行队伍中最引人注目的人。

游行中的另一件重要道具，就是男人们人手一副的"詹吉什"铁链。这是一种木把上串着几十根铁链条的器具，几十个老老少少整齐地排成长队，由一人领头，齐声唱着向前走，同时节奏分明地挥舞着胳臂，将铁链打在自己的前胸和后背，在号子声中有规律地变换队形。据说这是一种纪念仪式，人们通过鞭打自己，甚至虔诚到要打得身体流出鲜血，来怀念在战争中牺牲的英雄侯赛因等人。

在长长的马里亚斯大街上，我看到游行队伍如长龙般绵延不绝，极为壮观。人们有的开着车，有的骑着骆驼，更多的则追随着队伍，把自己融入这条激情、欢乐的人流中。直到傍晚，他们汇聚到马里亚斯大街旁的一处广场上，在满是尘土的空地中间扎起几顶帐篷，立起旗杆，几个精壮的小伙子将碗口粗的旗杆系上旗帜，一起使劲挥舞。他们的胸前和背上都拍上了一个个泥手印，据说这也是一种纪念的象征。

我紧随人流挤进广场，看到有人用大喇叭讲述侯赛因战斗、遇难的故事，还有人站在汽车顶上表演历史上的场景，不少女人感动得流出眼泪，甚至在人群中哭泣。直到太阳落山的时候，一个红衣武士打扮的小伙子才拿着火把走进场内，将那几顶帐篷一一点燃，热情高涨的小伙子们则围着燃烧的帐篷跳跃、呼喊，兴奋地鼓掌。传说中，侯赛因就是在傍晚时牺牲的，牺牲后，他的帐篷被战火烧毁。如今，人们演绎这些仪式，也许就是一种神圣情景的再现吧。

两天后，我在德黑兰再次目睹了一个群情激动、万众欢呼的场面，这个场面出现在德黑兰南郊 8 公里处的霍梅尼陵墓前。萨伊德告诉我："今天是伊斯兰革命胜利日的开端。28 年前，伊朗宗教领袖霍梅尼就是在这一天回到德黑兰，拉开了伊斯兰革命胜利的序幕。"

当天，进入霍梅尼陵殿的两扇大门前人山人海，水泄不通，每个人都要经过严格的安全检查。我与摄像几经周折，好不容易获得保卫人员特许，终于挤进人流中拍摄到陵殿内群众聚会、祈祷的场景。1.6 万平方米的陵殿只有 4 根柱子支撑，里面坐满了参加活动的群众，几乎没有立足之地。

我看到，陵殿内的纪念活动还没开始，狂热的民众就已经将那里的气氛渲染到极致。与以往不同的是，这次活动突出显示了德黑兰民众对伊朗拥有和平利用核能权利的支持。他们挥舞的旗帜中，有的写着"我国核科学的成功是文明建设的进步"，有的写着"伊朗人民将用一切力量捍卫自己的核权利"，而出现最多的则是"核技术是我们无可争辩的权利"。

这一天的霍梅尼陵园喧嚣热闹，人气沸腾，东西两侧各占地 2.2 万平方米的大广场也丝毫不显冷清。在蜂拥而至的人流中，我切身感受到伊朗人对伊斯兰革命胜利的极度热情，以及他们希冀和平利用核能的渴望和信心。

不再神秘的伊朗女性

来伊朗之前，我认为伊朗的女性非常保守，难以接近，但当我来到德黑兰后，却吃惊地发现实际情况跟想象的并不一样。当年元月下旬，我采访"中伊商务合作论坛"，在记者会上，我惊讶地发现伊朗媒体居然多是女记者，她们伶牙俐齿，大胆提问，话锋凌厉，风头十足，屡屡让论坛负责人刮目相看。当时中方的一位媒体总裁就当面夸奖她们说："我真没想到伊朗的女记者这样美丽大方，提的问题也如此尖锐，让我非常佩服。"

伊中商会会长阿斯加伍拉迪先生也开玩笑地鼓励她们说："这些中国朋友还以为伊朗女性都非常传统，你们应该当场展现一下自己的魅力。"

我在德黑兰西部的恺加公园接触了几位女性，更加印证了伊朗女性变得开放这一事实。这个公园中有一个热闹的自行车运动中心，是伊朗青年男女一起活动的场所。我在那里采访时，就有一位伊朗女孩主动走过来与我交谈。这位热情大方的女孩名叫帕瑞莎，来自伊朗南方，她的男友萨姆·赫纳瓦是个生意人，曾到过中国上海，并在日本工作很长时间，是个自行车运动爱好者，拥有日本自行车运动协会 1996 年颁发的证书。帕瑞莎来这里，就是跟随男友学习骑自行车。她爽快地问："你为什么不采访采访我呢？"

我求之不得地回答她："好啊，那你学骑车多长时间了？"

帕瑞莎说："没有多长，几个星期吧。"

"为什么想学？"

"好玩呗，大家都喜欢这项运动。"

"那你觉得骑车难不难？"

"也不是那么容易，有一点点难度。"

"你知道有关中国的一些事吗？"

"知道得不太多。"

当我请帕瑞莎展示她的车技时，她反而让我先表演一下。我在那个

靓丽的伊朗女记者

专业的涡形场地转了一圈后，帕瑞莎又请我陪同她一起骑车，这大大出乎我的意料之外。按伊朗风俗来说，在公众场合，伊朗女性不会主动亲近男性，相互之间也不能握手。但帕瑞莎似乎没有这些顾忌，我也只好客随主便，就骑车陪着帕瑞莎绕运动场地转了一圈。

接下来，帕瑞莎希望要份礼物，我问她为什么想要，她俏皮地回答说："好让我看到礼物就会想起你啊。"那时，我包里只有一面小小的中国国旗，原来插在车头，跟随我们走了十几个国家，上面有我们队员的签名。帕瑞莎高高兴兴接过了这面国旗，然后主动伸手与我握手，这更是让我大吃一惊。

当我离开运动场时，帕瑞莎和萨姆又追上来，请我将她的英文名写在国旗的大五星中。与帕瑞莎交流的过程，让我真正见识了伊朗女性热情、大方、坦率的一面。

恺加公园是德黑兰人放松身心的好地方，他们常常一家人带着帐篷或地垫，到公园里游玩、野餐，大家围坐在地上享受阳光下的午餐。他们非常好客，并不像我们猜想的那样难以接近。我跟向导伊娜等人在树林中野餐时，一旁的伊朗一家人就十分热情地邀请我们与他们一起野餐，并开心地与我们交谈。他们中的一位女士在伊朗北部城市拉什特经营着一家裁缝店，这两天来到德黑兰的姐姐家，与姐姐全家一起到公园里游玩。她的姐姐告诉我，她们的邻居去过中国，回来后跟她们介绍过中国的情况，知道今天的中国发展很快。她们表示，中国和伊朗之间一直保持着良好的关系，希望将来有一天能到中国去游览旅行。

陪同的向导伊娜也是一位性情开朗、活泼的女性，虽然她经常穿着"查朵尔"，打扮并不时尚，但办事待人却非常职业化，与男性交往坦率大方，甚至还不时开心地讲讲笑话。伊娜告诉我，她有时也开车，花了 7000 多美元买了一辆法国和伊朗合资生产的小车。她甚至还做伊中之间的贸易，从中国采购产品到德黑兰销售。

这些伊朗女性与我交流时，都非常坦率、自然，没有给我任何神秘感和难以接近的感觉。

她们的书法他的画

那是个天气阴冷、细雨迷蒙的日子，我来到德黑兰北部一条偏僻、幽静的小街，走入伊朗书法中心，领略了波斯书法的魅力。天气虽冷，但仍有不少女学生按时来这里上课，虔心学习书法。来这里学习的以女性为主，64 岁的迦伽什老师是伊朗贵族后裔，教授书法已有 30 年。

迦伽什老师告诉我："这个中心由哈塔米先生创办。每年有上百名学生在这里学习、培训，学生各年龄段的人都有，学习的内容也有很多区别。"

由于波斯书法学习难度较高，如今学书法的学生越来越少。费洛泽·贾娜丽普女士到书法中心学习了不到一个月时间，对她来说，看似简单的写字，一旦当作艺术去学习，就需要付出极大的努力。

迦伽什老师说："波斯书法有非常悠久的传统和历史，在 15 世纪时达到高峰，形成了非常丰富的书法流派。学习书法者需要对伊斯兰文化有深入了解，并与长期的内心修养相结合。"

贾娜丽普说："我刚刚学了一段时间，感觉学起来真的非常困难，不像想象的那样容易。不过，我们的老师非常耐心，非常好，她会一点一点地教我们如何用笔、如何书写，帮助我们理解书法的美妙和意义。"

我发现，波斯书法采用的工具、材料与中国书法很不一样。伊朗书法用笔一般用竹子或芦竿削薄后切成斜面制成，他们称为"知识花园中的柏树枝"。运笔时，是用蘸上墨的斜面在纸上划过，由于竹片蓄墨不多，所以要经常蘸墨，一笔接一笔，要把字写得连贯好看，的确相当难。有趣的是，在他们成堆的竹笔中，我意外发现一支中国毛笔，它被削掉了毛笔头，仔细一看，笔杆上还写着"小白羊西湖书法笔店"几个字。从这支笔，就不难看出中伊书法用笔的差别。

穆罕默德·赫达利是位经验丰富、书法精湛的老师，每天，他都要指导很多女学生学习书法，边示范边讲解波斯书法的书写方法和造型原则。在他的精心指导下，一位戴眼镜的女学生当场书写了一幅作品展示给我看。我不知道她写的是什么，但看得出文字确实非常柔美、漂亮。赫达利先生说："波斯书法已有上千年历史，但近 600 年来，才出现风格各异、手法繁多的作品。这种用硬笔进行的书写，入门较难，但熟练之后，深入就比较容易了。"

离开书法中心前，这两位老师不约而同写了《古兰经》上的一句名言赠送给我们，这句名言就是人们熟知的"求知，哪怕远在中国"。

波斯书法让人回味无穷，残疾画家贾罕巴克什·萨德基的经历和作品更是令我感动。走进他狭小的画室，萨德基趴在活动轮床上迎接我们。他的名字在阿拉伯语中的意思是"生活的天才"。1955 年，他出生在伊朗南部城市克尔曼附近的巴夫特，从小学习做面包。16 岁那年，在欢庆伊玛姆 · 侯赛因生日的那个晚上，他正在街道上装电灯泡，不幸遭遇一场车祸。萨德基说："这场车祸导致我脖子的第七节椎骨断裂，并使我的身体脖子以下基本瘫痪，身体的 50% 残疾，还失去了 15% 的肢体。"

很长时间，他的手指不能动弹，身体的 85% 完全瘫痪，剩下的三根神经中，有一根运动神经暴露在外面。遭遇如此灾祸，并没有让萨德基丧失对美的追求。他说："车祸之后第四年我开始学习绘画，我非常热爱画画，主要画自然、水果、花园，有时也模仿别人。我感觉有许多美丽的东西在我心中。"

从 1975 年起，30 多年里，萨德基创作了 2500 多幅艺术作品，参加了 93 次国际、国内画展，还先后教授了 120 多名学生，其中有许多女学生。他对我说："国内外大约有 500 多万人看过我的画展，我还去过两次卡塔尔，还有科威特、黎巴嫩。我的学生中大多数是女学生，我觉得女人更喜欢这样的艺术。"

萨德基不仅受到许多学生和观众的喜爱，而且受到伊朗领导人的重视和关心。包括英国 BBC、美国 CNN 在内的许多媒体也曾广泛报道过他的经历和作品。我是采访他的第一位中国媒体人，萨德基对此非常高兴。他说："我很想访问中国，想在中国办展览，希望中国观众能看到我的作品，喜欢我的作品。"

萨德基的作品颜色都非常华丽，无论动物、静物或风景，其中最鲜亮的颜色就是那种鲜艳欲滴的水红色。这些画面无一例外都非常美丽动人，让人过目难忘。

在教学中，他从不需要别人帮忙，总是自己用手推着车轮，将轮床移来移去，一会儿执笔画画，一会儿指点学生。他说："我和兄弟、姐妹在一起，我跟其他人一样生活得有滋有味。"

伊朗，忆之琅

刘丽君（伊朗阿拉梅 · 塔巴塔巴伊大学汉语教师）

初识伊朗

我跟伊朗的缘分始于大学时看过的电影《小鞋子》。从那时起，我对这个民族情感细腻、善良真诚的印象便根植于心。硕士毕业两年后，有幸来到这个神奇的国度，开启了在伊朗的教学和生活之旅。从踏上伊朗国土的那一刻起，伊朗在我心中开始慢慢褪去神秘的面纱。

初来伊朗，商场里、大街上见到的都是黑袍女士及大胡子男士。我的目光不慎"尾随"黑袍女士，见其黑袍在疾行中形成完美的弧度和垂感，又特别有女侠风范，很酷很神秘，再配上一张美丽的脸蛋儿跟精致的妆容，我不得不感叹波斯美女果然名不虚传。大胡子男士都西装笔挺，高挑自信，绅士又有风度，跟波斯美女简直就是绝配。想象这么优良的基因生出来的宝宝，自然是活蹦乱跳的洋娃娃，白白的皮肤、大大的眼睛、长长的睫毛、卷卷的头发，加上父母的精心打扮，简直就是人间小天使。

黑压压移动的黑色长袍和"大胡子"，跟中国的五彩缤纷之间的反差，给人在视觉上形成了很大的冲击，让刚到伊朗的我一时难以接受，以至于好几天都待在屋子里不出门。

在设拉子游玩时，刘丽君和主动找上来的当地小女孩合影。

拜会主任

阿拉梅·塔巴塔巴伊大学波斯文学及外语学院是我接下来几年要工作的地方。初次拜访学校，我被这所名列前茅的高校的占地面积惊得慌乱不已：这是传说中的大学？走错了吧，这里可能是大学附小？几经确认后，我小心翼翼地走进了楼内，找到了汉语系主任孟娜老师。她的小格子间办公室在我进去后显得拥挤不堪，书架上摆满了汉语书籍，我大概瞄了一眼，文学类的书籍偏多；办公桌上摆满了各种中国特色的小摆件，浓浓的中国风让我瞬间找到了归属感。她操着地道的汉语，热情地招呼我坐下。"非常欢迎你来我们学校教汉语，刘老师，"她脸上洋溢着热情的笑容。"谢谢您，这是我的荣幸，"我边说边止不住多瞄几眼办公室。她看见我在环视办公室，又有点局促不安地说道："你看，我办公室太小了。""这里寸土寸金，"她接着打趣地说道。"没有没有，您的办公室很温馨，好多汉语书籍啊。"我试图转移话题，避开学校小、办公室小的话题。"是啊，是啊。这些都是我从国内带过来的，"她爽朗地说道。"国内？"我心里画了个大大的问号。"每次回国我都会带回来一些书，"她接着说道，"国内？孟老师，您说中国？"我终于按捺不住好奇心脱口问道。"哈哈，是啊，习惯了，已经把去中国当成回国了。我太喜欢中国了，"她高兴地解释着。看着满书架的书和眼前精致的波斯脸蛋，听着跟中国人一样地道的汉语，我瞬间转变了只关注表面的肤浅认识，庆幸缘分把我牵到了这里，让我有幸认识这位才华横溢、真诚善良的汉学家。"我也极其喜欢汉语教学，孟老师，"我自信满满地说道。"太好了，刘老师。希望我们能合作愉快，"她立即说道。"合作愉快，孟老师，"我也斩钉截铁地答道。我们接下来又聊了很多关于汉语教学的问题，以及学生和学校的问题等，聊得非常愉快，也增加了我的教学信心。孟老师就是我心里的一根定海神针，她的认真细致、孜孜不倦的精神也潜移默化地影响着我。

小小音箱

伊朗学生双商极高，又极具语言天赋，所以课上教学是很容易开展的。教学初期，我用英语做辅助语言，虽然是汉语专业，但大一新生对英语教学毫无压力，问题一波又一波往外抛，让人应接不暇，课堂气氛十分活跃。每次下课后我都是一个人坐在办公室默默恢复能量，半个小时后又满血复活，课上生龙活虎、滔滔不绝。看见学生们求知若渴的眼神，我自然知道肩上的重担，不敢有半点松懈，是他们让我弱小的身体在课堂上发挥了巨大的能量。当然，学生们也极其配合，并非常懂得感恩：教师节的时候会偷偷把鲜花放到讲桌上给我制造惊喜，学期开学会给我带家乡特产让我品尝，每次下课都会一一跟我告别"老师辛苦了，老师再见"，假期会邀请我去他们家做客。看着一个个热情灿烂的笑容，我觉得一切都值得了。

一天下午，在大二的听力课堂上，学校突然停电了，插电用的音箱无法使用，教学陷入了两难状态。稍作迟疑，我故作打趣地说道"没关系，老师还有一个音箱呢。"学生们不解，我指了指自己的嘴巴，笑着说："看，在这里。"学生们哄堂大笑。但因为我上午已经讲了三个小时的课，

刘丽君与孟娜老师（左）
和穆兰老师（右）合影

所以下午嗓子有些沙哑了，读了两篇听力材料，学生便打断我说："老师，您太辛苦了。您用我的手机放一下，看看行不行。"于是，他拿出手机，调到最大音量，但是因为教室大，学生多（大二有33名同学），声音只有附近的几个人能听到，他不得不放弃。看着大家为我着急的样子，我心生无限感动。接着，班里的一名男同学拿出了一个小小的音箱，说："老师，您试试这个。"我接过来一看，那个音箱也就鹅蛋大小，下面还连着充电宝。小音箱顺利连上手机的蓝牙，但是可想而知，偌大的教室，这一个小音箱显得那么无力且渺小。我说，没关系，老师继续给你们读吧。但是学生们都说，可以试一下。接着，奇迹出现了，全班鸦雀无声，小音箱居然发挥作用了。就这样，在黑漆漆的教室里，学生们听着小小的音箱发出的声音，最后居然奇迹般地顺利完成了听力课程。不能不感谢这些可爱又暖心的学生们，让我事半功倍地完成了听力教学，上了一节终生难忘的听力课。

德黑兰大学举办庆祝中国
新年活动时师生留影

课堂意外

在一个饱餐之后的下午，我带着些许困意走向教室，给大三学生上汉语文化课。因为要小组讨论，大伙把教室里的桌椅重新布置了一下。我不断在小组间来回踱步回答学生的各种问题，听他们讲着流利的汉语，恍惚间犹如行走在中国的人群中，莫名的熟悉感和安全感油然而生。当我走到前排时，看见后面的一名同学悠悠地举起手来，示意我过去。我健步如飞地"冲"了过去，衣服和头巾在空气的阻力下被无情地甩在了后边，可能是走得太快，衣服被一张桌角上凸起的钉子挂到了。随着清脆的挂破的响声，坐在这张桌子旁的同学慌乱地叫了一声："啊，老师！"并顺手捂住了嘴巴，露出惊恐状，全班同学循声看过来，讨论声戛然而止，大家都在询问情况。我低头看了一眼衣服，只见衣角处非常整齐地破了个三角形的洞，好在衣服质量非常好，两个直角边分别只有两厘米

刘丽君与参加中国大使馆"欢乐春节"活动的大三学生合影

的撕痕。这件衣服是姐姐送我的，我心疼万分，可毕竟是在教室，在全班同学关切的眼神下，我安慰他们说："没事没事，大家继续讨论。"然后拉了拉头巾挡住了刮破处，故作镇定地继续给学生上课。我继续在教室里踱步，踱回来的时候，发现在桌角处，一支白嫩嫩的小手悄悄地盖在了凸起的钉子上……

这个暖心的举动让我心生阵阵感动。我担心她的手指被挂破，便悄悄告诉她："没关系，老师再走过会小心的，别担心。"但她执意不肯拿走，只是腼腆地笑着回应我。后来我再去那里上课，发现桌子还在，钉子已经消失不见了。

考试心得

我到伊朗后的第一次汉语水平考试（HSK），由德黑兰大学孔子学院举办，学生们跃跃欲试。有六名同学报了 HSK5 级考试，并如期奔赴考场。因为我也是 HSK 主监考之一，所以同学们到达考场后都主动找我。我知道他们心里很忐忑，所以一直安慰他们不用紧张，并帮他们检查证件是否带齐、铅笔是否符合规定。其实我心里也很紧张，毕竟学生第一次参加这么正规的考试，我一直担心哪个环节会出问题，而且我同时得执行监考任务，不能一直陪着他们。考试如期进行，也如期结束，因为还有其他任务要完成，考完试我就一直在忙手里的事情，大概要完成的时候，另一位老师告诉我说外面有几名学生一直在等我，等了很久了。我知道他们一定想跟我分享一下考后的心情，所以忙完手里工作我立刻冲了出去。看见他们焦急地等在那里，我感觉很愧疚，不知道她们在考场里经历了怎样的紧张与不安，不知道她们考试是否顺利。她们看见我，跑过来把我抱住，然后围着我分享她们此时此刻的心情，告诉我哪部分难，哪里有问题，哪里没答好。她们担心能不能通过，那种焦急的心情我非常理解。我知道，任何语言的安慰都是苍白无力的，她们为了准备考试付出了很多努力，考试的费用对她们每个人来说也是一笔不小的开支，所以考完后心情定然很复杂，心理压力一定很大。我只能默默为她们祈祷，希望她们都能顺利通过这次考试。

静候一个月以后，成绩出来了，六位同学中，五位都顺利通过了，其中两位同学还高分通过。查到成绩后，他们第一时间跟我分享幸福和喜悦，我高兴得就像自己通过了考试一样，毫不吝啬地一遍一遍夸奖他们："你们太棒了，你们的努力终于得到了回报，真是我的骄傲。"他们不约而同地说："如果没有老师的帮助，也不会取得这么好的成绩。特别特别感谢老师，爱老师。"我真为有这么一群优秀的学生而感到骄傲，他们在困难面前迎头而上，用自己的辛勤和汗水换来了优异成绩，一边调侃着"学汉语后就没有自己的生活了"，一边竭尽全力地用汉语充实着他们的生活；他们在成绩面前不沾沾自喜、骄傲自满，时刻保持着谦卑的精神，特别难能可贵。

跟他们相处的两年半时间里，我们师生间有趣和感人的故事数不胜

刘丽君与在德黑兰大学参加
HSK 考试的学生合影

数。虽独居异乡，但每每看到他们真诚的笑容，听他们亲切地喊我"老师"时，我的忧愁和孤寂感便一扫而光，瞬间被温暖萦绕。

他们是一群特别特别可爱的孩子，个个都身怀绝技，精通绘画、书法、摄影、烹饪、作诗、服装设计、拍电影等，而且每个同学都通晓两种以上语言，语言上有异常天赋。他们谦卑又自信，善良又乐观，努力又不刻板，睿智又不轻浮。就是这样一群可爱、活泼、聪明、漂亮又特别知道感恩的孩子们，深深地感动着我，潜移默化地影响着我，让我在伊朗的生活充满了色彩，也让我的内心充盈无比，让我明白了生活的真谛，更让我懂得了快乐之所在。有他们在，我的生活一直是春天；有我在，他们的学习一直是秋天。

明镜封存了无痕，追真逐源屡拂尘，

伊始拈精育新苗，朗客反涤吾清心。

人物篇

我和外长夫人的交往

赵玫玫（中国前驻伊朗大使郁红阳夫人）

伊朗是我外交人生的起点，在那里，我开始了外交工作的 ABC。我们的第一个有形的家恰好也是在伊朗。第一任离开伊朗回国时，我内心的滋味是复杂的，与其说为回家而欣喜，不如说夹杂了更多把"家"扔了的怅然。

伊朗见证了我自 1990 年起从三秘夫人到三秘（1999—2001 年），再到大使夫人的浓墨重彩的岁月。2010 年底，我先生奉命由约旦转往伊朗工作，我随任。我们怀着对伊朗特有的感情和使命感再次重返这方炫丽的土地。第二年 9 月，我被驻德黑兰使节夫人团推举为继任团长。正是这个岗位，给了我更多与外长夫人接触的机会，并因此与她建立了良好的关系。

上任之初，前任团长、爱尔兰大使夫人友善地提醒我，按照惯例，新任团长的第一件事是拜访外长夫人。我听了暗自高兴，如果没有夫人团团长的头衔，作为一国的大使夫人，一般较难有理由单独造访外长夫人。但按照夫人团章程规定，团长拜访外长夫人须经该团五人委员会一致同意。于是，我召集了第一次全体委员会议讨论此事，结果立即遭到一位欧美国家委员的激烈反对。会后，又有一位欧美国家的委员反悔，显然，她是回家后问了她家大使的意见后作出的决定。她们的理由是，夫人团是一个非正式组织，只是为了自己内部的联谊和互相帮助，没必要和官方建立联系。其实，真正的原因我们彼此都心知肚明——他们并不喜欢伊朗现政权。我回答她们，按外交惯例和章程规定，新任夫人团团长可以也应该拜会外长夫人，既然你们不同意，我可以不坚持代表你们，而只作为中国大使夫人去拜访她，但我会告诉她我是现任夫人团团长。我的"诡辩"成功了。

我要去拜访的外长夫人，就是那一年新上任的萨利希（Ali Akbar Salehi）外长的夫人扎哈拉·拉达（Zahra Rada）女士。我通过大使秘书向外长夫人办公室正式提出了拜会要求，对方很快就答应了。时间确定后，我选了件中国工艺品，并按约定的日期赴外长夫人在外交部的办公室。这是我生平第一次单独拜会外长夫人。此前虽作为大使夫人也一直随任，但因各种原因，我从未与外长夫人有过单独会面。

萨利希夫人由助手陪同走进会客厅，她个子比较高，微微发福，但身材匀称，很有高官夫人的气质，人很练达，让人感觉是一位有着丰富和重要经历的人物。她佩戴着非常标准的伊朗穆斯林式头巾，里面先戴了一条遮到前额的深蓝色丝绸围巾，外面再佩戴一条黑色的能盖住脖子的大围巾。我们落座，按照当地的习惯相互寒暄。她一开口就显露了开朗健谈、容易接近的风格。她英语讲得很好，我们无须翻译就很自然地交谈起来。我首先对她能够安排时间会见表示感谢，并简要作了自我介绍。我说这是我第三次随丈夫来伊朗，丈夫是第四次来伊朗任职，加上来伊朗留学，他现在已经是第五次来伊朗了。她对我们的经历很感兴趣。接着，我又用我那三岁孩子般水平的波斯语告诉她，伊朗还是我们结婚后的第一个家，第一任离开伊朗时，我们是多么难以割舍，我们有多么喜爱热情友好又开朗活泼的伊朗人民，多么喜欢伊朗悠久的文化及其灿烂的文明，多么惊叹于伊朗珍贵的名胜古迹。我简单举例讲了我对几处波斯帝国遗迹的观感，特别讲了刚刚参观过的比斯通（Biston，又译贝希斯通）遗迹对我的震撼。她说，你去了很多地方啊，可能比我去的地方还多。她表示很高兴新任中国大使夫妇对伊朗有着如此的感情。她还

赵玫玫女士拜访外长夫人办公室，邀请外长夫妇出席"欢乐春节·走进伊朗"活动。

对我担任夫人团团长表示祝贺，并向我了解了夫人团的有关情况，希望夫人团在妇女工作方面与伊方很好地开展合作。这次会见，双方都很愉快并有收获，为我和外长夫人的关系打下了良好的基础。

我的波斯语水平那么可怜，却还故意跟外长夫人"显摆"几句，这就得说到我以往的一次重要经历。我一直清晰地记得多年前我们与伊朗总统夫妇会面时的情景。那是在1999年2月10日，因时任大使休假，我先生任临时代办期间，我们作为中国的代表应邀出席在王宫举行的伊朗国庆招待会。那时我深切地体会到，用对方的母语交流在外交意义上是多么的不同。招待会结束后，各国使节夫妇按国家名称首字母顺序排成长队，等候与哈塔米总统握手告别。轮到我们时，先生用波斯语向总统表示祝贺，一向温和儒雅的哈塔米总统面容立刻更加和蔼亲切起来，并露出很有几分欣喜的微笑，但同时又对一个外国使节能说波斯语多少有些吃惊和好奇。他第一句话就问，你的波斯语怎么这么好？于是，总统蛮有兴致地和先生交谈起来。最后他侧头转向我，仍微笑着用波斯语问道，你也会波斯语吗？我带着歉意用波斯语回答，我只会一点儿。他说，那你学呀。这一幕，令目击的使节们羡慕不已。是啊，100多个国家和国际组织的代表，一般与总统握手道贺最多不会超过一分钟，而哈塔米总统和我们的交谈足足有两三分钟。30年来，这一幕连同当时我发出的感慨一直清晰地留在我脑海里。虽然我本就掌握不多的波斯语大多已经忘记，有的词句有时还会与土耳其语或别的什么语言相混淆，但是哈塔米总统那一句"你学呀"，我永远可以准确地用波斯语说出来，并可以模仿出他当时的语调。

拜访过外长夫人之后，所有她主持或有她出席的活动我都全部到场，并且每次都找机会和她交谈几句，这进一步加深了我们之间的友谊和彼此的感情。她领衔主办的每年一次的国际慈善义卖，我也都带领使馆女士们积极参加，并且每次捐款都名列所有使馆的前四五名之内，受到伊方的好评。

2012年8月11日，伊朗的东阿塞拜疆省遭遇严重地震，那里原本就是贫困地区，地震让当地居民的生活雪上加霜。为此，伊朗外交部决定举办国际义卖，把各国的善款用来救助地震灾民。义卖经过筹备、举办、接收善款、汇总统计等过程，结束时已进入冬季。萨利希夫人决定邀请两三位大使夫人作为代表，和她一起去灾区参加并见证实地捐献活动。我报了名并如愿参加了。灾区是山区，每个村子都相隔很远，到处是积雪，很多房屋已被震毁，不少村民只能住在临时房屋内，生活条件非常艰苦。一听说萨利希夫人到了，男女老少都跑了出来。萨利希夫人就在寒冷的室外把善款一一发到每个灾民手中，令灾民及陪同的使节夫人们深为感动。老百姓高兴地领到了救济金，表示感谢伊朗外交部和各国驻伊使馆。我在接受媒体现场采访时说：我作为中国外交官夫人，很愿意参加这样的活动并十分珍惜这次机会。伊朗和中国是友好国家，历史上我们两国就有长期交往和相互支持的友好传统，在伊朗人民有困难的时候，能够代表中国使馆为伊朗人民做一点事，我感到欣慰和值得。

回程途中，我们的车队兜兜转转在群山里穿行。望着白雪皑皑、一个挨一个的山顶，刚才看到的雪中大片倒塌的房屋和急切地接过救助款的一双双伸出的手，在我脑海里挥之不去。第一次亲身来到灾区经历这样的场景，我心里很不是滋味。途中休息时，萨利希夫人指指身边的座位朝我招手，请我坐到她身边以便交谈。为了化解沉闷的气氛，我给她讲了一个笑话，但也是一个真实的故事。那时我们打算换官邸，我经常需要和办公室负责人一起找房产代理去看房，时任办公室负责人姓齐。有一次遇到的房产代理和齐同事是初次见面，他问齐同事"你姓什么"，齐同事回答"我姓齐"。而汉语"齐"的发音，几乎和波斯语"什么"（chi）的发音一模一样，于是对话就成了："你姓什么？""我姓什么。"房产代理怀疑自己没听清，又问一遍"你姓什么"，回答还是"我姓齐"。这次房产代理吃惊了，因为我们齐同事的波斯语非常棒，和代理谈话一直用的是波斯语，所以他无论如何搞不明白这位中国先生是怎么了，他大惑不解地急问"什么"，而回答仍是语气平静的"齐"。这一点波斯语我还是懂的，我再也忍不住哈哈大笑起来，然后赶紧用英语跟代理作了解释。事后我才明白，我们齐同事也是故意跟他开个玩笑，这样可以一下子跨过关系的严肃陌生阶段，事情更容易谈一些——他在伊朗已经历了太多这样的情节。外长夫人第一遍听到"我姓齐"时就开始笑，听到后来已经乐不可支，我们一起放松地哈哈大笑起来，一解长途旅行的劳顿和刚刚离开灾区后的压抑心情。外长夫人由秘书等几位工作人员随行，后来再休息时，只要有不同的随行人员和我们坐在一起，她总是蛮有兴致地对我说，你把那个故事也给她们讲一遍。看到她的工作人员爆发出大笑并且不是那么容易停下来，我们都很开心。

外长夫人在"欢乐春节·走进
伊朗"活动开幕式上讲话。

随着交往的增多，我和外长夫人越来越熟悉。2012下半年，使馆
计划在 2013 年举办"欢乐春节·走进伊朗"活动。临近年末时我听先
生说，考虑邀请萨利希外长夫妇，但恐怕外长很难安排出时间出席，如
果外长夫人能来也很好，会为我们的活动大大增色并扩大影响。我胸有
成竹地说，好啊，我可以出面上门邀请外长夫人。于是，联系好萨利希
夫人的时间后，带着填写好的装入精美信封的请柬，我又一次登门拜访。
离上次一起去东阿塞拜疆省分发善款的时间并不长，我们一见面就热情
地拥抱问好，并彼此问候了对方的先生。我当面向她递交了邀请，表示
欢迎外长先生和她以及他们全家出席使馆为伊朗民众举办的庆祝中国农
历新年的活动。我还简单介绍了有关活动安排，如中国歌舞表演、电影
放映、中国剪纸和书法等表演、中国各地美食烹饪表演和品尝、中医针
灸义诊和有奖游艺，等等，并且强调，我们妇女小组还将设一个很大的
义卖展台，义卖收入将全部捐给她领导的慈善组织外交官事务协会。萨

外长夫人在开幕式上和郁红阳大使一起为狮子点睛。

利希夫人当即表示她自己一定会出席，并一定会向外长转达我们的邀请，只是不能确定外长届时能否出席。我表示理解。告辞时我没有想到，她主动拉起我的手，让她的秘书给我们拍了合照。如果不是她主动，我不可能唐突地提出合影要求，更不可能去主动和她牵手。我在常驻过的几个国家和高官夫人合影不算少，但拉着手拍照实为罕见，由此可以看出我们之间的友情和她对中国的友好。

2013 年 1 月 17 日"欢乐春节"活动当天，整个使馆完全变了样，到处张灯结彩、鲜花似锦，剪纸、中国结挂满了能挂的地方，一派中国特有的节日气氛。我和先生及倪汝池参赞提前到大门口等候迎接。萨利希夫人带着儿子儿媳和一个好友及秘书如约而至。我们先引她们到贵宾室稍事休息，期间她首先向我们转达了外长对我们的问候，并表示外长本来计划出席，但因出访不能来了，请我们见谅。她并且说，听外长说，你先生的波斯语说得非常好，很重视发展中伊关系，外长对他的印象很

郁红阳大使陪同外长夫人参观春节活动上的中共十八大图片展，并作讲解。

深。萨利希外长夫人虽不是职业外交官，但却有着非常练达的外交风范，让我不禁心生钦佩。在谈到双边关系时，她说伊方重视发展同中国的关系，感谢中国在伊困难时期提供的支持。先生也高度评价了外长本人的为人以及为两国关系所作的积极贡献，还介绍了前不久我们对伊朗西部和北部六省的参观访问情况及感想，她和陪同人员听得都很有兴致。

随后，我和先生陪同萨利希夫人等一起走上开幕式的主席台。在奏完中伊两国国歌后，为舞狮队的领头狮子点睛，是"欢乐春节"活动开幕的剪彩环节。我们把毛笔递给她，她认真地为狮子点睛，眼睛描好后的狮子立刻好似活了起来，随着热闹欢快的音乐迅速舞动起来，让所有在场观众感受到了意想不到的惊喜，成功地为整个活动拉开了帷幕。狮子在活泼英武的舞动中还常常穿插一些调皮幽默的动作，比如爬墙头窥视、和客人逗趣等，令外长夫人一行忍俊不禁。舞狮表演结束后，由狮子在前面晃晃悠悠跳着它们的舞步带路，我们陪着外长夫人一个一个摊

郁红阳大使和夫人赵玫玫一起陪外长
夫人参观春节活动上的中国小吃摊位。

位地参观。她一面参观，一面询问各种问题。令我没有想到的是，她是
那么认真又饶有兴致地参观了所有的展台，包括义卖展台、车展，以及
两国建交以来政治、经贸和文化交流等方面内容的图片展和中共十八大
图片展等，并且几乎在参观所有内容时都不停地问长问短，还不时表示
赞赏。那天很冷，大部分活动又都在室外，但她几乎参与了活动全程。
她的热心、她对中国人民的友好情感战胜了寒冷，很多前来参加活动的
普通伊朗客人不时举起手机拍下她参观的情景。

2014 年 4 月，先生完成了在伊朗的使命，我们即将离开。那时萨
利希先生已经离开外长岗位出任原子能组织主席半年多，萨利希夫人当
然也就不再是外长夫人了。无论从外交礼仪还是外交姿态来讲，她都没
有义务跟我告别。但是，就在我们启程的当天，我的手机响了。又一次
令我没有想到，电话是萨利希夫人打来的。她在电话中说：我听说你们
即将离开伊朗，你们这样对伊朗友好的朋友离开，我个人感到很遗憾。

感谢你以往给予我的友谊和对我工作的支持，以及你为伊朗和伊中两国的友好关系所做的一切，我会记得你。希望你在下一个岗位上做得更加出色，并请代我们向大使先生转达感谢和美好的祝愿，也欢迎你们有机会再来伊朗。祝你们一路平安！

　　萨利希夫人是伊朗人的优秀代表之一，也很能代表伊朗人的气质，她是萨利希先生背后那个值得骄傲的女人。萨利希先生夫妇是值得称颂的好朋友，我们虽然离开伊朗多年，但仍不会忘记他们。愿他们幸福吉祥！

来自伊朗的老米夫妇

温业浔（中国国际广播电台波斯语部原播音员）

1991 年，老米夫妇在给北京广播学院波斯语专业学生上课。

　　阿布塔勒比 · 米尔－阿贝迪尼（Mir Abedini）博士是由伊朗政府正式派往北京电台（中国国际广播电台前身）的第一位文教专家，他和他的夫人在伊朗国内都是较有名望的人士。我第一次见到他们，是在 1988 年 12 月伊朗召开的纪念波斯诗人哈菲兹的国际研讨会上。当他们得知我在北京电台工作时，表现出了极大的热情和友好，并表达了对中国的向往。不久他们就来到北京，开始了在电台的工作。在北京的两年期间，我们都亲切地称呼他们为"老米夫妇"。

1990 年，老米夫妇在北京大兴西瓜节现场。

老米在电台的工作是修改全部的稿件，有时还参加播音和翻译手稿。总之，波斯语节目的工作，事无巨细他都能高高兴兴地圆满完成。他平时还定期给我们上课，讲解翻译中的问题，使大家的外语水平不断地提高。记得当时我除了新闻翻译和播音外，还负责听众来信和音乐节目。在老米的建议下，由做听众来信工作的人直接负责主持《听众信箱》节目。进行这一改革后，我就既处理听众来信又直接负责主持《听众信箱》节目。这样就使得节目更加生动，更新更及时。老米还根据听众的不同要求写了一些格式信，使回信内容更加丰富，并加快了回信速度。

记得在他的帮助下，我做过一些节目，在伊朗听众中得到很好的反响。比如采访在北京人民医院进行碎石治疗的一些伊朗病人和家庭，请他们向伊朗国内的亲人祝贺新年，并介绍他们在中国的见闻。老米还帮助我在音乐节目里系统地介绍中国的管乐、弦乐和弹拨乐及其乐器。他还对两国民族乐器的相似之处进行对比，并为听众举办过祝贺婚礼及儿童生日等的专题音乐节目。这些节目在伊朗听众中都得到很好的反响。

1990年夏，电台派我到北京广播学院（现中国传媒大学）筹办波斯语班，为电台培养自己的接班人。虽然只有4名学生，但因这一任务重大，我心里没底。当我把这一消息告诉老米夫妇时，他们非常兴奋，全力支持我，并帮我树立信心。老米夫妇不仅传授我教学的经验，还给了我许多具体的帮助。他们利用在中国的最后半年给我录完两年精读课程的全部课文，并把课文中出现的全部诗句用波斯语作了讲解，还解答了我不懂或者有疑难的语法问题。这些使我在他们回国后还能用于教学，从而圆满地完成了教学任务。在那半年里，老米夫妇每周还给学生们上一次课，这为学生在学习初期打下了很好的基础。他们严谨的教学态度和从不懈怠的精神感染了我。

从他们那里学到的东西，让我后来退休后的教学生涯受益匪浅。老米夫人在中国期间还帮助审校北京大学正式出版的《波斯语教程》，并对《波汉大辞典》部分内容作过校审。这套波斯语教材和在我波斯语生涯中经常为伴的辞典中都洒下了老米夫妇辛勤工作的汗水。

老米夫妇热爱中国并通过在电台的工作了解了中国发生的变化。回国后，老米出版了两本书，书名为《中国的改革开放》和《中国和第三世界》。在这两本书中，他全面地介绍了中国改革开放的政策及其带来的巨大变化，并阐述了中国的外交政策及其在国际上的影响。20世纪90年代初出版的这两本书，在伊朗非常受欢迎，影响极大，让伊朗读者了解了中国改革开放后的新变化。

老米在中国期间，不仅做好自己的本职工作，还非常真诚地对待我们这些朋友和学生。他不断鼓励我们这些懂波斯语的中国人，希望我们能对两国交流史有更多的了解并进行深入研究。在老米的鼓励下，那一时期我们电台有的同事用波斯文写了文章并在相关的伊朗研讨会上宣

老米夫妇在北京大兴街头购物。

读。具体到老米夫妇对我们每个人的帮助，我更是深有体会，他们可以说是手把手地教我如何做选题、收集资料到找出论点，理清脉络进行论证。在我写出初稿后，老米又能给予指导，使论文内容更充实，论点更清晰。就是在这样的指导下，我开始了对"中国和波斯的文化交流"这一领域的研究，并写出几篇较有分量的论文，还多次出席了在伊朗召开的有关伊朗学研究的研讨会。

老米很谦逊，从不张扬，但对人又是十分诚恳、热忱，处处体现了教书育人的精神。

我退休后，就在中国传媒大学执教，期间于 2002 年带领全班 25 名学习波斯语的学生去伊朗留学半年。那时在德黑兰的老米得知此消息后极其兴奋，邀请全班同学去参加他的家庭聚会。那天晚上特邀了音乐人演奏三弦和手鼓，以及演唱诗歌。大家还品尝了伊朗的美食。

2002 年，温业浔（左）在老米家做客。

来到老米家，一进门，在走廊里就看到悬挂着的宫灯，客厅的墙上是中国民间手工艺品，壁挂玻璃柜的许多摆设、桌布等都体现了中国元素，最引人注目的是一只具有中国特色的美食器皿——铜火锅。这次难忘的聚会在学生们的作文中有许多描述，给大家留下了深刻的印象，体现了老米对学习波斯语的中国年轻一代的关心和关爱。

老米既是一位作风严谨的老师，又是热忱慈祥的长者，我们电台波斯语部老中青三代人都直接或间接地受到过老米夫妇的关怀并分享过他们的劳动成果。

很不幸老米夫妇已经先后离开了我们，大家都非常想念这两位良师益友。

我在伊朗的游学、工作和爱情

范鸿达（厦门大学教授）

"你的毕业论文计划写什么？"

"我计划围绕伊朗撰写我的硕士学位论文，因为伊朗是中东大国，也是具有光辉灿烂文化的西亚大国，这个国家之于中东的意义不言而喻。"

这是我读研究生时对老师提问的回答。也就是从那时起，伊朗成为我学术研究的关键点。从硕士生到博士生，从博士后到大学老师，我一直关注伊朗事务，至今未曾中断。而且，过去数年中我不断地去伊朗游学或在高校任教，并在那里收获了爱情。我的工作和生活早已经刻上了深深的伊朗痕迹。

初访伊朗留给我的美好印象

2013 年 11 月首次造访伊朗，这个西亚大国及其人民就给我留下深刻的美好印象，有几件事至今难忘。

某晚，一位中国女士没有告诉任何人就独自外出，而且久久未归，我们的伊朗导游发现后非常紧张，毕竟当时我们所处的城市邻近动荡的阿富汗，具有一定的安全隐患。着急万分的伊朗导游满大街地找寻那位女士，到处向路人打听有没有见到一个中国女人。历经千辛万苦，几个小时后，导游终于在附近的另一个小城找到了那位中国同胞。坦率地讲，独自一人在一个陌生的地方跟陌生的人去另一个陌生的城镇，这是咱们同胞自己做得不妥当，但是伊朗导游并没有因为已经告知游客注意事项

范鸿达教授与伊朗青年交流。

而置身度外，他仍是那样焦急万分地努力找寻"失踪者"，体现了强烈的责任感。

首次访问伊朗还有其他难以忘记的美好回忆。某日旅行中途休息时，我们遇到一个伊朗女孩，交谈中得知我们的目的地就是她家所在的城市，姑娘便热情相邀，说当晚会开车到酒店找我们，然后带我们去她家做客。可能这样的事在很多地方会被认为只是客气之言，但当天我们刚刚吃过晚饭，姑娘和她的丈夫及弟弟真的来接我们了。我们先去了她家，然后她们全家又带我们去了她的姑姑家。至今我还记得那个美好的夜晚，它让我充分感受到伊朗人民的热情好客。在伊朗，我经常产生类似这样的美好感觉，比如某日在一个清真寺偶遇正在聚餐的家庭，经过他们时全家人热情邀请我加入其中，推托再三后我恭敬不如从命，临时成为这个温暖大家庭的一员。

范鸿达在厦门接待来访的伊斯法罕大学校长一行。

　　首次访问伊朗也让我见证了这里人民的朴实。在马什哈德的一个晚上，我们坐出租车回酒店，到房间后不久，一位同胞被通知赶快到大堂，说是有人找她。初次造访马什哈德，人生地不熟，会是何方神圣来访呢？同胞充满疑惑地赶到大堂，发现是刚才载客的那个出租车司机，原来他是来还钱的——同胞下车付费时出租车司机没注意，后来他发现钱给多了，于是就赶到酒店归还多付的那部分钱。

　　首次访问伊朗，我的活动区域主要是这个国家的东北部，在那里漫步时，我感受到的多是宁静。尽管有些伊朗人的生活可能并不富裕，甚至有些贫穷，但是我并没有看到意志消沉的人民群体，反而充分感受到伊朗人的热情、好客、开放与诚实。对于一个遭受国际制裁长达30多年的国家来讲，这实属不易。

"中国为什么发展得那么好？"

有了初访伊朗的美好印象，我对这个西亚大国有了更多的访问热情。2013 年以来，我每年均会不止一次地游学伊朗，还曾在伊斯法罕大学任教两个学期。在伊朗时，我经常被当地朋友问及一个问题："中国为什么发展得那么好？"

老实说，我很难给出缜密的回答，但是作为中国知识分子，我对自己国家的发展当然也有一点点认知。我始终觉得，是改革开放这一时代创举造就了中国当代发展的光辉业绩，所以在论及中国发展时，我也常常以中国的改革开放来回应伊朗朋友的关切。

"现在我们伊朗的经济发展相当困难，很多伊朗人也没有工作，生活很不容易。你们中国那么大，人口那么多，怎么还能发展得那么快那么好呢？"

"40 年前的中国状况并不比现在的伊朗好，那时我们刚刚经历了一段不堪回首的岁月，国家百废待兴，亟须发展。当时我们非常缺乏资金和技术，而这些东西仅靠我们自己无法在短期内获得，急需外部的帮助。在这样的背景下，我们中国的领导人在 1978 年推出了'改革开放'的国家发展大战略，是'改革开放'改变了中国。"

"你们是怎样和外国人合作的？外国人愿意带着资金和技术去中国吗？"

"当时我们的目标非常明确，就是要经济发展。为了借助外国的力量发展自己，那时中国政府对外国投资者推出一系列的优惠措施，有些政策甚至我们中国人自己都享受不到。之所以这样，是因为我们知道，如果外国人看不到在中国挣钱的机会，他们就很难带着我们急需的资金和技术到中国发展。"

上汉语课的伊斯法罕大学学生

"这样的话, 外国人会在中国挣到很多钱, 这会对中国造成伤害吗？"

"是的, 外国人和他们的公司在中国挣到很多钱, 但是与此同时, 我们自己也获得迅速发展, 比如有了更多的工作机会, 有了更多的 'Made in China'。逐渐地, 我们自己具备了一些替代外国资金和技术的能力, 这让我们中国获得了更快更好的发展。当中国发展到一定程度后, 我们面对外国人时有了更强的自信, 因此也就可以有自己的合作选择了。"

"现在你们中国强大了, 你们已经有很多的选择, 所以你们中国人很幸福。我们也要努力想办法, 把更多的外国资金和技术吸引到伊朗。"

"是的, 我们中国的确已经取得很大的发展成绩, 这是由很多因素促成的。伊朗人民是一个非常有智慧的群体, 你们在历史上能够一再取得辉煌, 这证明你们有强大的复兴能力, 我也相信你们未来还会有更好的发展。"

"其实我们也非常希望能够与中国进行更好的合作。但坦率地讲，因为中国商品的质量问题，很多伊朗人其实对中国存在较为负面的看法。"（的确，我亲眼所见，在伊朗市场上真的有为数不少的质量低劣的中国商品。）

"伊朗市场上很多'Made in China'质量的确很一般，但需要探究的是，伊朗商人为什么要把这些商品而不是品质好的中国商品带到伊朗。中国有各种等级的商品啊。"

"是的，出现这种情况和我们自己国家的商人有密切关系。对于像伊朗这样的人口大国来讲，更重要的是要自己有生产制造能力，我们更需要完善自己的工业体系。中国的'一带一路'倡议也有利于我们自己的发展，我们很希望与中国开展'一带一路'建设的合作，但是中国的'一带一路'倡议会是长期的吗？"（显然伊朗朋友从中国的"一带一路"倡议中看到了自己的发展契机，但又心怀疑虑。同时，伊朗朋友也非常在意伊朗在中国中东外交中的地位。）

"就我个人理解，中国的'一带一路'倡议是对自己前期改革开放的继续和深化，它不会仅仅是一个短期发展倡议，因为在它身上寄托着中国发展的新希望。伊朗在中国的中东外交版图中处于关键位置。"

在中国共产党第十九次全国代表大会上，"一带一路"被写入了党章，这说明"一带一路"会是中国的一个长期发展倡议，所以伊朗朋友不必担心它是短暂的存在。希望中国和伊朗能够建立更好的合作关系，这必将造福于两国人民。

任教伊斯法罕大学

中国厦门大学和伊朗伊斯法罕大学是友好合作大学，我有幸见证和亲历了两所大学友好关系的建立和发展。2015年10月，我随同朱崇实

范鸿达夫妇和伊朗小女孩合影

校长率领的厦门大学代表团访问伊朗多所高校，其中就包括伊斯法罕大学。在这次访问中，我首次走进伊斯法罕大学课堂，与汉语专业学生进行了面对面交流，强烈感受到学生对中国老师的渴求。我当时就想，如果有机会，今后一定要来这里帮助同学们学习汉语。

在中伊两国交流日益频繁的情况下，伊朗对汉语人才的需求越来越多，伊斯法罕大学于是在 2012 年招收了首批汉语专业本科生，但由于师资力量的极度匮乏，这批学生直至 2013 年 1 月才开始了自己的大学生活，比其他专业同级的大学生足足晚入校一个学期。随着厦门大学和伊斯法罕大学合作协议的签署和实施，受伊斯法罕大学邀请和厦门大学委派，2016年9月，我作为外教来到伊斯法罕大学，陪首届汉语专业学生度过其大学生活的最后一学期。2017年9月，我再次来到这里，陪第二届汉语专业学生度过其大学生活的第一学期。在伊斯法罕大学任教大大丰富了我对伊朗及其人民的认知。

伊斯法罕大学对我这名来自中国的外教非常重视，为我提供了生活便利的大学公寓，大学的国际合作处也有专门人员负责外教事宜，这令我在伊斯法罕的生活没有了后顾之忧。外语学院的领导、老师和工作人员也很支持我的工作，并尽可能地提供一些帮助。伊斯法罕大学的汉语专业学生尤其可爱，相较于中国大学生，他们更活泼，有时候甚至可以说是可爱的淘气，和老师的互动也很是轻松快乐。当然，也会有几个"调皮"的学生，他们往往是全班同学的开心果，让大家在学习之余有更多的快乐。我尤其难忘与学生们一起郊游的时光，师生席地而坐，谈各自的家乡和愿望，当然有时候也能够感受到一些同学的淡淡忧伤。

因为与伊斯法罕大学有如此密切的交往，所以即使是离开伊朗后，我仍然关注伊朗学生的发展，也一直尽自己最大的努力帮助学生们来中国交流。过去三年中，我每年都介绍1—3名伊朗大学生免费来中国参加暑期学校项目，让学生们在课堂之外对中国有更直观的认知。尤其值得高兴的是，我的两名优秀的伊朗学生还获得了中国政府奖学金，已经在中国攻读硕士学位了。

2018年5月初，我又一次造访伊斯法罕，期间再次去了曾经工作过的伊斯法罕大学，正在上课的汉语专业学生发现我后立刻沸腾了——分别四个月后，师生重逢当然激动！在和学生交流时，我明显感觉到他们对未来有了更多的茫然——来自美国特朗普政府的日益沉重的制裁令伊朗承受了更大压力，这在很大程度上影响到伊朗人特别是青年人的信心。为了鼓舞伊朗学生们的士气，我特意给学生讲了中国的发展历程，也分析了伊朗历史的兴衰，告诉学生不要被眼前的困难吓倒，更不要对

范鸿达教授和夫人在厦门大学作介绍伊朗的讲座。

自己的国家失去信心，因为伊朗的历史发展已经多次证明，伊朗人民是有能力让自己的国家再度崛起的，只要伊朗发展战略得当，人民万众一心，那么伊朗就可以走出目前的困境，再次发展成为一个强大国家。

今生今世，我是割舍不下与伊斯法罕大学的情缘了，但愿今后还有在这所美丽大学工作的机会。

在伊朗收获爱情

2016年9月启程奔赴伊斯法罕大学任教时，我正处于人生的低谷，之前的诸多不顺让我充满忧伤。尽管个人情绪低落，但我仍然对在伊斯法罕大学的教学尽职尽责，而且一旦身处课堂或是与学生在一起，原有的伤感就消失得无影无踪，取而代之的是深受学生欢迎的激情。所以，那个时候我喜欢上课，喜欢与学生们在一起。

在伊斯法罕的工作和生活渐渐平复了我的心，慢慢地我又可以看到这世界的美丽一面了。不知不觉间，一个乐于助人的美丽女孩走进我的视野，在不断接触中，我们彼此的好感逐渐增加，于是相恋相爱。老实说，在之前的人生规划中，我从未想过与一位外国人结婚，但是感情和爱情是个神奇的东西，一旦来临便不可阻挡。尽管跨国爱情和婚姻需要克服一些现实困难甚至技术难题，但是我和伊朗女孩仍然坚定地携手前行，并最终于2017走进了婚姻的殿堂。我向来对伊朗婚礼很感兴趣，没想到参加的第一个伊朗婚礼竟然是自己的。看到来自中国和伊朗的亲戚朋友们在婚礼上翩翩起舞，我倍感幸福！

爱情和婚姻让我与伊朗的关系更加紧密。令我感到亲切的是，结婚后，在伊朗旅游景点我可以享受国民待遇，购买便宜的那款门票。事情虽小，但是却非常暖心。通过婚姻，我也更深入地了解到伊朗充满亲情的家庭文化，不仅在家里常常一起聊天，周末和节假日家人也经常外出游玩、烧烤，其乐融融。婚后，我们在享受爱情和亲情的同时，也一直在为中伊两国人民的互相理解而努力。当下，中国和伊朗之间还存在一些认知误区，我们在伊朗时积极介绍中国，在中国时积极介绍伊朗，推动这两个都有辉煌历史文化的国家有更好的互相认知。当然，中伊两国间有时也会产生一些误解，这时我们夫妇常常利用自己的语言和研究优势，主动向两国国民介绍一些客观真实的情况，尽力减少由于误解而导致的对双边关系发展的不利影响。

如今，我的妻子正在中国攻读中国语言文化硕士学位，毕业后她还要继续攻读博士学位，我则继续从事中东特别是伊朗研究。我们今后最主要的工作，就是让中国人和伊朗人有更好的互相认知，推动两国发展更加友好的双边关系，于国于家，我们责无旁贷。

丝路精神千古传，尺素雁帛系春方
——我的丝路回忆与信札故事

于桂丽（北京外国语大学波斯语副教授）

于桂丽老师近照

我手提古琴，只身一人来到对于曾经的自己分外陌生的文明古国——伊朗。

每每在键盘上敲击下那个记忆中的自己，再平静的心绪也会被拉回数十年前，变得波澜重重。即便当年的选择过去了那么多年，即便如今的我也早已不是孤身一人，依旧是沉淀在心头的、浓郁得化不开的情愫：初识一个陌生国度的些许新鲜与丝丝担忧、远离故土与家人的种种牵挂不舍。

与伊朗的相遇是那么的铭心刻骨，也正是那次相遇，让今天的我依

2017 年夏，中国伊朗学专家应邀赴伊朗 8 个城市考察。图为考察期间合影，右 5 为于桂丽。

旧奔走在沟通两国文化的道路上，没有一丝悔怨。正如萨迪的一首抒情诗中所写：

> 我的心被善良唤醒，
>
> 我的思想被爱的海洋浸泡。

波斯文明给予我太多太多，这种文化的滋养让我愿用一生去回报。然而，应该承认的是，近代以来，由于种种原因，国人对这个颇具神秘色彩的西域古国知之甚少，研究空白甚多。时至今日，理应尽力弥补这方面的缺憾。

今日地处西亚的"伊朗雄狮"，古称波斯，其历史文明源远流长，

2017 年 8 月 2 日，应德黑兰书城邀请，于桂丽老师在中国伊朗文学桥国际座谈会上作主旨发言《中国菲尔多西研究》，并为大会做同传翻译。

文学艺术博大精深。流传至今的波斯经文典籍可谓内涵丰富、异彩纷呈，在弘扬民族自强精神的同时，彰显道德与智慧，历来为世人所瞩目。

不言而喻，古代"丝绸之路"曾在相隔万里的中华帝国和波斯帝国之间搭起一座桥梁，谱写了两个伟大民族在政治、经济和文化上长期友好往来的历史篇章。千年之后，我重走漫漫古路，带着遗憾，也带着期许，作为一名文化学者，努力为两国的文化交往贡献微薄的力量。丝路精神于我而言是一生最宝贵的财富——是勇气，是使命感，是执着，是大学之精神，难以三言两语概括清楚这一力量。

在我有着些许艰难也收获无穷的文化之旅中，发生了件件动人故事，是我汲取与传播这些精神力量的写照。原谅我不能极尽详细地呈现下来，只得把最难忘的写给亲爱的读者们，文笔欠佳，还望海涵。

一次主持经历：收获需要勇气与榜样

2017 年 11 月 28 日，我受中国人民对外友好协会之邀，主持第八届中国—伊朗友好协会年会暨中伊关系对话会文化论坛。

这可能是我这辈子最难忘的一次活动，因为习惯了坐在椅子后面提供同传翻译的我，那天要以主持人的身份，与两国高级官员一起坐在前面，面对台下那么多中伊两国政界、经贸界、旅游界、文化界的精英代表们讲话，还有那么多媒体。主持这么高级别的盛会，我心里不免有些紧张。

在信任面前，如何担当？一种使命感和责任感油然而生。能让我那天自信地走上主席台主持的，有两个榜样的力量：一是北外校长彭龙，他最能体现北外人的格局和担当，永葆北外人的初心和使命，一心把北外打造成世界一流外国语大学，为实现与中国建交国家的官方语言和区域国别研究的全覆盖而整日奔波劳碌。二是刘振堂大使对我的影响，他为了中伊友好关系日夜奔忙，他骨子里的坚韧和勇于奉献谱写了多少中伊友好关系的篇章。经常听他说人活着的价值和成长的意义：如果选择了一条奉献之路，为国家、为民族作贡献，人所代表的就不再单单是自己。他对生命和时光的路途有着深沉的观察和提炼，我在伊朗留学和工作时，就经常受到他的指导，他是我们的好大使，一直以来见证和关注着我的成长。他的赤子之心时时刻刻鼓舞着我，如今把这样的重任托付给我，表明了他对教育、对民族文化传承、对中伊人民友好合作的前景充满希望。

那天，中伊文化和经贸领域代表近百人出席。全国友协副会长林怡、伊中友协主席艾哈德·穆罕默迪出席开幕式并致辞，我和艾哈德·穆罕默迪博士共同主持。没想到，艾哈德·穆罕默迪博士用萨迪的诗开场，我事先准备好的串词用不上了，只好改用孔子和萨迪的诗句来回应。这时，我脑子里没出现一片空白，没有乱了方寸。我想，我们是未彩排过的主持人，一开场就如此默契，一定能成为好搭档。我索性不看手中的稿子，心情也一下子放松了。

伊朗不愧为诗国，人人都读诗，喜欢诗，各种场合都读诗。诗歌让文化论坛插上了翅膀。我心里暗暗佩服艾哈德·穆罕默迪博士，他的文学功底真不错，背诵了很多诗句，让我这个专业学者感到分外惭愧。在接他的串词时，我有时答不上来诗的原句，就说大白话。最关键的是，我要用两种语言来主持论坛，在最短时间内选择对象国最精准的语言，把在座嘉宾当作学生，当作朋友，保持亲和力，拉近我们的心理距离。我们这组文化论坛讨论热烈，会场洋溢着非常和谐自然的交流气氛。

会后，华黎明大使还打趣地说道："于老师，主持也没有那么难吧？"

我的脑海却沉浸在论坛的余温中，从思想的激烈交织中恍不过神来，满心回忆着曾经为中伊交流作出卓越贡献的先行者们，回忆曾经在"中国伊朗之夜"上为张鸿年老师弹奏的钢琴曲——1992年，《布哈拉》杂志主编阿夫沙尔·穆罕默德博士在"天堂花园"为张鸿年老师颁发了"波斯文化杰出贡献奖"，时隔25年，我满脑子想象着张鸿年老师年轻时的模样，相信他的灵魂一直没有走远，就在我的身旁，在我的心、我指尖流淌出来的音符里徜徉。文化的传承就是靠一代代人的努力，爱和对责任的担当是传承的力量。丝路上的百鸟朝凤，是对人性本善的诠释，是爱的协奏曲，是雅利安人的梦。追忆着那些为民族文化传承作出卓越贡献的人，当时演奏这些乐曲，我内心充满激动和敬畏，眼中已经看不见满堂的观众，仿佛欣赏乐曲的只有一人。

"张鸿年老师——您的老搭档，我相信他的在天之灵一定在欣赏。这是文化传承的力量。我今天能与中国资深外交官共同主持盛会，这是我们北外人的荣光，"我缓缓说道。

华黎明大使还不知怎么回答，我已经泪流满面。

一次文化讲座：

"丝绸之路与菲尔多西精神的传承"

2018 年 9 月，我有幸参加鲁迅文学院第三十五届中青年作家高级研讨班，成为该院首届翻译家班的学员。在鲁院学习期间，我向中国读者推介波斯文学作品，排在第一位的就是菲尔多西的作品《王书》。

我始终放不下对《王书》与菲尔多西的热爱，这种热爱渗入血液，但在这几年才逐渐涌出胸怀，整理成较为理性的表达。结合学习与研究的成果和对作品的理解，我几年来在中国、伊朗高校及许多学术会议上作了《丝绸之路与菲尔多西精神的传承》讲座或报告，讲述这位文学大家的精神于我的影响和我自己的精神践行。

菲尔多西，与萨迪、哈菲兹和莫拉维一起，被誉为"波斯诗坛四柱"。他精心创作的民族史诗《王书》，传遍了伊朗和伊斯兰国家，乃至整个世界。菲尔多西深入民间广泛搜集素材，呕心沥血 30 余年，才完成这一长达 10 万余行的民族史诗。该史诗被誉为波斯古典文学奠基之作，是古波斯人政治和文化生活的百科全书，也是民族成长和发展的历史画卷。

不可忽视的是，《王书》对维护和发展新兴的波斯语作出了不可磨灭的贡献。正如诗人自己曾满怀豪情地吟唱："谁若有理智、见识和信念，我死后定会把我的热情颂赞。不，我是不死的，我将永生！因为我把语言在大地播种。"可谓经过 30 年的辛劳不辍，用波斯语拯救了祖国。

《王书》旨在弘扬爱国精神和英雄主义，成为鼓舞和激励伊朗人民抵御外侮、反抗侵略的强大思想动力。菲尔多西确实以他具有划时代意义的史诗创作，为世人瞩目的波斯古典文学举行了奠基礼。诚如作者本人所言："我用诗歌构筑起巍峨的殿堂，任凭风吹雨打也不会倒塌毁伤；

这部书定将世世代代地流传，凡有理性的人都会吟诵和瞻仰。"

伊朗是一个恪守礼法传统、坚守自身文明基因的民族。一种文化和文明怎么样才能继续发展，继续前进，继续洋溢着生气勃勃的活力？除了内因，就是伊朗人对波斯传统文化的保护和传承，关键还在于文化交流不息。在丝绸之路重现光辉的新世纪，如今的"菲尔多西精神"又被赋予了怎样的当代意涵，值得波斯文化学者深究。

对于一位波斯语学习者来说，对于菲尔多西在《王书》中传达的精神，即便是用尽天下华美的辞藻，也难以描述对他的内心景仰。这份热爱与敬畏之心，当然要与所有伊朗学的研究者和学习者们共享。

令我颇为意外与深受感动的是，每当这一文化讲座被再丰富、再演绎之后，总会有无数动人的文字不远千里通过信札寄来，可谓珍藏。

一颗赤心：从长安到波斯的旅途

我曾三次来到丝绸之路的东方起点——西安（古称长安）。在2014年初到访过西安后，时隔两年，我再次来到西安，参加首届丝绸之路国际文化博览会。长安曾见证了东西方文化交流互鉴的不凡历程，富于开放包容的丝路精神，实现了合作共享人类文明观的第一次跨越。第三次来到西安，则是在2017年以陕西省副省长和阿富汗议会下院议长阿卜杜勒交谈翻译的身份，参加欧亚经济论坛。

这三到西安，我既作为一名学者，也是一位行者。期间，我有幸受邀到西安外国语大学，与西安的波斯语专业学生们分享我的讲座与故事。在西安这座城市与青年交流菲尔多西的精神传承，无疑是最合时宜的。

我12年的异国求学路就开始于和他们相仿的年纪，我与他们的相遇也正像在交流中对他们说的："我相信，是爱与感恩，是心之所向，让我们相识、相遇、相逢。"

这次交流后，我意外地收到这样的一封来信，来自一位西外大四即将毕业的波斯语专业学生：

> 正如您所说，只有有缘的人，才能在这个人海茫茫的世界里有机会产生交集，也只有志同道合的人，才能使这个交集延续下去。对于能认识像您这样和蔼可亲、不忘提携后辈的老师，我深感荣幸，我也相信我们的交集会继续延续下去的。听了您的讲座，除了让我更深入地了解到波斯菲尔多西精神和中国孔子思想的相通之处，更是让我懂得了应该在有限的生命中学会去爱，并懂得感恩。这无疑是在这物欲横流的社会中保持自我清醒的一剂良药，更是在人人追求利益、忘记人生本质的社会里保持自我清醒的一句警语。感谢您花费了很多精力才完成的这场讲座。这场讲座带给我们的教育意义是不可估量的。我也将把菲尔多西和孔子的精神融入我以后的人生当中，为世界贡献自己的一分力量。
>
> 您的学生：张辉明
>
> 2017 年 9 月 25 日
>
> 西安外国语大学东方语言文化学院波斯语系

更令我没有想到的是，半年后，这位西外的大男孩还特意在毕业后来北外看望我，向我表明以后致力于波斯语言文化研究的决心——即将前往伊朗师范大学攻读研究生学位。对于小语种学生来说，在众多待遇优厚的选择中作出这样的决定，无疑是令人敬佩的。从这个孩子身上，我看见了当年的自己——那个为了寻求真理和知识宁可放弃一切的赤子。

那些天刚好也是北外的毕业季，可以看见一群群北外学子身穿毕业服，在校园毕业景点含着泪笑着说再见，却依依不舍地拍照留念。那年我们波斯语专业没有毕业生，我陪着这位从西外毕业的大男孩，带他转

北京外国语大学波斯语专业师生应邀出席 2019 伊朗新年庆祝活动，在伊朗驻华使馆门前合影留念。

转北外校园、食堂，也在毕业景点留念。默默目送他离去，我真心祝福他。

一封信：献给所有追求真理的学子

几番酝酿下，想到如今才刚刚踏上波斯语学习道路的我的北外学子们，我写给他们一封满是心里话的信，想表达的实在太多，因为追求真理与知识的道路绝非那般轻松容易。也以此献给阅读这些记忆碎片的读者们：

我喜欢让有价值的思想和行为留在岁月里，陪伴你们一起成长。虽然岁月无情，留不住，我们把爱和感恩留住。

波斯诗人哈亚姆曾说："我们来去匆匆的宇宙，上不见渊源，下不见尽头。从来无人道出个隐秘。我们从何处来，向何处走？"转眼间，你们已经大学二年级，马上要成为新生们的师哥师姐了。过去的一年，我们朝夕相处的日子，很多香甜的味道，留在每个人记忆里。给我留下印象最深、最打动我的，是你们学习波斯语的热情！学会一个个像蝌蚪一样的波斯语字母，一个字、一个词、一句话，你们可以到伊朗大使馆诗歌表演，你们自己写的小作文可以编辑成文档，所有这一切都倾注了你们的辛勤汗水和努力。

蔡元培先生说："大学者，研究高深学问者也。"儒家经典《大学》有言："大学之道，在明明德，在亲民，在止于至善。"可以说，大学之所以令人向往，就在于它追求高深学问和人生大"道"的姿态和气质。波斯语言和文学是诠释和滋养人类道德和人性的学问。中国哲人们研究的高深文化，在波斯文化中也可以找到成长的土壤，这就是文明互鉴，世界各国的人才培养目标都是造福于社会。

在这里，我由衷希望大家也能利用几年时光，让自己浸润在波斯文化和中国文化精髓中，找到人生的大学问，感悟北外的大学气质，成为兼有国际视野与中国情怀、通晓国际规则、拥有出色的外语及专业技能和跨文化沟通能力的高端复合型人才。那么，同学们该怎么学，才能成为这样的高端人才？

谈几点看法，与同学们共勉：

第一，学做人生的大学问，基于综合，立于专业，归于个性，建立多元思维，培养大思维。

大思维之"大"，在其深度和广度。培养大思维，首先，要立于专业，深度学习。把自己学到的、看到的、体会到的东西能说出来，不怕说错。我每天把零散的时间和自己对话。要反复重复那些波斯语单词，否则就会忘掉。这对学语言的学生非常关键，要学通学透。

学校有上百选修课供大家选择，希望你们充分利用，搭建起自己综合能力的框架，通过学习多元学科来培养多元思维。不少人终其一生的事业跟大学专业不尽相同，却依然可以建功立业，正是得益于此。最后，要归于个性，培养兴趣。喜欢就能学好。首先广泛涉猎，然后用心挖掘自己喜欢和擅长的事情，深入学习和钻研它，建立起一套耐用的思维框架，为今后终身学习、解决问题打下基础。

第二，做大学问，要磨炼大智慧，从学会修身开始。大学，奠定的不仅仅是今后的职业基础，更为你未来的人生框架积蓄力量。磨炼大智慧，其关键在修身，能够理性控制自己的欲望。对于你们来说，磨炼大智慧，首先，要做一个自省、自律和自信的人。其次，要处理好自我与他人的关系，要做一个坦荡和温暖的人。

《论语》说："君子坦荡荡，小人长戚戚。"与他人相处，最怕斤斤计较、患得患失。波斯文化的最高境界是努力成为一个完美的人。"完美的人就是从心底给出真心、无畏、正义和同情。"大家来自五湖四海，不同的家庭、不同的经历，也有不同的困难。常怀恻隐之心，主动帮助他人，做一个内心光明、温暖坦荡的人，你会变得更加幸福。

第三，做大学问，要构建大格局，从学会敬畏、敬仰开始。曾国藩说："谋大事者，首重格局。"格局是一个人思维、智慧、胆识、志向等要素的内在布局。俗话说，心有多大，舞台就有多大。大格局会有大胸怀，大胸怀会有大作为。构建大格局，要学会敬畏、敬仰。敬仰和敬畏有一点点不同。我们可以没有宗教信仰，但不可以没有敬畏。学习波斯文化，培养敬畏与天地和谐、天人合一、追求真善美的情怀！敬仰代表我们内心一种不由自主的向往，是对他人更高境界的叹服、敬重和仰望；它会不动声色地影响我们的追求，让你领略到一种前所未有的美妙景象和内在欣赏。在大学里，这种敬仰会出现在一场爆满的讲座上、一次跟名师的对话中，或者一次有意义的社会实践里，这些都要靠你们去全心投入和用心捕捉。构建大格局，要目光长远。我感恩自己在丝路上遇到很多有正能量的人：华黎明大使、刘振堂大使、解晓岩特使，伊朗驻华前任大使、参赞，在他们的身上，我发现了使命、责任与担当。与他们结下深厚友谊的同时，我也在学习他们的做人、使命和担当。

人生难免遭遇烦恼和挫折，面对困境，要以豁达的胸襟、积极乐观的人生态度，辩证看待问题，调适心境。构建大格局，要担当使命。使命，是一个人对责任的自我升华和无私放大。一个充满强烈使命感的人，其人生格局，必定波澜壮阔，气象恢宏。每个人在这个世界上都有自己的使命，都应该放射出自己的光和热，正如清代诗人袁枚所写："白日不到处，青春恰自来。苔花如米小，也学牡丹开。"越是微不足道，越应该找寻意义，担当使命，构建格局，收获人生的大学问。

衷心祝愿、衷心期望同学们，从这一学期开始学习、修身、敬畏、敬仰，做好大学之问、人生之问，以"波斯文化"心静如水、淡泊感恩之情怀，磨炼"含弘光大"的博大和"继往开来"的气魄，未来"学行天下"，铸就一生精彩！

接触大师：马吉德·马吉迪在北京

罗来安（中国国际广播电台波斯语部记者）

"8"是中国人喜欢的数字，伊朗电影导演马吉德·马吉迪也与8有缘：1998年，他的作品《天堂的孩子》（又译《小鞋子》）荣获奥斯卡最佳外语片提名；2008年，马吉迪因奥运与北京结缘，应邀参加了为期两个多月的"国际导演拍北京"活动；2018年，马吉迪再次访华，担任吴天明青年电影高峰会大师讲堂主讲嘉宾，并被北京电影学院聘为名誉教授。马吉迪两次访华，我都有幸近距离接触大师，特撰此文以飨读者。

三代大师的中国缘

伊朗电影在世界影坛享有盛誉，先后涌现了阿巴斯·基亚鲁斯塔米、马吉德·马吉迪、艾斯嘎尔·法尔哈迪等具有国际影响力的电影人。阿巴斯是伊斯兰革命后伊朗首位赢得世界声誉的电影大师，1997年他的影片《樱桃的滋味》获得第50届戛纳国际电影节金棕榈大奖，引起全世界的关注。该片的出现对于伊朗电影历史的意义相当于1951年黑泽明的《罗生门》——后者让世界真正知道了日本电影。2016年7月，76岁的阿巴斯不幸因癌症去世。他生前有个夙愿——要拍中国剧情片，为此他在去世前两年四次来华，为两国合拍片《杭州之恋》做了大量的

试拍
10-05 Beijing

阿巴斯导演在中国筹拍
《杭州之恋》时的工作照

前期准备工作，未料天不遂人愿，该片竟成为大师最后未完成的遗作。

"70后"法尔哈迪是目前最受国际电影节追捧的伊朗导演，他的《一次别离》和《推销员》分别于2012年和2017年两获奥斯卡最佳外语片奖。2012年，《一次别离》成为首部在国内院线公映的伊朗影片。同年，《武林外传》《炊事班的故事》等热门剧的投资人、北京联盟影业董事长郝亚宁受北京电影节组委会委托，专程赴伊朗邀请《一次别离》剧组参加该电影节，我全程陪同郝先生在伊朗的行程。虽然得到伊朗伊斯兰文化指导部和电影局的大力支持，但最后还是由于档期原因，未能邀请到该剧组访华，这也从一个侧面反映其当年受追捧的程度。法尔哈迪目前常居海外，虽然堪称伊朗新锐导演的旗帜，但伊朗国内对其有不小争议，比如立场保守的《世界报》认为法尔哈迪的影片获奖不是光荣，而是"耻辱"和"背叛"。巴斯基民兵组织称他是一个"完全西化了的导演"。

现年59岁的马吉迪介于阿巴斯和法尔哈迪之间，是伊朗中生代电

电影《天堂的孩子》海报

影导演领军人物，有评论称阿巴斯是"伊朗的黑泽明"，马吉迪则是"伊朗的斯皮尔伯格"。 1998 年，马吉迪导演的《天堂的孩子》成为首次获奥斯卡最佳外语片提名的伊朗影片；1999 年《天堂的颜色》延续辉煌，蝉联蒙特利尔电影节最佳影片奖。后来，他创作出反映难民生活的《巴伦》，用细腻的功力在纯情中刻画情感，真实再现了"尘埃里开出的花"。以上三部影片 2009 年被《华盛顿观察家报》列入伊朗 10 部经典名片。马吉迪的最新力作是 2015 年出品的《穆罕默德·真主的使者》，再现伊斯兰先知的青少年时代。此片七年磨一剑，一改此前清新的文艺风格，气势磅礴场面恢宏，是伊朗历史上投资最大、票房最高的影片。由于耗资高达 3000 万美元，几乎相当于伊朗所有影片一年的制作经费，该片挤压了其他电影的生存空间，也因此遭到一些伊朗电影人的非议。

中国观众知道马吉迪，大都是从《小鞋子》（该片投资仅 2.5 万美元）开始的。该片本名《天堂的孩子》，根据该片改写的故事入选了伊

马吉迪在北大作讲座后与观众合影。

朗初中语文教材、日本中学英语教材。由于《小鞋子》在央视电影频道播出后声名大噪，国内观众大多知道《小鞋子》而不知其本名，为避免混乱，下文提到该片时也都称"《小鞋子》"。

"我想拍中国片"

2018 年 11 月 5 日，刚下飞机的马吉迪就被邀请到北京大学外国语学院举办电影艺术讲座，吸引了来自北京多所高校的师生 100 多人听讲。马吉迪在与师生互动时表示，中国文化底蕴丰厚、博大精深，希望有机会拍一部中国题材的影片。

在讲座上，马吉迪分享了 2008 年受邀参加"国际导演拍北京"执导北京城市宣传短片《飞扬的五环》的那段往事。他说："我拍了两个月，往返北京多次，了解了这座城市的面貌，也对中国有了大概印象。挺难的，拍一个只有 5 分钟的短片，要展示具有数千年历史的北京。不过，这对我来说是一次很珍贵的机会，让我走近了中国的历史文化，毕竟伊朗和中国自古以来就通过丝绸之路交往了。历史证明，那些文化底蕴丰厚的国家，在众多领域都能获得成功。这个规律中国也不例外，中国博大精深的文化，中国人民的勤奋努力，这些都是世界交口称赞的。"

马吉迪说，2008 年奥运期间他曾参观北京市一所体操学校，孩子们努力拼搏的精神、对冠军荣誉渴望的眼神，令他至今难忘。虽然当年拍摄过一部北京城市宣传短片，但感觉不过瘾，希望有机会拍一部纯中国题材的剧情片，尤其是儿童片。曾陪同阿巴斯导演筹拍《杭州之恋》的中国国际广播电台第一代波斯语播音员温业浔老师表示，乐见两国影视界的合作，希望阿巴斯未能完成的遗愿，能在马吉迪身上实现。

除了孩子，北京老人积极向上的生活状态也给马吉迪留下了很深的印象。"我在公园里看到老人们唱歌，像孩子一样高兴。另外，我看到街上不少老人戴着红袖标，据说是协助交通和治安工作，这让我感到新奇和兴奋。要知道，在不少西方国家，老人属于被遗忘的人群，而在中国，他们在社会上还有很重要的位置。"

谈伊朗电影成功秘诀

伊朗电影多年来在国际电影节上屡获大奖。近年来的北京电影节和上海电影节上，伊朗电影人也积极参展，捷报频传。比如，2012 年，讲述两伊战争的伊朗影片《熊》获上海国际电影节最佳影片"金爵奖"；2016 年，《姐妹》获北京电影节最佳女主角奖；2017 年，《筹款风波》获上海电影节评委会大奖。值得指出的是，《熊》的导演克斯罗·马素米 2004 年曾凭作品《代价》夺得金爵奖，这也使他成为首个双金爵得主。而《姐妹》和《筹款风波》则都是年轻导演的处女作。

马吉迪在北大与师生交流时表示，伊朗电影取得的成就得益于伊朗

马吉迪在北大为影迷签名。

文化根基深厚。他说："文学是我们艺术创作的坚强后盾，特别是诗歌，可以说我们的艺术都从文学中吸收营养，文学是一切艺术的基础，伊朗因为文学根基深厚才能屹立于世界艺术之林。伊朗电影自然也受到伊朗文学特别是诗歌的影响，今天你们在影片中看到的这些人性闪光点，都根植于我们的文学，吸收了莫拉维、哈菲兹、菲尔都西、萨迪、哈亚姆等大诗人作品的营养。"

但马吉迪也坦言，目前伊朗电影也存在问题，比如类型和主题重复，创新的好作品少。另外，商业化的冲击也令人忧虑，他认为这是个世界现象，中国也不例外。谈到中国电影，他提到陈凯歌导演，表示很喜欢他的《霸王别姬》，但由于商业片的冲击，现在类似陈凯歌这样优秀导演的作品在中国也少见了。

在北影被感动

11月6日晚，"童眼看世界——伊朗电影大师马吉德·马吉迪作品展映交流暨名誉教授授予仪式"在北京电影学院隆重举行。本次活动展映了马吉迪导演的两部经典影片《小鞋子》和《麻雀之歌》，吸引了大量影迷朋友前来观看，放映现场座无虚席。

第39届莫斯科国际电影节圣乔治金奖最佳影片得主、北影导演系乔梁老师谈了自己观看《小鞋子》的感受："20年前我看这部片子被感动得流泪，今天跟同学们重温大师作品，再次因感动落泪。这表明，这部片子的价值并没有随时间的流逝而褪色。"

在观众互动环节，电影学院2015级学生马越同学讲述了自己跟《小鞋子》的故事，令马吉迪深受感动。过去三年，马越利用假期经常骑着摩托车、带着放映设备去为山区的孩子们放电影。有一天，他为孩子们放了《小鞋子》，影片放完后，孩子们被深深打动，模仿影片中的镜头，快乐地跑来跑去。他通过一张张发自内心的笑脸感受到：现在中国山区的儿童最缺少的可能不是物质，而是一扇让他们看到外面世界的窗户，而电影是打开这扇窗的最好途径。为此，他一直坚持为孩子们放电影，最常放的就是《小鞋子》，因为这是一部对孩子最具影响的电影，给他们带来希望。

马越同学讲完后，导演两次起身向他鞠躬致谢。马吉迪说，《小鞋子》获过很多奖，得过很多荣誉，但是这种为山区儿童放映电影的行为才是最珍贵的，是对电影艺术的最高褒奖。

北京电影学院领导张建老师授予马吉迪名誉教授证书。马吉迪表示，非常开心能来北影与师生交流，也很荣幸成为北影名誉教授，并向学院赠送影片《小鞋子》和《麻雀之歌》作为教学使用。

马吉迪做客 2018 吴天明青年电影高峰会大师讲堂。（供图：吴天明电影基金会）

小童星的幕后故事

11 月 7 日，马吉迪出席此次北京之行的重头戏——做客 2018 吴天明青年电影高峰会大师讲堂，讲述伊朗电影的魅力。 5 个半小时的课程，吸引了 700 多人听讲，现场交流互动热烈。马吉迪以《小鞋子》为例，融合自己在电影领域 20 多年的经验，从一部影片的完整拍摄过程到如何成为一个真正的导演，倾其所有和现场的青年电影人进行了一次深入的探讨。

《小鞋子》影片完成后，两位非专业小演员带来的惊喜为影片增色不少。马吉迪在课堂上分享了当年寻找小演员的故事：

剧组分成三组寻遍德黑兰的小学，看了 6000 人，才最终找到剧中的兄妹俩，期间过程充满妙趣：出演阿里的小男孩哈什米安，当天因为忘带作业本被老师用画笔敲了脑袋，正趴在桌子上哭。马吉迪和他的团队走进教室，坐第一排的哈什米安抬起头，泪眼婆娑的样子吸引了导演，马吉迪招呼他出去。小男孩害怕不敢起身，以为是学校督察来抓他，心说自己只不过忘带了作业本。马吉迪过去和蔼地拍了拍哈什米安的后背，问了他几个功课上的小问题，小男孩学习不错都答对了，然后就愉快地跟他出来了。

出演妹妹萨拉的小姑娘则是来自一个比较富裕家庭的娇小姐，全程需要母亲陪伴才肯出演。她对剧中要穿的旧衣服和鞋子都会排斥，当演到穿哥哥的破球鞋去上学，鞋子掉水里要用手捞上来时，着实很难为情……

对毫无表演经验、大家感觉不好把控的儿童演员，马吉迪很有耐心。他是演员出身，除了亲自给小演员作示范，还在课堂上传授了自己的独门技巧："镜头并非只在正式拍摄时才启动，而是时刻准备捕捉小演员的喜怒哀乐，甚至会为了捕捉影片中适合的情绪而制造一些激发演员情绪的小事故，并及时捕捉当下演员的真情实感。"

值得一提的是，小阿里扮演者哈什米安此后的生活经历颇为曲折。他在接受伊朗媒体采访时说："阿里在电影中经历的，我都经历了。《小鞋子》上映后不久我父亲破产了，我不得不辍学跟他出去打工，学会了刷油漆，多年来我就一直干这个，当告诉别人我是《小鞋子》主演时，大家都以为我吹牛。这个剧组别的人后来都很风光，除了我。内心的失落，让我沾上了毒品，吸毒持续了七年。我跟邻居家女孩结了婚，婚后一年多，妻子才知道我吸毒，后来因为要孩子，在妻子帮助下，我才戒了毒。"

哈什米安扮演小阿里的照片是上了伊朗中学教科书的，他的状况被媒体报道后，热心人士发起了一场"抢救阿里"行动。在马吉迪和其他业内人士帮助下，干了十多年油漆工、而立之年的哈什米安重返影视界，最近在热播剧《基米娅》中扮演了个重要角色。扮演妹妹萨拉的小姑娘后来没有从事影视业，目前在一家慈善机构从事救助贫困儿童的工作。

陷入政治漩涡的艺术家

为避免麻烦，不少伊朗艺术家都选择远离政治，但马吉迪毫不掩饰自己的政治倾向。他是改革派的坚定支持者，也为此付出了代价。

2009年伊朗总统大选期间，我担任国际台驻伊朗记者，目睹了改革派掀起的"绿色运动"的火热景象及此后的骚乱。马吉迪也深深卷入了这场政治风波。他担任改革派候选人穆萨维的高级顾问，为其制作了竞选宣传片，呼吁文艺界人士投票给穆萨维。穆萨维在伊朗青年学生和知识界中支持者众多，但最后大选结果是内贾德成功连任。改革派支持者对此强烈不满，认为存在舞弊，纷纷走上街头抗议，由此引发了伊斯兰革命以来最严重的一次政治危机，改革派候选人穆萨维、卡鲁比至今被软禁。马吉迪批评政府镇压抗议者，也因此受到保守派阵营的各种攻击。

当年9月，伊朗最高领袖哈梅内伊与文艺界代表举行了一次座谈会。马吉迪也受邀出席，他在会场情绪失控，称自己受到不公正待遇，宣布禁止伊朗国家电视台播放他的影片。

座谈会轮到马吉迪发言时，他声音哽咽、眼含热泪对哈梅内伊说："先生，我现在感到心焦，我的状况很不好。今天为什么会变成这样呢？充满了谎言、辱骂和不道德行为。"当时伊朗声像组织（国家广播电视机构）主席坐在台下第一排，马吉迪冲着他说："我现在宣布，电视台以后无权播放我的电影，因为你们把我列入了黑名单，这个黑名单我亲眼见过。"

本文作者罗来安采访马吉迪时合影

马吉迪发言结束后，会场一时鸦雀无声。哈梅内伊以亲切和蔼的声调打破了沉默，他说："马吉迪先生是艺术家，有着纤细敏感的灵魂。艺术家的特点是能看到平常的眼睛看不到的东西。这一点我完全认同，你的这些警告我记住了。"他劝诫马吉迪不要悲观失望，要看到苦黄连的旁边也有甜点，称对他有很高期待。

这次见面会后，马吉迪的处境得到改善，此后数年专心投入到新片《穆罕默德·真主的使者》拍摄中。

美伊矛盾长期以来是媒体关注的焦点，我记得 2008 年采访马吉迪时，注意到他穿了一件带有美国全美广播公司（ABC）标志的毛衣，当时颇感惊奇，就此询问他对美国的看法，马吉迪当时的回答很平和："我们和美国人民任何时候都没有问题，我和美国电影同行以及普通美国人的联系都很密切。我的电影在美国很出名，经常被放映，我也常去美国。"

但是，特朗普总统上台后，全面收紧了对伊朗的制裁，给伊朗民生造成巨大影响。马吉迪对此反应激烈，此次北京之行中多次抨击美国的做法："美国殖民了我国 50 年，后来他们的利益没保住，因此制造一些针对伊朗的不真实的舆论。"他强烈谴责美国对伊朗进口药品的制裁，称这是面对伊朗抵抗软弱无能的表现。

后记

根据本文截稿前得到的最新消息，2019 年 1 月，马吉迪导演应中国电影集团邀请再次访华。1 月 13 日，他同中国儿童电影制片厂签订战略合作框架协议。根据协议，未来一年，童影厂将聘请马吉迪执导一部中国儿童题材的故事片。本协议有效期 6 年，双方将视情况开展长期合作。

在当天的签约仪式上，马吉迪非常兴奋，"伊朗和中国有很多的文化共性，希望两国电影都能进入对方市场，架起旨在增进两国人民了解和友谊的'电影丝路'"。他还赞扬了中国正在实施的农村流动数字电影项目："难以想象这项工程覆盖了中国 6 亿农村人口，伊朗也应该学习中国的做法。"

伊朗，热土难离

费庆刚（伊朗 Youshita 旅行社中国部经理）

费庆刚在伊朗萨德阿巴德王宫
门前留影

2011 年 11 月 22 日，在好友的邀请下，我第一次坐上了南航经乌鲁木齐飞往伊朗首都德黑兰的飞机。在上飞机之前，我对这个伊朗国家几乎一无所知。谁又能想到，四年之后，大家会渐渐地记不得我的名字，而称呼我一声"德黑兰老费"。

出发之前，家人们都有些难以掩饰的担心，他们和我一样，都对这个神秘的中东国家有着各式各样的猜测。看出了我的犹豫，我的伊朗朋友说：你们中国人都说"耳听为虚，眼见为实"，让你的眼睛告诉你最真实的答案吧。

一下飞机，我一分钟都舍不得耽搁，马上开始"工作"。对了，还没有和朋友们介绍我是做什么工作的，来伊朗干什么来了。我是个北京人，一直从事旅游行业。向中国的旅游爱好者们介绍全世界各地好玩、好看、好吃的地方，就是我的工作。来伊朗的主要目的，就是来感受一下这个国家别具一格的旅游资源。在朋友的安排下，我给自己规划了一条贯穿南北的超级路线，从德黑兰出发，经卡尚到伊斯法罕再到亚兹德、设拉子和基什岛，然后再飞回德黑兰，一路观景，一路探奇。我按捺不住激动，很快便出发了。

伊朗是个非常美丽而古老的国家，干燥的天气和高原地貌像极了中国的西北地区。走在古城卡尚和设拉子的大街小巷，又会有身处新疆喀什的错觉。一望无垠的荒漠中点缀着片片的绿洲，放眼望去，天地宽阔，顿生坦荡无垠之感。伊朗的两端和海洋相连，北部有里海，出产世界顶级的鱼子酱，南面是波斯湾和印度洋，狭长的霍尔木兹海峡是海湾地区石油输往世界各地的唯一海上通道。

中国人对伊朗似乎是陌生的，而伊朗人对中国却好像非常熟悉。走在伊朗的不同城市，总会有很多的伊朗人看到我的面孔后主动对我说着"你好、谢谢、不客气"之类的中文词汇。他们对中国人极其热情，常常会有人要与你合影，他们称呼中国人都是"亲"。一开始，我以为是受网络流行语的影响，后来慢慢意识到是"秦"时，更感到恍如隔世。丝绸之路，那条沟通东西方的纽带，还鲜活地延续着！伴随着"chinni?（是中国人吗？）"的疑问句，我才知道原来波斯人称呼中国为"秦（chin）"。这真的让我感到惊讶。20 多天的行程，无论是古老苍凉的设拉子、婉约温柔的伊斯法罕、时髦现代的基什岛，还是令人流连忘返的波斯地毯编制技艺和食指大动的牛羊肉料理，都让我一次又一次瞠

费庆刚在伊朗国家旅游局大门
前留影

目结舌！这里是被忽略的旅游胜地，这里是拥有勃勃生机的明日市场。伊朗之行，虽然只有短短的 20 多天，但毫无疑问是一次难忘的旅程，有惊艳，更有意外。异域文化的惊艳，应该是意想中的，否则我也不会"冒生命危险"去伊朗考察，但伊朗的安全状况却出人意料：不仅安全，而且是十分安全！仔细想想也不奇怪，世界的话语权尽掌握在欧美手里，对于中东地区的报道，不是战争、难民就是恐怖袭击，而伊朗，自然也无法幸免。

考察结束回到北京，我告诉我的合伙人，我要去伊朗创业。对旅游的热爱让我觉得，把这个美丽、安全的国家介绍给所有曾经和我一样对她抱着错误认识的同胞们，是我的一份责任。很快，我就开始着手前期准备工作。在伊朗成立一个接待中国游客的旅行社，是我的基本工作目标和方向。开始真正接触和伊朗有关的具体事务后，我才开始体会到开发伊朗旅游产品的别样艰难。

费庆刚与伊朗酒店签约后合影。

　　因为长期没有解决的核问题，伊朗受到国际制裁，钱是无法通过正常的银行渠道到达伊朗的。伊朗的签证、酒店、餐厅、旅游车的操作规则和办法与中国也大不相同，这些问题困扰了我很长时间。很多次，投入的无数精力和财力都无果而终，朋友都劝我，是不是要改变一下自己的想法。可能是因为性格里有爱冒险的因素，还有多年从事旅游业的直觉，我一直咬牙坚持。在我眼里，伊朗是一个巨大的市场，是一片未开垦的处女地，困难是暂时的，未来是美好的。正因为困难，所以才会有更好的收益。

　　时隔两年后，2013年10月，我再次来到伊朗，与伊朗的旅行社合作，接待从中国来伊朗旅游的游客。刚开始，伊朗的导游只会讲英语，通过中国领队的翻译也总是不能很好地表达和传递伊朗历史遗迹、宗教文化的特性。很多来伊朗的同胞告诉我，他们来到伊朗旅游，如果没有听到一个好的讲解，旅行的意义将大打折扣。听到他们的不满，我深感羞愧，

中国旅游团在帕萨尔嘉德。

这是我的工作没做到位。我立刻开始着手编写一份通俗易懂的伊朗景点中文导游词。在请教了德黑兰大学孔子学院的教授，在德黑兰读书和工作的中国人及伊朗方面的旅行达人、导游、司机之后，我用了两个月的时间，终于完成了《图说伊朗——伊朗景点详解》的中文导游词，并用我的网名"老思想家"发表在中国著名的旅游网站上。值得高兴的是，现在，伊朗的导游在接待中国游客时都是使用我的这本《图说伊朗——伊朗景点详解》的中文导游词。后来，通过朋友的介绍，我们又和北京的凯撒旅行社取得了联系，成为凯撒赴伊团组的主要当地接待商。现在，我们接待的中国旅客从刚开始的每月十几人已经上升到每月 100 多人，越来越多的人开始对来伊朗旅游产生兴趣。

在伊朗工作的日子里，有苦有乐。除了伊朗的各项旅游基础设施较为落后、硬件接待水平不高的问题以外，最大的困难体现在两国的商业文化差异上。和伊朗人做过生意的中国人普遍有这样的感触：在只谈意向、没签合同的阶段，你会感受到伊朗人十足的热情。他们从来不会对客人及合作伙伴说"不"，反之，他们总会说"放心交给我！一切都没有问题！"即使实际上并没有能力完成这件事，他们碍于文化习惯也总会先答应下来。当真正需要落实这件事的时候，他们又会说："请你等等，再耐心等等。"当你相信了这番说辞，等过了一段时间再追问时，他们的答复又遥遥无期了。有人说，这是因为伊朗人注重客套、礼貌和面子的文化，和他们谈事的时候，他们的很多承诺你都不能太认真。由于伊朗近年来的封闭状态，伊朗人并未享有信息实时交流与共享的便利，这导致伊朗与其他国家的文化和技术不能良好地接轨。我刚来伊朗的时候，每天花大量时间跟伊朗员工解释中国和西方较为先进的经营理念。许多伊朗人拒绝接受外国先进的管理理念，他们十分倔强，认定伊朗的方式就是最好的。比如，我让员工制作一张记录伊朗所有酒店联系方式的表格，这样可以大幅缩短查阅信息的时间，但伊朗员工却十分不解，甚至拒绝制作。他们认为每次需要时再拨打"118"（伊朗的查号台）查询，才是节约时间的方式。正是因为这种两国文化和思维方式上的巨大反差，公司在伊朗的工作效率十分低下。

来过伊朗的中国人都知道伊朗的网速令人难以承受，QQ 的直传文件经常中断，信息量大的图片根本无法传送，这导致很多的工作无法快速地完成。更令人沮丧的是伊朗实行波斯历法，不与世界通行的公历接轨，所有订房的信息都必须转换成波斯历法的日期，这让我简直不知道如何是好，总担心会把团组的日期搞错。尽管经历了无数的心酸与坎坷，现在，我也了解并且理解了伊朗。

但是，在伊朗工作的日子里，我也发现了很多令人惊奇而又有趣的事情。伊朗人在 5000 多年前就建立了他们历史上第一个国家——埃兰王国，这个王国后来还灭掉了两河流域的巴比伦王国，将铭刻有世界上第一部法典——《汉谟拉比法典》的石柱运回自己的都城苏撒。2500

导游在波斯波利斯为旅行团作讲解。

多年前，波斯帝国成为世界上第一个横跨欧、亚、非三大洲的军事帝国。波斯帝国与希腊的三次战争之后，诞生了"马拉松"长跑运动。奥林匹克的圣火传统也受到伊朗的原始宗教"拜火教"的深刻影响。琐罗亚斯德教（拜火教）的圣火延续至今，仍熊熊地燃烧不息。

虽然在阿拉伯人统治时期改信伊斯兰教，但伊朗人至今仍然保持着一夫一妻制的观念。天鹅是伊朗人最喜爱的动物之一，他们认为天鹅是忠贞爱情的象征。伊朗人似乎天生就是精明的商人，在古代丝绸之路上，地理优势造就了波斯的东西方贸易货物集散地和中转站地位，许多波斯人常年往返于中国与欧洲之间，把丝绸、瓷器和茶叶带到欧洲。

伊朗人先天有着语言的天赋，这是因为他们历代游走于丝绸之路，长期与沿线众多的国家和民族做生意打交道。波斯语中有来自中国的外来语，比如茶叶（chai），以及伊朗人称呼中国为"秦（chin）"——

想来当年的波斯人与秦国人交往非常紧密，以至他们至今还这样亲切地称呼我们。在伊朗，我还发现了一个令我大吃一惊的现象：伊朗与日本这两个看起来关联不大的国家，他们的跪坐姿势却完全一样，而我们中国人却早已不会像唐朝人那样跪坐了。这跪坐的姿势是以中国为中心东传西送，还是以伊朗为源头而西向东输呢？不得而知。

古代波斯与中国有着密切的交往，在中国有着很多的印记。秦国人应该是最早与波斯交往的中国人，不然波斯人也不会称呼中国为"秦"。虽然史籍记载不多，但"秦"的称呼已让我们引申出无限的遐想：2500年前，波斯人已经开始往来于中国的西北古道上，驼铃清脆，马蹄嘚嘚，丝绸和茶叶被源源不断地运往波斯和欧洲……

伊朗人民热情好客，礼貌恭谦，这对于从事旅游业的人来说，简直就是一个最为宝贵的资源。中国游客所到之处，总是不停地有伊朗人上前问候合影，并邀请中国客人到家里做客。很多中国游客来到伊朗的感觉，就像一个明星被众多粉丝热爱着、追逐着。

"波斯"与"秦"，记录着遥远的友谊。波斯，这个中国人唠叨了数千年的名词，如今，我就在这里开垦着这片古老而又生机勃勃的处女地。

创业之路在慢慢地向前迈进，所幸，在很多中国朋友和伊朗朋友的帮助下，我总算是磕磕绊绊地走到了今天。2019年，我就56岁了。"五十知天命"，按理说，这个年龄应该好好休息，不要再"折腾"了。朋友让我回国享享福，不要那么拼了。我说，热土难离啊。我希望，有更多的人能够通过我和我的工作了解伊朗，伊朗有个"费哥"，在等着大家来玩呢。

中国好邻居

穆吉塔巴 · 普亚（中国国际广播电台波斯语部记者）
罗来安 译

2008 年初冬的一天，经过一天紧张忙碌的工作，我晚上 10 点多才回到家。我一身的疲惫，戴着耳机听音乐，进门后半躺在沙发上不想动弹。我租的房子离工作单位不远，建筑有些年头，设施比较老旧，但租金便宜，也有门卫，住得踏实，因此也没想过要搬家。

那几天开始试供暖，我住在顶楼，因此需要多次反复打开暖气管阀门放气。我想可以一边听着音乐，一边等着放气，两不耽误。转眼一看，时间已快 12 点了，放一会儿气再去睡觉正好。于是，我拧开放气阀，空气逐渐排净，开始冒出咖啡色的水，然后变半透明了，我觉得差不多了，就想把放气阀拧上。但是，阀门的塑料片碎了，我无论怎么弄都拧不上，看来，这东西今天寿终正寝，要罢工了！

暖气管中的热水随着压力增大，开始不断往外喷涌，我唯一能做的就是用手指头摁住那个排气孔，感觉热得快撑不住了再换手指。怎么办？我脑子飞快地转着：我在这个公寓独自居住，没有熟人，深夜 12 点了，我的同事这个点儿都该睡了，即使有人没睡，离我最近的也有几公里，如果他能赶来，到我家也要一个小时……

最后，我考虑只能给刚认识不久的邻居老寒打电话，叫他过来帮忙。手机在离我 5 米远的地方，我暂时放开出水孔，迅速跑过去拿起手机，又快速返回，一只手接着摁住出水口，另一只手翻电话簿，找到了老寒的电话。没办法过多解释当时的情况，我只能抱歉地说："请快来我家，

穆吉塔巴·普亚与老寒在内蒙古
成吉思汗陵。

我需要帮助。"差不多过了 10 分钟，老寒穿好衣服过来了。

在等他来之前，我被迫放开出水孔几秒钟，跑去把房门打开。寒大爷终于出现了，他睡意蒙眬的样子，带着奇怪和警觉的表情。我为跟他打招呼，手指又离开了下出水口，喷射的水柱终于把他彻底惊醒了，他赶紧给维修工打电话。

很快来了两位维修工，他们找出各种零件，但都安不到暖气片上。于是他们削了段木头，临时堵住出水孔。他们又回去拿工具，临走让我把电器转移到安全的地方。回来后，两人又忙了两个多小时，终于把出水孔堵住了。但地上已到处是水，一片狼藉。到凌晨 3 点，才终于恢复了正常。忙了大半夜，两位工人师傅、寒大爷和我都又困又乏。

很多年过去了，每次想起那次"水灾"，我就会记起我的中国好邻居老寒。我在北京的头五年都住在石景山依翠园那边的一栋老房子里，我们一直保持着联系，他给了我很多帮助。

2006 年，我第一次来到中国，踏进北京这座城市，不但没有文化的隔阂，相反，我很快就爱上了这座城市和这里的人们。我是因为应聘到中国国际广播电台波斯语部工作而来到北京的，之所以能得到这个工作机会，除了多年的学习和工作经历，还有一个重要原因是我对各民族文化充满好奇，平时热衷于积累相关的知识。有一点我不理解：很多人只是满足于听一些道听途说的消息，却不知因此错过了很多精彩的真相。

那时候中国改革开放已经 30 年了，随着经济社会的发展，中国开始更积极参与国际事务。2008 年北京举办奥运会，城市因此更加热闹和繁华。到处是建筑工人、出租车司机、大学生、志愿者，为接待好成千上万的外国人，各行各业的人都投身其中。很多世界大公司为获得进入中国巨大市场的机会，也在激烈角逐。因此，我在这里也看到很多热爱中国的外国人在奋斗着，他们努力学习中文，争取尽快熟悉古老的中国文化。我除了电台的工作，也开设了个人微博，跟伊朗朋友分享我在中国的经历，空闲时间努力学习中文。

今天，即时通信非常发达，大大方便了人们在虚拟世界的社交。但那时还没有微信、智能手机这些，真实的社交更多，也更有意思。一个小小的求助，比如出行时间个路、逛商场问价格、参观博物馆咨询古建筑信息等，类似的互动都可能发生点故事，产生一段友谊。但今天，这些事情可以通过智能手机完成，人们通过聊天获得类似信息的需求没了。

我和邻居老寒的认识缘于大概一年前一次简单的交谈。仲秋的某天，我回家时碰到他牵着两只小狗在等电梯，他用英语问我："你怕狗吗？"我说不怕。我有点奇怪他会说英语，因为我来了几个月，发现很多中国人特别是老人都不懂英语。由于我不会中文，因此除了同事，我没什么中国朋友。他谦虚地说，他的英语不太好，如果我愿意，我们可以一起吃饭聊天，增进了解，同时锻炼英语口语。我很高兴结识一位中国朋友，特别是我可以用英语跟他联系。

老寒告诉我，他是蒙古族，老家在内蒙古，但在北京生活快 60 年，很多年没回老家去看看了。我有些激动地告诉他，我从小就渴望有一天能有机会去看看蒙古人生活的地方，因为我读过不少关于蒙古族的历史书，我的家乡赞疆离蒙古人建立的伊利汗国的都城大不里士和马拉格都不远，现在有了亲身接触蒙古族人的机会，非常令人激动。

我的激动是真实的，但没想到的是，这位刚认识才聊了几句的异国老人马上给了我一个热情的建议：利用最近的一个假期——国庆黄金周，跟他一起去内蒙古玩。我马上接受了他的邀请，不过也想：这也许是老人对一个外国人的客气吧？不应该太认真的。不过，在他牵着狗走出电梯前，我留了他的电话号码。

就是缘于这次简单的相遇，在到中国的头五年里，我几次跟老寒和他的家人去内蒙古，终于有机会亲眼见到那片"风吹草低见牛羊"的美丽土地，也认识了很多热情好客的蒙古人。我的旅程跟普通外国游客不一样的地方是，他们往往去的是商业开发好的旅游点，而我去的是很偏远的地方，甚至很多中国人都没到过。我到了一些偏远小村庄，见到草原深处的蒙古人家，他们都说我是他们见过的第一个外国人。通过老寒的翻译，我跟他们进行了交流，书本上学到的知识得到了检验和加强。

随后的日子里，我们的交往还在继续。我们经常找由头跟老寒一起到附近餐馆吃饭聊天，有时他和家人或朋友吃饭也会把我叫上。我很享受中国美食，更享受这份珍贵的友谊。随着对中国了解的增多，后来我可以独自去旅行了。我行前通常都会告诉老寒要去哪里，他每次都热心地给我一些安全方面的建议，有几次还给他在当地的朋友打电话，要他们去车站接我和招待我。

穆吉塔巴·普亚
在内蒙古和骆
驼亲密接触。

　　在北京工作五年后我回到伊朗，我们的联系还维持着。我会不时打电话问候他，以及他的夫人和女儿。老寒常说想到伊朗去旅游，我也总是邀请他，希望能尽点地主之谊，好补偿这么多年来他对我的关照。但是，听说他女儿身体不好，而且他也年事渐高，因此一直未能成行。

　　2015年，我又回到中国工作，我们再次见面了。但是，没想到这次见面后不久他就告诉我，由于他女儿病情严重，他们一家不得不回内蒙古去生活了。

　　很遗憾，我已经有很长时间没有老寒的消息了，他的手机也没人接听。我希望这只是一个小小的意外，比如手机坏了或者丢失。我至今还抱着希望，祈祷哪天能再次见到我的中国好邻居老寒，愿他的女儿早日康复！

波斯女孩莎米劳

郭小霞（中国前驻伊朗使馆外交官夫人）

初识神秘的伊朗

当周围朋友得知我准备前往伊朗的时候，都露出担心的表情，因为大家从电视新闻上得知那里非常危险。我也不停地脑补那里的情景，想象着德黑兰光秃的高原，一片杂乱的景象；此次带儿子前去，如果条件实在太艰苦，就早点打道回府。2012年10月，我带着两岁的儿子登上由北京飞往德黑兰的航班，一路忐忑不安又充满期待。同时，我心中也有一个很笃定的想法：那里应该不会有生命危险。出海关后，看到早已在此等候我们的先生，心里顿时踏实了许多。

第二天，先生要去上班，走之前交代我们在家好好倒一下时差，但我按捺不住内心的好奇，悄悄出了门，前往使馆附近的一个公园走走。高高低低的山城，所有道路、建筑等都是顺应山势而建，甚至有时还有台阶，所以推儿童车走路很困难。但一路上，我遇到好多热心人的帮助。陌生的大胡子波斯男人和穿着黑色罩袍的波斯女人热情地帮我抬车，还不停地往孩子手中塞干果和椰枣。我之前忐忑紧张的心情在这种热情友好的氛围中慢慢地放松了下来。回家时，途经一家香气四溢的蛋糕店，我实在经不住美食香气的诱惑，就进店挑了几块蛋糕。排队结账时，我才猛然发现手里的钱是人民币。最后，我只好尴尬地跟收银员讲，因为我没带当地的货币，蛋糕就不要了。戴着黑头巾的漂亮女售货员很善意地笑笑，说我可以把蛋糕带回家，没关系的。那怎么好意思呢！但她执意要我带走，既没问我要家庭住址、电话号码等信息，也没说什么时候要我还钱之类的话。我当时就被这无条件的信任感动得有些发懵，幸福来得太突然了！后来，我把这件事情讲给朋友时，才知道他们也都有过类似的"幸福时刻"。波斯人的热情真不是盖的啊！

后来，随着生活稳定下来，我渐渐喜欢上了伊朗的藏红花、干果以及带有纯奶油的点心。再后来，我不再满足表面感受波斯民族的热情好客，决定学习波斯语，以便与他们更深入地交流，走入他们的内心世界。于是，我决定去中东著名学府——德黑兰大学国际语言中心学习波斯语。

偶识莎米劳

填表注册等一系列入学手续办妥后，就进入了紧张的学习中。早上9点开始上课，学校周围停车位非常紧张，为了能抢到停车位，我就早早地把孩子送到幼儿园。有时候，由于来得太早，孩子不得不一个人在偌大的教室里等着其他小朋友的到来。我选修的是波斯语强化课程，也就是将通常需两年时间修完的课程压缩到一年。课程共分为六期，每期一个半月，考试合格才能进入下一期的学习。第一期的时候，我学得特别辛苦，既要照顾孩子，还要操持家务，每天夜里写作业都要到后半夜才能完成。孩儿爸看我太辛苦，曾多次劝我放弃。但性格要强的我，不愿就这样不明不白地半途而废。但由于没有时间也没有机会出去与当地人交流练习，我自己心里其实也很焦急，真的不知道能否坚持下去。

2013年冬，儿子就读的幼儿园举办万圣节活动，要求给孩子准备一套南瓜色的衣服。我跑遍使馆周围的大商场，都没找到合适的衣服。晚上带孩子去旁边的公园遛弯时，无意中看到使馆附近有一家不太起眼的儿童服装店，我就抱着碰碰运气的想法，走进店里看看。店主是一男一女两人，我开始以为是夫妻店。一进店门，我就用蹩脚的波斯语询问有没有南瓜色的儿童衣服，那个波斯女孩热情地问我是不是中国人，我回答是。她便用中文流利地和我打招呼："你好！你怎么样，孩子几岁？"我既欣喜又好奇，问她你怎么会中文。她说，她很早就开始喜欢中文了，还会唱些中文歌，然后就用中文给我唱生日快乐歌。然后，她说自己想学中文，问我可否教她。太好了，我也正想找个当地人学习波斯语呢！我建议，我教她汉语，她教我波斯语。她痛快地答应了，并告诉我她叫莎米劳。最后我们约定，每天下午我放学后、孩子放学前去她店里练习一个小时。

第二天，按照约好的时间，我拿着课本去店里，发现莎米劳不在。我就问那个波斯男人："你妻子什么时候回来？"那个憨厚的波斯男人乐了："她是我妹妹，我是她哥哥。"我赶紧对自己的大意表示歉意，他笑笑说没关系。当我们正聊着时，莎米劳回来了，面带歉意地解释说临时有事出去了一会儿。等她稍作休息，我们就开始练习波斯语。她先听我读课文，然后帮我纠正发音，最后又帮我录音，让我回家再练习听力和发音。每次教我时她都很认真，不厌其烦地一遍遍给我纠正发音，直到我发音准确为止。有时我感到过意不去，就时不时把从中国带来的小礼物赠送给她，她也时常给我和孩子送些小礼物。最让她爱不释手的礼物是一双中国筷子，当她看到印有中国龙图案的筷子时，开心得像个孩子，两眼放光，迫不及待地让我教她如何使用。她还不止一次地告诉我，如果有机会，她一定要去中国留学，好好学习汉语，更深入地了解中国文化。

关于莎米劳的点滴轶事

2014年春节前夕，使馆举行"欢乐春节·走进伊朗"活动。我邀请她来使馆参加活动，平时不爱打扮的她，那天早早去做了头发，化了漂亮的淡妆，还特意涂了"中国红"的口红，穿上只有重要节日才会穿的正式衣服。她还特意把患喉癌的父亲带来了，老人家因遭受癌症的折

郭小霞和家人应邀到莎米劳家做客。

磨，面容憔悴，很久没有出门了。但那天，老人家一身正装，虽然身形消瘦，但眼睛里仍然闪烁着兴奋的光芒。据说，早年他曾在德国生活多年，向伊朗出口汽车，生意相当红火，有空时也常看李小龙的功夫电影，对中国文化也挺感兴趣。伊斯兰革命后，由于美伊关系恶化和国际制裁，生意不好做，他就从德国回到了伊朗。后来，老人又遭受中年丧妻之痛，没过两年又患上了喉癌，靠坚强的意志挺过了好多年。那天，莎米劳还告诉我，她父亲是刚从医院做完治疗回来，不顾医生建议坚持要来使馆参加中国春节活动。我听后很感动，特意找了个印有"福"字的红信封，装了 300 万里亚尔（约合人民币 600 元）作为新年红包，让莎米劳转交给她父亲，并说"按中国的传统，红色和'福'字能给病人带来好运"，她听了很开心，但只收了 50 万里亚尔和那个红色信封。第二天，她父亲让莎米劳给我儿子买了个遥控汽车，说是他的心意，不可以拒绝。

莎米劳不但在语言学习方面给了我很大的帮助，在日常生活上也给予我无微不至的关心。2015 年冬季，我不知什么原因连续咳嗽了一个多月，低烧不退。附近的医院都去过了，始终没见好转。她知道后，就四处帮我打听如何治疗，并帮我约了德黑兰比较好的私人医生。那天，她哥哥也临时有事出去了，她就干脆把服装店关了，开车带我去了很远的一个诊所。医生给我开了药方，但其中一种药跑了几个药店都没找到。最后，她发动身边的亲朋好友才帮我找到那种药。病情好转后，我要请她吃披萨以表达谢意，她很爽快地答应了。但结账时，她却执意要尽地主之谊，不让我买单。在这里生活时间久了，我慢慢发现，伊朗和中国在文化传统方面有很多相似之处。

2016 年初，习近平主席成功访问伊朗。根据安排，习主席会接见使馆工作人员并合影留念。我对此期待了好久，但同时又担心需要照顾孩子，会错过这千载难逢的机会。她知道我的顾虑后，主动要求帮我照看孩子，并再三表示要我放心，她会让孩子玩得很开心的。活动结束后，我匆忙赶回店里接孩子，老远就听到孩子咯咯的笑声，我那颗悬着的心也踏实下来。现在想来，如果当时没有她帮忙，我就错失了与主席合影的机会。

帮我走进古典吉他

我是一个喜欢追求"诗和远方"的人。每当听到古典吉他名家杨雪菲弹出的动听的曲子，我就陶醉不已。一个人的时候，我常常幻想，如果我也能拿起古典吉他，潇洒地弹上一曲，那该多惬意啊。但不通五线谱的我，始终没有勇气从零开始学起。莎米劳无意中知道我的这个心愿后，表示要帮我在德黑兰联系一个好的古典吉他老师。果然没几天，她就带我去了附近的一个音乐教育中心。经过简单的了解后，感觉还不错，我便准备交钱在这里学。她却悄悄地把我拉到旁边，说这里的学费有些

郭小霞在莎米劳家品尝
刚摘下的樱桃。

贵，而且有些规定也不太合理，要带我再找找其他学校。后来，在她的热情帮助下，我遇到了我的古典吉他老师 Zahro 女士。我跟着她持续学了将近一年半的时间，从一个"音乐小白"，到慢慢地可以认识五线谱，并能熟练地弹几首曲子。

我之所以能坚持这么长期间，也与莎米劳的热心帮助分不开。老师用波斯语授课，有些专业词我理解得不是很到位，就向莎米劳寻求帮助。后来，我去上课的时候，她就请她二哥来店帮忙照顾生意，她陪我去上课并用手机录下上课的内容，遇到我听不懂的专业名词，她就用简单易懂的词汇现场给我解释。后来，我又突发奇想要学唱歌，她也自告奋勇地担当免费解说员，帮我理解波斯语歌的意境。偶尔她也会亮一亮嗓子。她嗓音条件很好，我很喜欢听她唱歌。功夫不负有心人，我跟老师学唱五个月，取得了不小的进步，也能唱几首波斯语歌了。有时候，我到她

郭小霞与古典吉他老师
Zahro 合影

店里练习波斯语后，也会唱波斯语歌给她听。她总是耐心地听我唱完，并为我鼓掌，使我信心倍增。这让我感觉虽然身在异乡，但一点也不孤独。

离别想念

后来，由于孩子要回国上小学，我就带孩子提前离任回国了。走之前，我去服装店跟莎米劳道别，她难过地哭了，硬往我手里塞了一条儿时她妈妈常常给她戴的一条手链，说是看到手链我就能想到她。我也眼圈红红的，努力抑住了几乎要掉下的泪水。亲爱的波斯姐妹，希望我们未来还有机会再见。

近期，从新闻上得知，美国又要对伊朗实施更严厉的制裁了。这对原本就不好的伊朗经济来说，无疑是雪上加霜，普通民众的生活可能会更加困苦。莎米劳，我的朋友，你在德黑兰一切都还好吗？

从陪读太太到博士留学生
——我的中国求学之路

白　玫（北京语言大学博士留学生）

我 2005 年陪丈夫来到日新月异的巨龙之地——中国。刚来中国时，我顶着很大的压力，陌生的环境、不熟悉的语言，让我觉得在异国他乡生活并不容易。为了更好地适应中国的生活，我开始学习一些简单的日常使用的汉语。当时我才 22 岁，刚结婚 9 个月就被老公带到中国的南京。来华之前，我除了"我爱你"和"我不知道"，什么中文都不会。"我爱你"还是我老公的女同学在宿舍里教会我的，那时我想给学汉语的他一个惊喜，所以请他的女同学教我用汉语说"我爱你"。这算是我学汉语的起点。"我不知道"是老公教我的，大学的时候，他经常给我上课，讲孔子、老子、孟子等的话，而且是像哲学家一样很严肃地跟我谈这些。其实那时我经常不懂他在说什么，也没有一点兴趣，但因为喜欢跟他在一起，我就装作在听他。遇到不明白的，只好让他教我"我不知道"的中文怎么说。

话说回来，我们在南京除了一位老年同事外谁都不认识，很孤单，所以每周末都安排出去玩。周一到周五的下午，老公教我汉语。我总是开玩笑对他说，你是我的"三老"——"老公""老师""老板"。他上课的时候很严格，一直说：白同学，不要笑，好好学习。晚上，他带我出去练口语。他说，如果他们明白你说的意思，那说明你汉语有进步；不然的话，你要好好在家里练习。我们每晚出去，跟小摊的老板练口语。

我记得刚学"没有"和"不要"时总是会把这两个词用混。有一次我们散步时，我看到一个布娃娃挺喜欢，老板说 si 块钱，我以为是四块，高兴地说要买。我给他四块钱，他大声地说：si 块钱，不是四块钱（因为南方人不能发浊音）。然后，我想说我没有钱，却说成了"不要钱"，老板简直要气死了，大声地说：谁要你给钱，你就不要钱了。这时，我老公站在马路边快笑死了。还有一次，在牙科诊所，护士微笑着问我："你有中国朋友吗？"我挺喜欢她的态度，但张口又糊涂了，说："我不要中国朋友。"她愣了一会儿说："那好吧。"她一下子变了态度，表情从热情变为冷漠。我当时还想，这个人怎么这么奇怪？后来我跟老公说了这件事，他大笑着说："难道你还要人家对你有好感吗？"可我很喜欢交朋友，我本来是要说我没有朋友，要跟她交朋友。经老公点拨，我才明白我又错了。从那时起，我再也没有把这两个词用混过。

开始学习汉语后，我的寂寞感渐渐没有了，感觉好多了，但在一些伊朗节日时我还是会特想家，有时候还偷偷地在阳台上哭，但过一会儿就好了。为了学习汉语，我开始看电视剧和广告，虽然广告没有意思，但我从中学会了很多生活日用品如洗发露、沐浴露、肥皂、药品等的汉语发音。正是从这些简单的日常对话中，我慢慢地喜欢上了汉语。我对汉语越来越有兴趣，觉得很有意思，每次看到认识的词就像孩子找到玩具似的，高兴地读出来。随着在中国生活的时间越来越长，我越发感受到中国文化的魅力，觉得中国文化博大精深。比如，我尤其喜欢中国的春节，觉得十分热闹，尤其喜欢春节放鞭炮、舞龙和赏花灯的传统。老公看到我的可喜变化，就让我进入大学学习汉语。于是我进入南京河海大学进行短期汉语学习，那时我已经怀孕了，每天挺着大肚子上下课。课堂上，我满脸好奇地听课；一回家，我便兴奋地跟老公讲当天课堂上的所有事情。最好玩的是认字，我为了记住汉字，把每个汉字编成一个故事，比如：宿舍的"宿"字，就是一个地方有房顶（宝盖头），里面有一百个人。就这样，我一个一个字地编故事，想象力越来越强。但因为家庭原因，我没能继续学习。

我怕家人担心，怀孕后就没有告诉任何人，直到满 7 个月回国准备生孩子。宝宝是个胖乎乎、调皮的小男孩，我给他起名"穆森"（波斯语意为善良不说谎的人）。宝宝出生仅 4 天我就回到了中国，那时我就不是一个人了，从早到晚忙着带孩子。每天上下午我都带他到楼下玩，我自己也跟别的小朋友的家人聊天，虽然我不怎么会说汉语，但是他们能理解我的意思。好多关于孩子需要的词汇我都是跟他们学会的，他们也教我怎么带孩子。夏日的一天，我带穆森到楼下玩，一位老太太一看他就给他把衣服都脱了，说天儿这么热怎么穿那么多的衣服呢。当天我回家很生气，一直想她怎么干涉我的生活呢。但让我感动的是，第二天她来到我们家，送给穆森一件棉衣，这是第一次有陌生人给他送礼物。

我非常喜欢南京人，因为他们很善良、好客、乐于助人。每周我们出去玩，一般都会有人送穆森玩具和食物。如果迷路的话，也总会有人带我们去要去的地方。有一次，我老公去公司上班，有个文件落在家里，就让我帮他带过去。当时还没有微信，我走着走着就迷路了，于是哭着向马路边的一位叔叔求助，并把老公发的地址短信拿给他看。他先告诉我怎么走，转而又说："来，我带你去吧。"我的心一下子温暖起来。在南京，我还跟一位每天在楼下打太极拳的老奶奶学会了打太极。我们在这座城市过得很开心，这里生活节奏慢，人们有时间教你很有用的东西，也很愿意和你交朋友。我在南京交了很多朋友，最要好的是两位姐姐，她俩的女儿和我儿子是好朋友，经常在一起玩。她们告诉我在哪儿买小孩用品，宝宝生病去哪个医院，像亲姐姐一样待我。其中一位姐姐的老公是西班牙人，所以她知道应该怎么跟外国人相处。穆森总跟她们的孩子玩，就学会了说汉语，我多半是跟他说波斯语，但他总用汉语回答，做梦时也说汉语，甚至回伊朗也说汉语，回国第一天，我妹妹说：没关系，我教他说波斯语。但穆森不管去哪儿、跟谁玩都说汉语，结果小伙伴们也慢慢学会了一些如"喝水""吃饭""出去玩"等的汉语短语。

穆森是个活泼的孩子，不管去哪儿都会交很多朋友。中国人一听他会说汉语，就更愿意逗他玩。但他说汉语有时候也会让我难堪。有一次送他上幼儿园时，他说要吃卖臭豆腐摊位旁边那家的栗子，我不喜欢他在外边吃东西，尤其受不了臭豆腐的味儿，所以骗他说："这不好吃的，不知里面是什么东西，一点都不干净，你看这么臭，怎么能吃。"我还没说完，他就走到小摊前面，对着要买栗子的人说："你们别买这不知里面有什么的不干净的东西。"当时我脸都绿了，赶紧拉他走开。他还很严肃地说："妈妈，我不要他们被骗，吃这些垃圾食品。"我真是哭笑不得。还有一次，我在超市看到一个穿漂亮衣服的姐姐，就跟穆森说她的衣服太好看了，也不知道在哪儿买的。穆森很快走上去说："阿姨，我妈挺喜欢您的衣服，但不知道在哪儿买。您的衣服在哪儿买的？"搞得我很不好意思，只好向那个人挥挥手。

我们在南京待了大概五年，后来因为老公工作调动而来到北京。其实，我一到北京就有不同的感觉，这儿的天气、环境和人们的脾气都不同。北京的生活节奏很快，一天到晚都很忙，人们对外国人很一般，因为生活在北京的外国人很多。我们周边伊朗人也很多，我有时候开玩笑地说："北京就是德黑兰，但这里的中国人更多。"

北京改变了我的一生，我的北京朋友一般都是从伊朗来学习不同专业的学生。我看穆森已经上幼儿园，公司也没什么事适合我干的，所以下决心继续学习。学什么专业呢？我特喜欢针灸，但咨询时被告知，就算努力学习，也要六年才能毕业，我就放弃了。我发现，北京有着更浓厚的文化氛围，我在这里体验了很多中国传统文化，学汉语的兴趣变得更大了。但中国朋友们不怎么了解伊朗的情况，我一说我是伊朗人，他们大部分会提到我们住在沙漠里、伊朗国内很乱等；我回国时也发现，伊朗人也不怎么了解中国。这样，我慢慢地发现，原来文化是一座沟通

老师在黑板上写下祝福的话，祝愿白玫生产顺利。

的桥梁，如果不了解对方的文化，双方会产生许多误会。同时，我渐渐找到了自己努力的方向——做一名文化交流的使者。而语言在文化交流中是一个非常重要的工具，因此，我决定努力成为一名汉语老师。

为了提高汉语水平，我来到北京语言大学学习。我在本科时学过中国民俗，对中国文化有一定的了解，而在北语国际化的学习氛围中，我认识了很多来自不同国家、拥有不同文化背景的朋友，进一步加深了对文化交流的思考与理解。在北京语言大学，我跟同学说我要拿到奖学金，他们说只有前三名可以享受奖学金，你还要带孩子，能拿到奖学金吗？我说："我可以的。"从第一天开始，我就努力地学习，第一是因为汉语能带我进入另一个有意思的世界，第二是为了拿到奖学金。

但追求梦想的道路并不是一帆风顺的，我遇到了巨大的挑战。三年级时，我又怀孕了，那时学习很辛苦，但我没放弃。为了不耽误学习，我坚持每天去上课，直到临产前一天。看到我每天挺着大肚子上课，有女老师被感动了，对我说你别太累。我觉得没事，这样对宝宝也好，她会在妈妈肚子里就开始学汉语。我记得临产前最后一周，老公到西安出差了，只能由他的弟弟在北京照顾我。弟弟才21岁，他来到北京学习还不到一年，也不怎么会说汉语。我记得有一天，我感觉胎动越来越少，下课时就跟老师说这个事，老师吓唬我说："你赶快去医院看一下，我有个朋友也是这样，后来发现胎儿停止发育了。"她这样一说，我的心扑通扑通直跳，就跟弟弟去了医院。医生检查后说："胎儿没事的，但你要赶快做手术，因为第一个孩子是剖腹产，第二个也要剖，你家属呢？快住院吧，如果你或宝宝有事的话，我们要负责任。快点办手续。"我哭着对医生说："现在没有人能帮我办手续，我父母不知道我怀孕的事，丈夫也出差了。我孩子现在还在幼儿园，没有人照顾他。你让我回家吧。"我在走廊里大声地哭，哭得很伤心。妇产科主任听到动静，从房间走出来对我说："怎么回事？难道你胎儿没保住，你哭得这么伤心。"我说："不是，我要回家照顾儿子，现在也没有人照顾我，我怎么生孩子呢？"主任微笑着说："好吧，我让你回家，但一有感觉就赶紧回来。"我擦掉眼泪，高兴地向她道谢。回到家，我给老公打电话，免得他操心。我对他说："你能不能早点回来？宝宝着急要快点到新世界来。"老公不知道今天我是这么过的，就说："我没办法，最早后天才能回来，让她等爸爸回家。"我一时不知道该怎么办，一边不想我的事影响他的工作，一边又控制不了自己的情绪。我没再说什么，就挂了电话。过了一会儿，我看到老师发来的短信，她说："你明天不要来上课了，如果在课堂上生了，我们该怎么办？"那是我在异国他乡最难过的一个晚上，虽然几个朋友来家里安慰我，但他们也有孩子，不能留下照顾我。她们走的时候，我的心就像一颗颗星星掉下来，但我勇敢地对自己说："别害怕，真主会保佑你的。"

第二天，有个伊朗同学来陪我，她还没结婚，我也不好意思跟她说一些事情，就给和老公一起去西安出差的朋友打电话，说了我昨天和现在的情况，求他们安排老公早点回来。过了一会儿，老公打电话过来，声音颤抖着说："你怎么这么重要的事情也不告诉我？你别害怕，我马上回来。你准备一下宝宝的东西去医院，我买票马上回去。"听他这样说，我的眼泪像断了线的珠子一样流下来。我准备好东西，和朋友一起去医院办了手续，然后坐在走廊里，眼睛一直盯着门口。一看到老公进来，我像孩子找妈妈似地一下子扑到他的怀里，大声地哭起来。护士带我进入手术室，因为仅做了腰位麻醉，所以我在手术过程中什么都听得清楚，有时还跟医生聊几句。很快听到了宝宝的声音，再看她的脸，像小天使，医生说："你们看，一个小美女，大眼睛、高鼻子的小家伙，看起来挺调皮的。"第二天，穆森来到医院看妹妹，他一看到妹妹的脸就说："她是我的白雪公主，爸爸妈妈能不能叫她'白雪'啊？"就这样，我们给老二起了"白雪"的名字。我住了四天院，朋友们都来看我，隔壁的几个邻居也来看我的宝宝。

医生很和善，每次来检查时都带几个护士，还抱着我的宝宝说："你们看这小美女，太可爱了。"在医院的最后一天，我给伊朗的家人打电话，说："我有个惊喜。"妈妈说："是不是又拿到奖学金了？"我回答说不是。"你要回国了是吧？"我还说不是，过几秒钟她又说："你怀孕了？"我说，不是妈，我的宝宝已经在我怀里睡觉啦！我妈高兴得哭起来，大声地对我爸说："白玫生个小女孩。"我爸赶快接过电话，一边哭一边说："你怎么不早告诉爸妈，你这个孩子。"我的眼泪也不知不觉流下来，说："爸，我不要让你们担心，你们在伊朗也无法为我做什么，如果我告诉你们，虽然让你们高兴，但我怕九个月让你们睡不好觉，一直操心，就没说。"我爸哭得更厉害了，说："我女儿长大了，懂事了，理解爸妈对孩子的苦心。爸祝你健康，天天开心！注意身体，爸特想你，你赶快回家吧。希望赶快看到宝宝，你什么时候回来？我盼望着你和两

白玫抱着女儿参加本科毕业典礼。

个可爱的小外孙的到来。"当时也无法立刻发照片给他们看，他们就每天打电话问我们和宝宝的情况，我一般都会说些让他们高兴的事情。

初生的宝宝一般不认时间，白天睡、晚上哭。我和老公晚上做了分工，半夜两点之前由我哄女儿，两点到六点由他负责。早上六点我起床给穆森做早餐，送他上幼儿园，然后开始学习。我把白雪放在摇篮里，拿一根绳子一头接在我的大脚趾上，另一头绑在摇篮上，就这样摇着让她好好睡。没过多久，又迎来了期末考试，我只好抱着 11 天的宝宝去参加考试，老师看到这一幕，着急地说："这怎么办？要不把她放在桌子上。"我笑着说："不用，她在我的怀里会安静地睡觉。"同学们纷纷来给她拍照。考完试就放暑假，我终于能回国休息了，孰料回国的第二天，我爸就因为事故去世了，我觉得天塌了下来，难过极了。爸刚 50 岁，他那么盼望我们回家，怎么这么快就从我们身边走了呢？我妈安慰我说："但毕竟爸是看到你和宝宝后走的。"

获评优秀毕业生的白玫，和学校宣传栏中的自己合影。

　　回到中国，我一直想家。当时我们认识了一位像我的妈妈一样的朋友，她对我们很好，我就叫她"妈妈"，我的朋友也都知道我有个中国妈妈。我们有困难的时候她会帮我们。有时她带孩子们出去玩还给他们买礼物，让他们很开心。孩子们也特喜欢他，每次我一想家，他们就让我给中国妈妈打电话。我回到中国后很快就开学了，平时我只能趁着宝宝睡觉时学习。我上课时若老公或朋友有时间就会带她，下午有课穆森会帮我带，但有时候我还是不得不把宝宝带到教室。老师很同情我，所以允许我带宝宝。有的老师还鼓励我说："你带宝宝时，别的同学就没有借口旷课。"白雪不睡时，我就站在教室门口，一边摇晃婴儿车一边听老师的课。同时，我学会了轮滑，因为穆森喜欢轮滑，我们要陪着他上轮滑课。我们的轮滑老师是一位会轮滑、滑冰、滑雪、弹钢琴、唱歌的 60 岁老人，我们

白玫和女儿身着民族服装参加学校文化节。

叫他爷爷。他一直鼓励我们，每晚带我们到不同的学校去练轮滑。白天，我把白雪放在婴儿车里，踩着轮滑推她到学校，在学校门口再换鞋上课，这样我能快点到学校，从而有更多的时间学习。尽管那段时间非常辛苦，我常常身心俱疲，但是有付出就有收获，我所有的努力都没有白费：我本科阶段每个学期都被评为优秀学生，2013 年毕业时又被评为学校的优秀毕业生。进入研究生阶段，我因为成绩优秀而获得了孔子学院的奖学金。我读研究生时，白雪已经两岁，眼看可以上幼儿园了，但她不愿意，还要跟我上大学。我带她上课时，她总是很认真地听老师讲课，有时还点点头。她知道，上课时间不能偷偷让我写字画画。如果哪天白雪不上课，老师们会开玩笑说："今天小同学旷课了，要提醒她。"

终于，白雪上了幼儿园，穆森也上了小学，我和老公读完硕士又读博士。期间，我参加各种各样的活动，还拿过奖，比如演讲比赛获得第

白玫一家在 2019 北京国际家庭年夜饭节目录制现场。

三名，包饺子比赛获得第一名。我还通过文化沙龙介绍伊朗的文化、建筑、手工艺术品等。我特别喜欢让其他国家的人认识真正的伊朗，而不是新闻中提到的那个伊朗。记得有一天我丈夫的朋友要到伊朗去，他和他的妻子都有些害怕，他对我说："你确定伊朗安全吗？"我说："你去吧，你肯定会喜欢伊朗的。"我丈夫带他们到伊朗，结果要回来的时候他在机场哭了起来，不是因为伊朗不好玩，而是因为舍不得离开"波斯帝国"。我回国时，也会给朋友们介绍一些中国的现状和文化习俗等，因为伊朗人也不怎么了解中国，一提到中国，他们会说中国人什么都吃。我希望改变他们的这种印象。我亲眼见证了中国的发展，这种发展融入了我们的生活，我希望能把这种变化介绍给外界。

　　我的二人世界从中国这个美丽的地方开始，来到中国学习汉语之前，我只是一个非常平凡的人，没有目标，过着日复一日单调的生活，但现在的我，有了自己的方向，每一天都在为实现我的汉语教师梦而努力，日子过得有意义且充实。每个人心里都有一个梦，用它种桃种李种春风。我把自己梦想的种子种在中国的土地上，守护着它生根发芽，开出美丽的花朵。我深深地感激在中国学习汉语的这段经历。波斯语中有句谚语："某个地方的土会拉你的裙子不让你走。"我从水土不服到舍不得离开，觉得为了自己和孩子们的发展，我应该待在中国，好好做研究，好好了解中国的文化，所以我继续读了博士。现在，我和丈夫读博士，孩子们上国际学校，他们会说三种语言——汉语、波斯语和英语。他们也特喜欢中国，每次我们回国，他们都会想中国妈妈、中国的爷爷、中国的叔叔。他们把中国当作自己的家，把中国人当作自己的家人。

（本文系作者用中文写成）

我和我的伊朗朋友们

谭琭玥（中国首都经济贸易大学学生）

　　在来到这个世界 6 个月的时候，我便开启了每年往返伊朗的万里征程。20 个春秋已逝去，我的脚步依然丝毫没有停下来的意愿。伊朗给我的童年增加了太多幸福的元素，那些五彩斑斓的生活影像深深地印在了我的脑海里，成为永远抹不去的记忆和吸引我一次又一次重新拥抱她的磁场。

　　年幼的我坐在伊朗航空公司飞机靠窗的座位上，半趴在带着微微凉意的玻璃窗上，双手用力攀住机窗边缘，瞪大眼睛向外张望，试图多看一眼深夜里德黑兰这座美丽城市绽放的璀璨、温暖和整齐的灯火。飞机的涡轮开始转动，座位有了微微的颤动。"咔嗒"一声，旁边座位上的妈妈帮我扣好了安全带，让我坐正。带着甜蜜微笑的大眼睛伊航服务员姐姐递给我一颗亮晶晶、色彩诱人的薄荷糖。离别之意作祟，嘴里的糖涩涩的，竟没有一丝甜意。

　　我的羊角辫抵在窗户上，脸贴着冷冷的玻璃。映入眼帘的是一条条街道上的大卡车渐渐变成蚂蚁大小的玩具汽车的模样，德黑兰成了个光影斑斓的童话世界。又要说再见了，我把小手在玻璃上滑动，仿佛这样就可以抓住下面的灯火阑珊的温暖。"Khodahafez Iran! 再见伊朗！Goodbye Iran！"我交替嘀咕着三种语言，这是一个中国小女孩自诩庄严的小小告别仪式，寄托了我对伊朗小伙伴们的留恋和对德黑兰这座陪伴她长大的温暖城市无法言说的爱恋。眼泪在眼眶里打转，我却不愿意让它流下来。

2002 年，谭琭玥参加幼儿园大班毕业典礼的集体波斯舞表演后，在后台与美茵和她的妹妹哈斯提合影。

　　画面突然模糊了，一只大大的白色玻璃盘子出现了。咦，一只小手抓住了它，平放到了红白格子的花裙子上，丝毫不害怕它掉下来砸到地上。黑色的小皮鞋陪伴裹着白色长筒袜的小脚悬空在高高的木椅上，俏皮地摇呀晃着。突然，碟子上面多了一块松松软软的白色拿破仑蛋糕，另一只绑着粉色蝴蝶结、粘了白色的蛋糕杏仁粉的小手在眼前闪现，好漂亮的红指甲油。视线正前方 45 度角平行上移，哇，好明亮的一双大眼睛，长长的睫毛扑闪扑闪的；再往下一点，耳朵上坠着的是两只灵动的百灵鸟；嘴唇似乎在颤动，根据形状判断，发音仿佛是"y-o-y-o"。哎，这不是我的波斯语名字嘛！我使劲地眨眨眼睛，定睛正视面前的小女孩。几个幻影交融重合，汇成一张清秀的笑脸。啊！这不是我的幼儿园发小、最要好的朋友美茵（Mahin）吗？

　　再旋转一下小脑袋，360 度环视一下四周，地上是红蓝白交替、水滴形大树纹饰的长方形厚厚的地毯，远处有小山一般的各色绚烂的礼物堆。亮亮的黄色暖灯打在盛着满满各色小零食的水晶玻璃容器上，

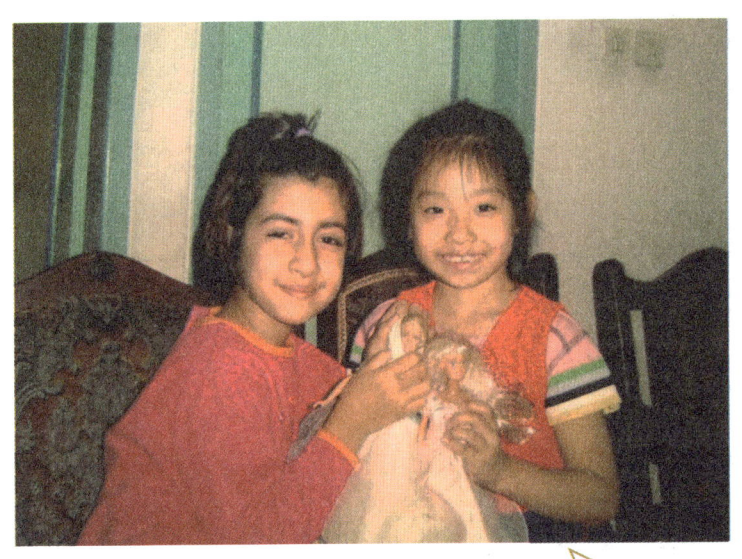

谭琭玥 6 岁时在德黑兰石油街的家中和美茵合影，两人各自手握一个芭比娃娃。

无数双小鞋子在地板上扭转摩擦，漾起的是一条条小裙子的蕾丝花边裙角。音乐的声音也渐渐大起来了，可以清晰地听到电子琴的和弦旋律，轻快活泼的节奏应着稚幼的童声："Tavalod, Tavalod, Tavalode mobarak…"（波斯语的生日歌）。这是 5 岁那年在美茵家开的生日派对呀。

思绪像串在线上的珍珠粒，忽然受到外力冲击，珍珠凌乱落地，如鸣佩环。回忆如潮水般蜂拥而至。

我还清楚地记得，"Yiranzamin"幼儿园女园长甜甜的笑。她递给我一张涂鸦纸，上面有一只苹果；她又递给我一支彩铅笔，可是我因为刚跟伊朗同学相互"拳击"（小班的同学都说不好波斯语，无法交流，只能这样互动）哭得很伤心，完全没有心情涂色。那只苹果被我乱涂了

谭璟玥幼时在德黑兰家院子中的游泳池里与伊朗小伙伴嬉戏。

一番，就像虫子蛀了的坏果子。阿姨看了并没有生气，也没有提及打架的事情，反而拿出了抽屉里的一瓶白色的指甲油，轻轻点几下，苹果又恢复了原来雪白的模样。那时，我除了会说"ab"（水）、"mo-a-lem"（老师）、"dast-su-y-i"（洗手间）这三个救急的波斯语词汇外，根本听不懂园长在说什么。可是，我好似明白她并没有责怪我，而是告诉我可以重新开始，不要太在意。我心里突然有点暖暖的。

　　最初，我不喜欢去幼儿园，既厌恶又恐惧，总是死死抱着爸爸的腿，最终被老师一步步拖进幼儿园大门。后来，我因为被经验丰富的女园长调到中班而爱上了幼儿园。一天，我被老师领着进入了二层的一间大教室，很多双大眼睛好奇地盯着我，我更紧张了。我低着头，双手托着小熊猫背包，缓慢地尝试着寻找一个可以容身的座位。路有点长，小朋

2003 年，谭琭玥在德黑兰国际小学与韩国同学 Yegean（左）和新加坡同学 Mittran（中）合影。

友很多都二三小聚地坐在一排排长椅上，就在我快绝望的时候，一只橙色的胡萝卜忽然出现在我身前。好奇怪，我扭转过头去，看到了一双笑得很甜的眼睛，亮亮的，像天上的月亮。阳光打在她长长的棕色头发上，长长的眼睫毛扑闪着，像一个小天使。她往旁边挪出一个空位，示意我坐下。出于一种莫名的力量，我接住了那只胡萝卜，坐在她身旁。她也拿出一只，咬了一小口，发出"嘎嘣"的清脆响声。在好奇心的驱使下，我也模仿她咬了一口，好甜。

就这样，我知道每天会有一个叫美茵（月亮的意思）的可爱女孩子在一个阳光充盈的靠窗后排位子等我，给我带 kuluche（核桃或椰子馅饼）、饼干棒、lavashak（伊朗的果丹皮）、pufak（伊朗的膨化小零食）等当地的小零食，还有神奇的蔬果，如葡萄藤叶、嫩芹菜茎、撒盐

2004 年，谭璟玥在自己 7 岁生日的派对上和美茵合影。这是她回国前在伊朗和美茵一起过的最后一个生日。

吃的绿色酸果、甜的柠檬、黄色的李子、绿色的无花果。我渐渐开始期待 Makin 每天给我准备的"小惊喜"。让我父母意外惊喜的是，我每天激动得早早就起床，急着要去幼儿园。当然，我也给 Makin 带大白兔奶糖、喜之郎果冻和玉米棒。妈妈从中国带来的学折纸的书也被我带到了幼儿园。在幼儿园的院子里，除了滑滑梯和坐旋转椅，在同别的小朋友一起玩耍之余，我和 Makin 总是坐在草坪上折纸。我们一步步学，互相帮助，第一只小青蛙叠成的时候，我们激动地拥抱，并在草坪上打了个滚。后来 Darya、Tina、Gelare 等小伙伴陆续加入了我们，我们的玩耍小团队就这样组成了。

后来，我进了德黑兰国际小学（Tehran international School）。记忆中那是一片葱郁的绿，像极了小时候读的《绿山墙上的安妮》中安妮的故乡，我们一群穿着紫色长袍戴着 magnae（头巾）的小外国人在操场上荡秋千。但这并没有阻止我和美茵之间继续交往。周末，两家大人轮流带我们去大脚丫公园爬山，去 Javan 影院看喜剧片，去 Naft（石油）街去买好吃的巧克力牛角面包，去国家历史博物馆里看被埋在紫色盐湖里风干了的慈祥的"Urumiye 老爷爷"标本……。直到 8 岁那年，我被父母送回国学习汉语。但在寒暑假时，我还会重返伊朗练习波斯语。

即使在中国的日子里，地理上的距离也未能阻隔我和美茵的真挚情谊。我的抽屉里保存着一个日记本，蓝色毛茸茸的封面，温暖又贴心，里面是各色的彩笔描绘的公式、故事、图画，以及可爱的小贴画们。这是我和 Makin 合写的最后一本日记——第 13 本。从初中起，我们就开始了这样的秘密小游戏：我们两个人分别准备了一本自己喜欢的民族特色笔记本，然后在 2010 年 11 月 2 日这个美好的日子里，我在我的那个小小的笔记本上，用俏皮的英文文字记录下那天我的趣事，然后给那天的美茵留下相同的空白页数。美茵也是如此。每次爸爸从伊朗回北京带回来的礼物堆里，让我最期待的就是美茵的日记了。我总是在想象新的日记本会长什么样子，一想到可以知道美茵每天都在忙碌着什么，就好像我跟她每天一起生活着，从来没有分开过一样。我心里暖暖的，于是迫不及待地找出本子开始在沙发的小角落乐此不疲地大快朵颐着她亲切的文字。有空的时候，我们也会打长途电话，聊着那些日记里的怪事，以及我们无法长大的没心没肺的性格，听着她讲伊朗建了新的公园和购物中心，期待着和她一起走街串巷。高三之后，因为学习忙碌，并且有了微信等网络聊天工具，我们停止了这项我们最喜爱的日记活动。但日记安安静静地躺在我的抽屉里，那些厚薄不一的本子记录了我们一起渐渐长大的日子。那些一起分享的喜悦日子，是我们人生中最美好的时光。

这么多年过去了，伊朗的经济因为制裁受到了很大的影响，德黑兰市民也逐渐改变了生活方式，很少有伊朗人家在家里举办大型的生日派对了，而是转为在咖啡厅这种便利又经济的地方召集十几个亲密的好友

2009 年冬，谭璟玥在德黑兰大学孔子学院做中文代课老师，给大学生姐姐们上课。

小聚。现在，大型购物中心顶层的餐饮区时常会在重要的节日聘请乐队为消费的群众表演他们喜欢或者要求的音乐节目。前些日子，在"世界医生日"那天，我有幸欣赏了其中一个乐队的精彩演出。伊朗人对外国人十分客气友好，我在美茵的妹妹 Hasti（哈斯提）的带领下，写下了中文和波斯文的感谢评语投入他们的意见箱。领唱专门从箱子里拿出我的那张纸条道谢，还专门为我演唱了他会的 *Hotel California* 这首英文歌。

记忆中有这样一片高高的小树苗，小街并不宽，沿街有从墙头垂下来的曲蔓葡萄藤，有白色干净别致设计精美的一排排大门，偶尔还有蹦窜出来的漂亮流浪猫。这里就是著名的 Mirdamad 大街了。近几年，越来越多的旅游银行拔地而起，让本来空旷的沿街拥挤起来。原来小户的别墅房也逐渐被高大的公寓楼取代。即使变化众多，这里依旧是我熟悉的 Mirdamad 呀，这里的小树们都是看着我长大的。临街的

2017 年暑期，谭琭玥在美茵家，手捧
德胡大波斯语课的作业和美茵自拍。

Daschin 干果店的叔叔在我四岁多的时候以为我是小男孩——因为伊朗的小姑娘从小就打耳洞戴好看的耳环，我们就这样相识了。那个叔叔总是热情地招呼我："yoyo（悠悠），yoyo（悠悠），来尝尝店里新的无花果干和巴旦木。""yoyo（悠悠），来两个黄桃干和巧克力带在路上。"热情的叔叔喜欢叫我 shekamu（小吃货），但是其实我这个坏毛病是被他一手培养的，他只要见到我就会送给我一些好吃的。

还有一位叔叔，他在长长的街道末端拐角的水果店里，我喜欢叫他"甜菜叔叔"（laboo）。记忆中最暖的就是把冬天血红血红的甜菜暖暖地包在手里，在萧瑟的寒风中瞬间觉得对世界别无所求。夏天没有甜菜卖的时候，甜菜叔叔会卖好吃的桑葚、无花果还有紫色的小无核葡萄。小时候妈妈挑蔬菜、水果时，甜菜叔叔就教我玩一些神奇的小东西。

他在绿色的新鲜酸果子上面制造盐海，然后用挖好洞洞的塑料瓶子在上面滋水，让它们变得剔透诱人。甜菜叔叔还带我吃各种神奇的伊朗小菜：小红萝卜、Geshniz、Nanaa、Marze、Tarkhun、Torobche、Jafari、Karafs、Shevid ……有些至今我都只知道波斯语名字但分不清兄弟几个，但我知道每一种都很好吃。日复一日，年复一年，每次甜菜叔叔一见到爸爸就会问："yo-yo 去哪儿了？"爸爸总是说："yo-yo很忙，她在中国上学。"再见到我时会说，"yo-yo 长大了。"今天中午，在车上，我又吃到了甜菜叔叔的葡萄，爸爸重复着那句永恒的"甜菜问 yoyo ku（悠悠去哪里了）？"正午的阳光有些刺眼，戴着墨镜的昏暗世界中却有丝光。十几年过去了，甜菜叔叔还在卖水果，坚守着自己津津乐道的事业。在我眼里，Naft 街的那一排排树变矮了，街道更加狭窄拥挤了，许多店铺也更替了，可是它在我记忆中总是带着原来的影像与美好，就像记忆中甜菜叔叔喜欢捏我脸的动作和他嘴角的笑。

Mirdamad 大街原来是伊朗的富人区，近些年逐渐变成了中产阶级的驻扎地。附近的 Zafaar 街也多了很多演唱自娱自乐的艺人，Mirdamad 地铁站旁边的 Rose 购物中心也让这片社区更加热闹和有生活气息了。然而，在 Fereshte Ilahiye 新富人区上面那有点像上海街道的一排排蓊郁阴凉的法国梧桐树街道，就通往德胡大（Dekhoda）以及著名的 Tajrish 广场和巴扎了。德胡大波斯语学校是德黑兰一所比较专业的外国人业余波斯语学校，在这里学了初级、中级以及高级的课程之后，可以进入德黑兰大学继续研究生的学习。

如果要说德胡大在我记忆中的模样，那一定离不开伊朗独特的藏红花冰激凌，甜甜的，带着浓厚的文化气息。从德胡大波斯语学校的大门出去沿坡往上爬行两三分钟，有一家很好的咖啡小店，我课间 15 分钟休息时常跟 Yasse（茉莉）和 Ladan（水仙）一起前往那里吃冰激凌。茉莉和水仙是一对拥有英国和伊朗双重国籍的伊朗小姐妹，她们的母亲

2017 年暑期，谭璟玥在德胡大与一起学习波斯语的伊朗姑娘 Ladan（右，英国籍）和 Tiara（中，美国籍）合影。

是一位珠宝设计师，她十分怀念她年轻时的德黑兰。尽管世事变幻，德黑兰也不复从前之景，她依旧希望她的女儿们可以欣赏和体悟德黑兰的艺术色彩并精进史诗般宏大的波斯语。

茉莉和水仙很喜欢 Tajrish 的巴扎。茉莉说伊朗的水果摊给人一种家的感觉，红红绿绿的新鲜果子，被整齐排列在每个摊位上，仿佛会说话。巴扎里的烤羊肝也是一大特色，蘑菇、番茄、羊肝、羊心、羊腰被串成一串串，在馕的包裹下散发着诱人的气味。往巴扎深处钻，花花绿绿的长袍服饰会吸引你的眼眸。色彩的搭配是现代伊朗的一大特色，金

2017年暑假，谭琭玥和父母在美茵家做中餐，
两家人一起分享。

黄与艳红的头巾深受女人们的喜爱。伊朗人也很喜欢戒指，水仙的左手
食指和无名指上每天都重叠着至少三只别致的小戒指，玫瑰花的细戒、
拱面宽广的伊朗凤凰鸟，很有当地的文化气息。当然，街边也十分流行
因为电视剧 *Shahzad* 而风靡的蓝色石头项链，圆圆的小珠子下缀着的
是一只被困在窗户内的小鸟，象征着对自由的渴望。

市井般的巴扎很容易让人有一种对生活的热爱，水仙和茉莉也说，
相比伦敦笔直空旷的街道，他们更喜欢这里的喧闹与真实。水仙说，她
和她妹妹在来过三次德黑兰后愈发地喜欢这座城市，她们正致力于德黑
兰的语言教学志愿者活动，希望可以用自己的一技之长认识并帮助自己
的同伴们。德胡大咖啡店上面 Rock burger 的水雾喷洒着，带来丝丝
凉爽，远处可以遥望美丽的草坪环抱着的电影博物馆。

在德胡大，我认识了很多五湖四海的朋友，有像水仙和茉莉这样有着外国国籍、抱着热情学习自己母语的伊朗人，有来自日本、土耳其、瑞士的研究语言学的教授，有父母在这里工作的中国人、韩国人，有想在这里上大学的意大利人、德国人、美国人。文化在这里交错融合，友谊在这里传递。我们都相信，波斯文化的美会吸引越来越多的人来了解它，伊朗也会越来越开放，建设得更加美好。

说起文化交流，从小我就有当中伊民间文化交流大使的愿望。这个想法并不是凭空生成的。小学的时候每次寒暑假从伊朗回来，我总会给我的同学们带一些当地的特产品尝，比如椰枣、红茶大麦饼干等。慢慢地，他们印象中的伊朗也不再是新闻上那些可怕的核武器的形象，更不会与伊拉克等危险的中东国家的战乱关联起来。在他们脑海中，更多的是那些我向他们展示的美好图片，还有伊朗的烤肉很好吃，波斯美女很多，那里的人们像玫瑰一样热情大方。而在伊朗的时候，美茵和她妹妹会带着我去她们的学校里旁听、去其他亲戚家里做客，我会给她的同学和亲戚们讲我在中国生活的趣事，也会给她们带一些大白兔奶糖、绿茶、剪纸、中国结等特产。渐渐地，认识我和美茵的伊朗人也会更加看重中国博大精深的文化，而不是身边的"中国制造"生硬的质感。

12 岁那年，凤凰卫视的李睿阿姨采访我和美茵姐妹，我们在美茵家里旋转着裙摆跳起美丽的波斯舞。我的很多中国同学都观看了报道视频，他们觉得这是一件很有意义的事情，鼓励我为两国文化的传播宣传交流作更大的贡献。2018 年，央视制作了一档七集的关于"一带一路"的节目，在父母的支持下，我接受了采访，还和美茵以及我在德胡大学校、幼儿园的小伙伴们一起行动起来，穿行在 Melat 公园、长袍服装店、德胡大以及巴扎中。我们想展现一个多姿多彩、有活力的新伊朗，这是年轻的一代，亦是充满各种可能与变化的不同的一代。

小时候，石油街附近还没有现在著名的水与火公园以及自然之桥。

我希望今后每年寒暑假我回到德黑兰时，能看到她更多美丽的身影。当然，她依旧会是我记忆中那个安宁、亲切又热情的德黑兰。我最喜欢以及怀念的日子，还是童年在德黑兰的时候。我永远不会忘记我与美茵姐妹在游泳池里扑腾、与水球玩耍，在水里赏庭院日落，偷得浮生半日闲的日子。2018年暑假，我在德胡大学习波斯语，而在此期间，美茵参加了在北京航空航天大学举办的第一届亚太"大学小卫星"项目（Student Small Satellite Project）的暑期短训。我们在尽我们所能地了解着对方的文化，希望将来可以一起成为沟通两国文化的桥梁与媒介，为两国的友谊作贡献。

我爱德黑兰的一切，无论今后她如何变化，因为我在那里长大。那里的一切与我都有着不可分割的联系，那里是我的第二故乡呀！

交流篇

中国和伊朗共同的遗产和光明的未来

穆罕默德·萨迪格·侯赛因（伊朗资深学者）

对于每一个想要客观地解读当今世界、了解当今世界格局及未来走向的人来说，他必须了解中国和伊朗两国古代与现代的历史，因为伊中两国都拥有丰富的文化与文明遗产，而这正是研究两国历史、政治和经济，并在此基础上为亚洲和亚洲人民的未来，乃至东方世界的未来服务的机会。

在此，我们不能不提及中国和伊朗两个典型例子：伊中两国曾分别在世界历史中留下浓墨重彩的一笔，也在阿拉伯、伊斯兰地区众多智慧结晶中留下了重要印记，并使实现和创造各国政治领域的巨大转变成为可能，将其发展进程从跟跑和受约束，转变为政治独立、科技与意识形态的自主建设。

研究创造了伟大的丝绸之路的人民的历史，目的是探索丝绸之路所富含的贸易、宗教、哲学、思想和神秘主义的影响，探索曾影响着我们并仍然与我们息息相关的波斯历史政治和智慧及其文明文化的影响。

学习波斯语、汉语和其他东方语言，是理解其他东方国家的一把钥匙，国际游戏规则要求当今世界的有识之士推动实行多样化和各领域开放的政策，与东方国家合作建设一个公开、坦诚、透明，不干涉他国权利和民族宗教问题，以现存政体为基础的经济体。

一些人或许会说，现在的伊中关系建立在看起来简单的公平之上：伊朗得到了来自中国的商品、服务和工业技术，相应地，中国得到了来自伊朗的石油和天然气。但是，由于国家体制的直接影响，这些看起来十分平常的交流与其他国家之间的贸易往来有着根本的不同。

自伊核危机升级以来，伊朗在维护独立和主权的斗争中得到了中国的国际支持；与此同时，中国和伊朗在能源领域实现了总价值约 1200 亿美元的巨大贸易额。

伊中关系源远流长。自汉朝开始，中国就先后和伊朗的帕提亚王朝、萨珊王朝开启了贸易往来，途经伊朗到达中国的丝绸之路为伊中贸易和文化交流的兴盛发挥了重要作用，形成了长达几个世纪的经济和战略利益的交织连接。在丝绸之路的贸易重要性日渐减弱后，两国关系发生倒退，这一状态一直持续到冷战期间。冷战期间，伊朗与美国及西方国家之间的联盟超越了与中国的关系，其原因在于伊朗 1955 年加入巴格达条约组织，一年后又宣布只承认台湾的"中华民国"政权，因此中国将伊朗看作西方安保体系的组成部分。

中国支持伊朗首相穆罕默德·莫萨台在 1951—1953 年间进行的伊朗石油国有化运动。之后，伊朗在上世纪 60 年代开始向中国出口石油。当时的伊朗王国国王并未过多地改变伊朗的民族理念，而是通过加深与中国的关系，不断拓展伊朗国际博弈的范围。

1971 年，伊朗王国宣布承认中华人民共和国是中国的唯一代表，中国和伊朗建立了全面外交关系。其背景是，上世纪 70 年代中苏分歧不断加深，伊朗成为中国眼中阻止苏联势力向海湾地区渗透的屏障；两国之间的商贸往来增长至合理水平，世界银行将中国评估为世界第三大贫困国，伊朗表示愿意向中国提供经济帮助——世界银行的评估曾以人均年收入而非其他因素作为衡量经济状况的主要指标。

上世纪 80 年代，伊中关系出现了颠覆性变化，这是由于发生了四大事件：中国领袖邓小平改变内部政治取向，特别是开启现代化进程，结束了毛泽东发动的"文化大革命"。同时，中国对美国的外交政策发生转变，实现了中美关系正常化。相应地，伊朗伊斯兰革命使国家重新控制经济，新的伊斯兰政治体制为敌对美国的意识形态提供了更广阔的空间，令伊美关系从战略同盟变成仇敌。中国和伊朗内政外交的转变使得两国在外交政策的优先性上发生了碰撞。所以，1979 年美国在德黑兰的使馆被占领时，中国对美国持支持的立场，认为占领美国使馆是违反国际法的行为。中国在安理会对要求伊朗释放人质的决议投了赞成票，但同时在对伊朗进行经济制裁的决议投票中弃权。

伴随着伊朗在中亚扩张势力的尝试遭遇挫折以及欧盟和伊朗之间"关键对话"的中断，1995—1996 年中美两国政治关系因台湾问题趋于冷淡，反而为伊中两国关系带来积极影响。伊朗的外交政策重点转向东方，尤其是中国。伊朗的目标是在包括中国、俄罗斯和中亚国家在内的"上海合作组织"中由观察员国转变为正式成员国，同时寻找国际庇护来抵御美国日益增长的威胁。由此，自二战结束至今，美国成为拉近中国和伊朗关系的决定因素。或者正如美国国际关系学教授约翰·卡拉卜里兹所说，美国是中伊关系等式里的"第三个因素"。

伊朗政治思想中的中国

伊中两国的政治精英对本国和他国的认知和价值观念十分相似。因为近代以来"受害者"的形象深入两国的集体意识之中，两国对外都强调主权和独立，而那在人民和精英的想象中，就是与贪婪、侵略和霸权企图相对立的。这种相似性体现在中国和伊朗的"民族情感"模式的相近上：在对外政策层面，这种模式可被理解为在国际舞台上发挥作用的渴望和对抗当今国际强权，这意味着重启"独立于大国霸权之外的第三世界"。如今，在伊朗伊斯兰民族主义看来，欧洲仅仅是高科技的来源而并非战略贸易伙伴，因此，伊朗盛行的伊斯兰意识形态思潮将中国视作"繁荣昌盛的国家"的典范，主张提高中国在伊朗政治理念中的地位，将中国看成世界舞台上的一个"永久潜在的盟友"。而今伊朗的战略逻辑是，从可能需要中国在安理会使用否决权来保护伊朗，以及通过和中国巨额的能源交易获得经济利益的角度，将中国视为伊朗的"同盟"。

由于地缘政治的因素和确保能源进口的需要，伊朗在中国外交中占据重要位置。而确保能源进口更是自 1993 年开始就占据着中国发展安全的首要位置，因为自那年开始，中国成为能源净进口国；同时，因为高速发展，中国对能源的需求在四分之一个世纪（1980—2004 年）内增长了 230%。与此同时，伊朗作为能源生产大国和中国产品的巨大消费市场，也得以维持高速发展，为当今的经济模式奠定了基础。

从中国国家安全的角度来看，伊朗拥有很多优势。伊朗人口仅占世界人口的 1%，但拥有世界已探明石油储量的 10%，是世界第四大石油生产国。伊朗的重要性不仅仅体现在石油上，她同时拥有世界已探明天然气储量的 16%。伊朗每天可以生产 620 万桶石油，减去每天本国消耗的 360 万桶，还可向中国出口 260 万桶，这是中国经济发展所必需的。根据哈佛大学伊朗研究人员阿巴斯·马利基给出的数据，伊朗还能维持现有石油生产量至少 40 年，因为其石油储量为 1300 亿桶；伊朗的天然气如果维持每年 5000 亿立方米的开采量，也可以持续 55 年——据统计伊朗的天然气储量为 27 万亿立方米。

中国在安理会的预期行为

对国际问题投什么票反映了一国对该问题的立场，而这种立场是以保护其自身利益为基础的。

迄今为止，中国一直受益于美国对伊朗实行的经济政治封锁，其益处首先体现在能源领域——中国的石油公司更大规模地进入伊朗的能源领域。同时，伊朗实施了持续的经济改革，特别是减少对外国投资的限制，并将权力集中在保守派手中——在中国看来，这就意味着政治稳定。

中国在安理会对伊朗进行经济制裁的 1737 号和 1747 号决议的表决中投下赞成票。同时，中国提出反对意见并威胁使用否决权，迫使美国对向安理会提出的决议草案进行修正。

面对第一大贸易合作伙伴美国和主要能源供应伙伴伊朗，南北苏丹问题可能成为影响中国处理同美国和其他国家在能源问题上矛盾的砝码，因为失去在南苏丹的石油优势将使中国与伊朗更紧密地连在一起。这意味着，随着时间的流逝，伊朗的能源项目将愈加稳定。由当前的资料可以看出，未来几年，伊朗会在能源领域给予中国额外的优势，以便影响中国的选择。中国对伊朗石油和天然气的迫切需求为伊中两国良好的双边关系打下了基石，这种定量定时的迫切需求使伊朗在政治上获利，以此来更好地应对美国的公开对抗。

研究伊中关系的专家和学者得出的结论是，两国独立自主、睿智英明的领导层认为，民族和文明的使命、两国的未来以及世界的独立与安定需要伊中两国建立起关系典范。

"波斯经典文库丛书"诞生记

穆宏燕
（北京外国语大学亚非学院教授，"波斯经典文库丛书"主要译者之一）

伊朗（波斯）是世界文明古国之一，历史悠久，文化灿烂。伊朗也是一个诗歌王国，古典诗歌十分辉煌，在世界古典文学中占有十分重要的地位。伊朗人用达里波斯语创造了繁荣灿烂的中古文化，从 10 世纪至 15 世纪长达六百多年的时间里，波斯诗歌璀璨夺目，经久不衰，堪与中国古典诗歌媲美。著名的大诗人如群山耸立，菲尔多西（940—1020）、哈亚姆（1048—1122）、内扎米（1141—1209）、莫拉维（1207—1273）、萨迪（1208—1292）、哈菲兹（1327—1390）、贾米（1414—1492）皆是世界古典文学史上闪闪发光的名字，堪与中国的李白、杜甫、王维、苏轼比肩。

在 20 世纪初我国对外国文学作品的首次翻译浪潮中，波斯古典文学即受到一定程度的关注，胡适、郭沫若、伍实、朱湘等前辈先贤皆是波斯文学的第一批译者，但他们都是从第二外语转译。自中国改革开放以来，直接从波斯语原文翻译波斯古典文学作品逐步替代了之前经由第二外语转译的情况，若干译著陆续问世。然而，由于读者的关注重心在欧美文学作品，这些零敲碎打出版的波斯文学译著难以形成影响。这与丰富精深的波斯古典文学的重要地位极不相称。为改变这种局面，中国波斯语专业开创者张鸿年教授开始积极运筹"波斯经典文库丛书"的翻译和出版。

张鸿年先生

张鸿年先生 1956 年毕业于北京大学俄语专业，因成绩优异留校任教。张先生原本的志向是在俄语讲台上大展宏图，殊不知命运却将他推到了另一条路上。1957 年，北京大学东方语言文学系新开设波斯语言文学专业，因任课的伊朗专家不懂中文却精通俄语，张先生被借调到东语系任波斯语专业的课堂翻译，并由此成为中国第一位波斯语教师，与波斯语言文学结下不解之缘，可谓"中国波斯语之父"，为中国波斯语人才培养作出了卓越的贡献。张先生数十年耕耘于波斯语言文学肥沃的土壤，为之奉献了毕生的精力，翻译出版了《蕾莉与马杰农》《波斯文学故事集》《果园》《列王纪（节选）》《波斯古代诗选》《波斯帝国史》《伊朗文化及其对世界的影响》等波斯文学作品和学术著作，可谓著译等身，赢得中国和伊朗双方多项崇高荣誉。

1991 年底，张先生光荣退休。然而，习惯了辛勤耕耘的他却是退而不休，为扩大波斯文学在中国的影响而殚精竭虑。经过多年的酝酿，他逐渐形成了大规模推出波斯文学译著的设想。大约在 1997 年底，这

2000 年 6 月，伊朗总统哈塔米访问北京大学期间与张鸿年教授握手。

一设想基本成熟。最初，张鸿年先生是与出版商刘某洽谈。刘某经营一家文化公司，对波斯文学很感兴趣并有一定程度的了解，对出版该丛书十分积极主动。译者方面，张鸿年先生以自身的威望凝聚了中国波斯语界最重要的几位老译者邢秉顺、宋丕方、张晖、元文琪，还有王一丹、穆宏燕两位年轻译者。

邢秉顺先生是北京大学波斯语专业 1957 级学生，即中国波斯语专业第一批学生之一，毕业后在文化部工作，长期从事对外宣传和外事工作，曾任中国驻伊朗大使馆一等秘书、文化部对外联络局副局长，并于1990—1995 年任中国驻俄罗斯大使馆文化参赞，其译著《哈菲兹抒情诗选》和《巴哈尔诗选》对中国读者了解波斯古典文学和伊朗现代文学起到了很好的促进作用。此次丛书中《哈菲兹抒情诗全集》（上下卷）

2002 年 5 月 17 日，"波斯经典文库"丛书在北京大学首发。图为丛书全体译者与伊朗驻华使馆官员合影（左起：元文琪、宋丕方、张晖、张鸿年、伊朗驻华大使、萨贝基参赞、伊朗文化官员、穆宏燕、王一丹）。

的翻译工作由他承担。宋丕方先生是北京大学波斯语专业 1958 级学生，长期从事波斯语的教学、翻译与研究工作，曾参与《波斯语汉语词典》的编纂工作。此次丛书中，他与张鸿年先生合译了《列王纪全集》（六卷），并与王一丹合译了《玛斯纳维全集》第四卷。张晖先生也是北京大学波斯语专业 1958 级学生，毕业后在中国外文局工作，长期从事波斯文学的翻译、出版和研究工作，曾参加波斯文版《毛泽东选集》（1—4 卷）的翻译出版工作，并于 1983—1985 年任中国驻伊朗大使馆一等秘书，还曾多次赴伊朗参加波斯诗歌国际学术研讨会，其《鲁达基诗集》《涅扎米诗选》《波斯古代抒情诗选》《欧马尔·哈亚姆柔巴依诗集》《卡布斯教诲录》等译著为波斯文学在中国的传播作出了极大的贡献。此次丛书中，他承担了《鲁达基诗集》和《玛斯纳维全集》第五卷的翻译工作。元文琪先生是北京大学波斯语专业 1960 级学生，毕业后在中国社科院外国文学研究所工作，长期从事波斯文学和古波斯宗教文化研究工作，其译著有《我对祖国的职责》《伊朗外交四百五十年》《伊朗阿凡提的故事》《三王子和大鹏鸟——伊朗民间故事选》《伊朗神话精选》等。此次丛书中，他承担《玛斯纳维全集》第三卷的翻译工作。王一丹和穆宏燕是北京大学波斯语专业1982级学生，也是张鸿年先生在退休前唯一一批招收的两个硕士生。王一丹毕业后留校任教，并成为中国第一位波斯文学博士，为中国波斯语专业的人才培养作出了极大贡献，其译著有《波斯伊朗神话传说》《伊朗民间故事精品评注》《欧马尔·哈亚姆四行诗》等。此次丛书中，其承担的工作是与宋丕方合译《玛斯纳维全集》第四卷。穆宏燕在中国社科院外国文学研究所工作，长期从事波斯（伊朗）文学的翻译与研究，其译著有《瞎猫头鹰》《伊朗现代新诗精选》《灵魂外科手术——伊朗现代小说精选》《埃赫特贾布王子》《恺撒诗选》《伊朗当代短歌行》《萨巫颂》等，为把伊朗现当代文学作品介绍给中国读者作出了积极贡献。此次丛书中，她承担《玛斯纳维全集》第一、二、六卷的翻译工作。因此，该丛书在译者方面可谓阵容强大，聚集了中国波斯语界最有生的翻译力量。译者们齐心协力，翻译工作进展顺利。

然而，在出版方面，这套丛书却是好事多磨、几经波折。最初，出版商刘某与译者们签订了出版合同，签订合同的当天，刘某还请译者们聚餐共贺。此餐颇为丰盛高档，花费应当不菲，刘某作为一位私营文化公司老板，自掏腰包，可见其诚心诚意。然而，波斯文学作品尽管有着深厚的内涵，但不为中国读者所熟悉，因此没有较好的读者市场和出版市场。对这一点，伊朗人往往很难理解。笔者曾遇到过一位伊朗作家，她说，中国有13亿人口，难道连1万册书都卖不出去吗？现实状况是1000册都很难卖出去。其中很重要的原因在于，近现代以来，东方国家普遍在落后、被动、挨打的境遇中向西方学习，发愤图强，东方国家彼此之间的相互关注减少，导致对彼此的文化不了解、不关注，存在较

穆宏燕（左）和王一丹在中伊两国元首江泽民和哈塔米签名本放大影印图片前留影。

大的隔膜。出版该丛书需要巨大的资金投入，而市场回报率又不敢奢望，商人的投资都需要回报，因此刘某后来偃旗息鼓也可以理解。但是，译者们已经启动的翻译工作并没有因刘某解约而停顿下来。

这时，湖南文艺出版社正在策划波斯古典文学作品和阿拉伯古典文学作品的翻译出版。波斯典籍方面，萧元编审找到张鸿年先生商谈。于是，出版方与译者方两相契合，双方很快签订了出版合同。经过三年夜以继日的辛苦付出，各位译者的翻译工作陆续接近尾声，出版事宜提上议事日程。但出版社经仔细核算，推出该丛书所需资金浩大，而对市场回报又不能寄予过多期望，因此放慢了将该丛书付诸出版的脚步。

这时，伊朗驻华大使馆新任文化参赞阿里·穆罕默德·萨贝基（Ali Mohammad Sabeghi）先生走马上任。他对该丛书的出版非常关心，并积极支持。记得2000年底的一个冬日，印象中还下着雨夹雪，萨贝基先生邀请萧元编审和译者们到伊朗使馆文化处共同商谈。萨贝基先生表示，该丛书的出版必将对中伊文化交流起到积极的促进作用，他对译者们的辛勤付出深为赞叹，对出版社拟推出该丛书的勇气倍加赞赏，表示会竭尽全力争取到伊朗方面的资助。萨贝基先生的积极态度让译者与出版社双方都深受鼓舞，出版事宜向前迈进了一大步。

萨贝基先生经过多方努力，从伊朗方面争取到一笔资助。然而，这笔资助与出版丛书所需的资金和出版社的期望值都有一定差距。丛书出版工作于 2001 年再次陷入僵局。这时，萨贝基先生与使馆文化处秘书达希塔克依（Dashtaki）女士登门拜访张鸿年先生，了解出版情况。那天，笔者作为张鸿年先生的弟子，也是丛书译者之一，在场作陪。萨贝基先生请张鸿年先生向出版社方面转达自己对出版这套丛书的看法。他说，现在，出版这套丛书已不是一个单纯的市场行为，而是中伊双方共同努力去做的一项文化工程，对促进中伊两国间的文化交流、增进中伊传统友谊都具有十分重大的意义。因此，单纯的市场回报率不应当成为一个阻碍，要看到此项文化工程对两国友好关系的长远作用。萨贝基先生的一席话，的确让出版方放宽了眼界，他们不再计较一己之得失，全力以赴地加快了出版工作。

2002 年 1 月，整套丛书共 18 卷全部出齐，包括：《列王纪全集》6 卷（张鸿年、宋丕方译）、《哈菲兹抒情诗全集》2 卷（邢秉顺译）、《玛斯纳维全集》6 卷（穆宏燕、元文琪、张晖、王一丹、宋丕方译）、《鲁达基诗集》1 卷（张晖译）、《鲁拜集》1 卷（张鸿年译）、《蔷薇园》1 卷（张鸿年译）、《果园》1 卷（张鸿年译）。

2002 年 4 月，在江泽民主席访问伊朗期间，"波斯经典文库丛书"全套 18 卷被作为文化国礼赠送给伊朗总统哈塔米，两国领导人共同在两套丛书上签名留念。签名本各一套分别收藏在中国国家图书馆和伊朗国家图书馆，作为中伊两国传统友谊和文化交流的象征。伊朗政府和文化界盛赞中国波斯文学学者在翻译介绍波斯文学方面所作出的巨大贡献。中国是迄今为止世界上唯一推出如此大规模的波斯文学作品的国家，此举对促进中伊两国的文化交流和传统友谊具有重大意义。

2003 年，"波斯经典文库丛书"荣获伊朗第十届国家图书奖大奖，伊朗总统哈塔米亲自颁奖，元文琪先生作为译者代表赴伊朗领奖。随即，该丛书又荣获中国第六届国家图书奖荣誉奖、第六届优秀外国文学图书奖一等奖。2003 年 12 月，在伊朗驻华使馆举办的表彰会上，丛书七位译者一起荣获伊朗伊斯兰教育文化指导部颁发的荣誉奖，贾梅依部长亲自颁奖。

湖南文艺出版社当初策划的"阿拉伯古典文学作品丛书"最终夭折，其中原因多多，但缺乏外援不能不说是重要原因之一。而"波斯经典文库丛书"的成功问世，与伊朗驻华使馆文化处的鼎力支持分不开。"波斯经典文库丛书"的翻译出版是中国译者和出版社、伊朗驻华使馆文化处共同携手努力的结果，堪称中伊文化交流史上的一件盛事。该丛书的出版在中国文化界产生较大影响，一定程度上打开了中国出版界和读者对伊朗文学的关注视野。在随后的数年内，伊朗现当代文学优秀作品相继被翻译出版，进一步拓展了中国读者对伊朗文学的关注视野。正如萨贝基先生当初所言，该丛书的翻译出版对中伊两国友好关系的长远作用是不可估量的。笔者作为丛书译者之一，在此记录下丛书诞生过程中的曲折，以兹纪念，并由衷感叹：

中伊友谊源远流长，点点滴滴皆成文章。

2018 伊朗大 V 中国行

法尔瓦尔提什 · 列兹万尼耶 （伊朗作家、自由撰稿人）
黄　露译

　　我是法尔瓦尔提什 · 列兹万尼耶，伊朗作家、记者、研究员，擅长撰写社会新闻和喜剧作品；在新闻出版领域有 15 年从业经历，作为记者曾在伊朗多家主流报纸和新媒体工作过。应中央广播电视总台国际在线的邀请，我参加"2018 海外大 V 中国行"活动，于 2018 年 5 月23—30 日前往中国合肥和武汉访问，实地参观走访并感受这两座中国内陆城市最新的科技发展成果以及普通民众最真实的生活状态。

合肥——先进科技制造产业惊鸿一瞥

　　虽然我已经是第二次来中国，但到华东城市合肥还是第一次。第一天（5 月 24 日）的行程就令我觉得充满了惊喜。

　　我们依次参观了合肥蜀山经济开发区的二期电商园和中国工业设计城、四季花海林间书社、科大讯飞股份有限公司、合肥新站区的京东方 10.5 代生产线，以及合肥综合保税区的晶合集成电路公司。对我这样的先进科技爱好者来说，这样的行程安排只能用"完美"来形容。中国工业设计城里那些充满创意的工业设计品、科大讯飞的智能机器人以及京东方 10.5 代柔性显示屏的生产线，都给我留下了深刻印象。正如我在直播时和我的粉丝们说的，在这里，我首先感到了巨大的冲击，其次感到了巨大的满足，最后还隐隐觉得有一些失落，好希望能有时间更多地了解中国的先进科技制造产业啊！

中国的设计师们在设计中充分利用了本土艺术元素，他们将传统的刺绣工艺应用到收音机等现代视听设备上；将自己对色彩和线条的独特审美应用到台灯、手电筒等日常生活必需品上。此外，他们的发散性思维之广、之灵活，不但能想人们之所想，还能想人之所不想，从而使他们设计的产品能最大程度地方便人们的日常生活。尤其是万能汽车锤，带有照明和击碎玻璃等多种功能，真是太实用了！我相信，如果伊朗的商人们亲眼看到这些产品，绝对会两眼放光。

科大讯飞的智能机器人满足了我长久以来近距离与智能机器人交流的愿望。中国人工智能的发展真的令人震惊。这些智能机器人流畅的外形线条、简洁的颜色搭配、易学的操作系统都令我着迷。这样的人工智能系统未来一旦应用在汽车和智能家居上，必将给人们的生活带来极大的享受和便利。

当然，最具冲击力的是京东方10.5代柔性显示屏的生产线。要知道，全世界只有极少的国家具有生产柔性屏的技术，这需要非常强大的科技实力。

合肥——宜居的现代科技之城

如果说合肥的第一天给了我近距离接触智能机器人的机会，那么第二天（5月25日）则令我产生了沉迷于合肥并期待了解这个城市方方面面更多信息的欲望。

这是一个事实：如果问伊朗普通民众了解中国哪个城市，几乎所有人都会回答"北京""上海"；伊朗的旅行社提供的中国旅游城市的选项一般也是"北京""上海"和"广州"。因此，当我告知朋友和粉丝们要前往合肥时，所有人的反应都是一样的——"合肥在哪里？是怎样的城市"。今天（5月25日），在一定程度上，我可以回答这个问题了。

海外大 V 中国行合肥合影（左 7 为法尔瓦尔提什）

今天的行程是从参观合肥市文化馆开始的。亲爱的朋友们，你们能想象合肥这个城市有多少迷人的传统技艺吗？吹糖人、皮影戏、陶艺、铁字工艺、葫芦烙画、蛋雕、泥塑……不胜枚举。该文化馆免费向市民开放，注重对非物质文化遗产的保护，并通过免费的文化培训辅导，加强年轻一代对传统文化的认知。我个人真的觉得合肥在文化保护方面做出的努力令人瞩目，这或许源自当地人对本土文化的强烈自豪感吧。

尽管只是短短的两天时间，我们快速地参观了合肥具有代表性的企业，除了昨天参观的科大讯飞、京东方、晶合集成电路公司，今天我也非常荣幸地参观了江淮汽车集团的新能源汽车生产基地，并体验了江淮瑞风 S7 新款电动汽车。请相信这绝对是意外惊喜！ JAC 这个品牌在伊朗知名度很高，而且在伊朗也合作建厂了，相信随着中国"一带一路"倡议的不断推进，伊中两国在各领域的合作也会出现更多新的成果。

合肥刘园美景

　　确实，一开始我没有想到能有机会试驾新款新能源汽车，似乎我的合肥之旅全程都充满惊喜。当然，最大的惊喜就是下午参加的 2018 世界制造业大会。这里展出了全球最新的人工智能成果，我和"最爱的"各种形态的机器人们不断合影留念、"亲密接触"，真的太满足了，请原谅我无法用言语形容我的激动与兴奋的心情。我最深的感触是，人工智能已经渗透到了我们生活的各个领域。合肥这个城市非常具有前瞻性，着重发展人工智能，并通过举办类似的大型展会，将世界人工智能领域的目光聚焦到自己身上，这绝对是聪明的做法。

　　一个强烈的想法在我的脑中形成：下次一定要自己前往合肥，重走一下今天的行程，有更多的时间、更深入的感受和学习，让我每一个毛孔呼吸科技创新带来的便利和幸福。相信随着合肥科技创新战略的不断推进，这个城市未来必将成为现代科技城，并吸引全球的目光。

最后雨中漫步的合肥滨湖国家森林公园，则用实例告知我们如何与自然和谐相处。多样的娱乐设施、密集的绿色覆盖，相信无论是闲暇的周末还是三五好友的小聚，都能在这里找到自己的心头所好。

因此，一开始我说了，在一定程度上，我今天可以回答"合肥在哪里？是怎样的城市"这个问题了。位于中国东部地区的合肥，既有先进科技制造产业解决就业问题，又有文化传承与放松身心的绝佳去处，难道不是特别宜居的现代科技城吗？

合肥——新与旧碰撞出火花的城市

估计只有伊朗俗语"正瞌睡就有枕头递过来"最能形容我在合肥第三天（5 月 26 日）的心情了。昨天（5 月 25 日）刚刚表达了更多了解合肥这个城市的欲望，今天就得到了满足——难道合肥是我肚子里的蛔虫吗？

26 日一早，参访团一行前往位于合肥市东南部的三瓜公社南瓜村。我认为，这里代表的是目前中国政府新农村建设实践取得的新经验，即特色小镇建设。南瓜村的特色就是大力发展电商，我觉得这个方向值得我们国家学习。全世界的农村地区都面临几乎一样的问题——产品滞销，最后导致非常多的浪费。大力发展农村电商，不仅畅通了农村特色产品的销路，使得农民的收入增加，同时也提高了就业率，并创造了更多的就业机会。这是一个多赢的方式，非常值得推广。以这种方式促进发展，推进扶贫开发，绝对是成功案例。

之后，我们参观了一家拥有多项专利的新材料研发公司——合肥百思新材料研究院有限公司，这里让我明白，中国在创新领域的努力已经

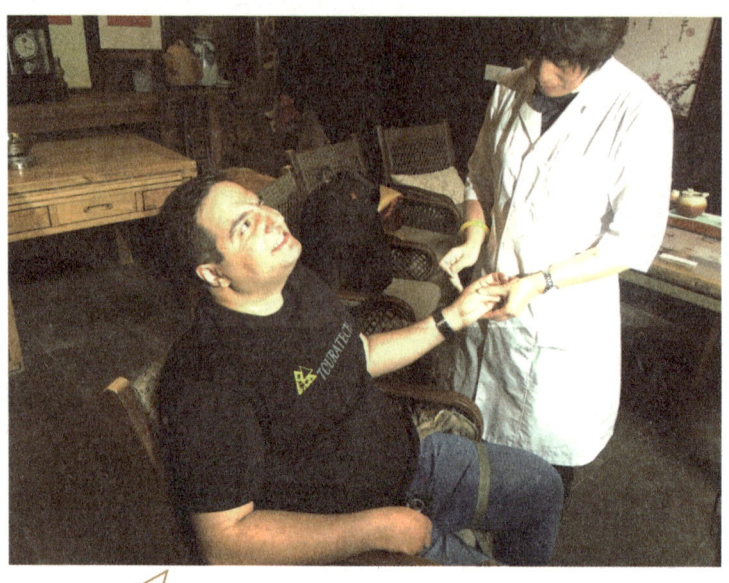

法尔瓦尔提什在合肥体验中医针灸。

覆盖各大城市。几乎所有的公司，无论大小，都致力于新技术、新产品的研究。这是非常明智的做法：中国作为世界第二大经济体，有足够的经济实力投入新材料的研究，这样不仅推动本国的科研实力提高，也可以使本国在第一时间享受到科研成果带来的便利，因为拥有专利技术。看到合肥当地政府对各大创新企业的扶持，我相信越来越多的高新科技成果将迅速改变我们的生活。

上午的最后一站是未名集团的中国半汤生物谷，这里展示了中国顶尖科学家们在基因工程领域的研究成果。说来惭愧，太多的专业名词我并没有完全理解，但有一点我明白了：这些研究使得人类维持健康、获得更长寿命变为现实，除此之外，基因技术也可以运用到制药、农业等多个领域。我必须深深地感叹，中国改革开放 40 年取得的经济社会发展成果在方方面面得到了体现。智能机器人这些夺人眼球的产品能够一瞬间吸引人们注意，但是这个伟大的国家并不局限于此，而是将科技创新向更多的方面覆盖，向包括健康在内的与普通民众更加关切的领域延伸。

最后一站刘园，以一种浓缩的方式展现了中国安徽的徽派建筑，我还学习到了"白墙灰瓦"这个词组，这是一个完美形容徽派建筑风格的词。除此之外，通过介绍我还了解到，徽派建筑还有全木质、榫卯结构，不用一颗钉子就可以完美密合，建成一座房子，真是太神奇了。刘园就是一个合肥或者说是中国传统文化的浓缩地。亲爱的朋友们，在这里我第一次体验了中医针灸，是用针扎到身体的各个部位来治疗疾病的方式。是不是特别神奇？针灸师通过望、闻、问、切就知道我们的身体有什么毛病，扎几针就可以缓解症状；最重要的是，真的不疼，就是酸酸胀胀的，太神奇了，必须点赞！

值得一提的是，刘园是合肥本地的企业家为了保护徽派文化和建筑，经过七年的努力收集、购买、整体迁移而形成的徽派建筑博物馆。这是非常令我们感动的，它是合肥本地企业家的强烈文化归属感和社会责任心的体现。他们的目光超越了赚钱这个狭隘的领域，更多地专注于人文情怀以及文化传承的问题。说真的，我特别羡慕。在这里，我看到了很多自己向往的东西。文化是一个地区的底气，安徽拥有丰富多彩的手工艺文化、独特的徽派建筑文化、享誉全国的戏曲文化，确实是一个充满文化底蕴的地方。文化底蕴孕育了具有人文情怀的徽商，儒商们又不断回馈社会，形成了良性循环。

武汉——感受何为"以人为本"之地

我的武汉之行，是以（5月27日晚）穿越到80年前的中国开始的：在长江上的"知音"号江轮上，穿越回长衫旗袍的年代。这是我第一次感受体验式舞台剧，尽管不懂中文，但是看着演员们的表情和动作，加上音乐的渲染，我完全体会到了演员们展现的形形色色人物的喜怒哀乐。

武汉城市风光

果然，艺术在某种意义上是无国界的，是人类沟通的桥梁。

当然，如果你问我对武汉的最初印象，就目前（至 5 月 28 日晚）我们参观过的地点东湖和楚河汉街来说，我认为武汉是一个绿色文化创新之城。这里人与自然和谐相处，是一个放松身心的绝佳之地。武汉是一个绿化程度很高的城市，放眼望去，处处可以见到绿色。武汉又被称为"百湖之城"，意思是说武汉有很多湖泊，其中面积最大的是东湖，也是中国最大的城内湖。之前访问合肥的时候，我曾向大家介绍过中国人认为水象征着财富，武汉有这么多湖泊，那么它无论现在还是过去都必然是一个繁华的城市。这一点毋庸置疑，通过体验"知音"号上的年代秀，我已经感受到了，即便在 80 年前，当地人的摩登生活就足以体现过去武汉的繁华了。另外，长江两岸的摩天大楼、依水而建的现代楼盘、三层甚至四层的立交桥，无一不展示出当今这个城市的经济繁荣程度。

海外大 V 中国行武汉合影（左 4 为法尔瓦尔提什）

　　给我更深刻印象的是，武汉本地居民完全享受到了自然环境带来的便利。武汉的城市规划完全依据山水地理环境进行合理规划，使得人与自然和谐相处。在武汉，我似乎理解了中国政府一直倡导的"以人为本"理念。"以人为本"不就指的是所有人的需求都能得到满足，所有人都能愉快开心地工作生活并找到自己的价值吗？武汉，我个人认为，是完美体现这一理念的范例。长江边上建设了沿江休闲公园，东湖边上建设了徒步和自行车道，到处都能看到武汉本地居民或悠闲地散步，或带着小宝贝贴近自然，或三五好友下着象棋，或年轻人们相约骑行，或退休的人们愉快地跳舞。整个武汉呈现给我的是一个适宜生活的状态，似乎每个人都能从中找到自己的快乐。

　　山水湖泊给人带来的是悠闲与放松，楚河汉街则是现代和便利的体现。年轻人们在这里汇聚，因为这里应有尽有：国内外的大牌衣服、鞋

法尔瓦尔提什在武汉
与街头艺人合影。

子尽供选择，各式各样的饭馆、咖啡馆、饮品店、甜品店令我眼花缭乱，真是个极棒的地方。无论男女老少都能在武汉找到适合自己的休闲方式。我用"蹩脚"的英语与很多当地人交谈，发现几乎所有人都对这个城市有着很强的归属感、认同感，每个人都乐在其中。在楚河汉街，我体验了之前未曾体验过的手工艺，或许应该称为现代街头手工艺：石膏雕刻、硬线丝编艺等，人们的聪明才智以一种新的方式得以展现。

武汉，是一个充满绿色、生活便利体现在方方面面的城市，它完全吸引了我。我甚至突然萌发出强烈的在这个城市生活的想法，这样，我就可以每天沿着东湖愉快地骑自行车，工作之余在楚河汉街感受多样的现代文创产品，一边快乐地工作，一边快乐地享受生活。今天，我看到的是武汉的文化创意和绿色健康，这个城市似乎一直在探索以一种新的方式促进社会的发展，这让我对接下来的行程有了更多的期待。

湖北省博物馆内的曾侯乙编钟真品

武汉——每天不一样

正如武汉的城市宣传口号"武汉，每天不一样"所表述的那样，每到一个新的参观点，武汉都会带给我不一样的新鲜感。

5 月 29 日是我们在武汉的最后一天。我们先去光谷参观了高新技术企业长飞光纤和烽火科技的全自动化生产车间，实地感受了中国在光纤制造、产业升级方面取得的新成就。我了解到，武汉光谷有 40 家高新技术上市企业。要知道，中国的上市公司一共也只有 3000 多家。武汉光谷的企业正不断创新，其产品大量出口到国际市场。我猜想，这应该是中国全力发展高新技术企业的结果。

下午在湖北省博物馆和黄鹤楼的楚文化体验，则超出了我的预期。亲爱的朋友们，你们可以想象一组大小不一的青铜制的钟可以演奏出美妙绝伦的音乐吗？而且，这种神奇的乐器既可以演奏中国的传统乐曲，也可以演奏西方的乐曲，真的是太神奇、太精彩了！在欣赏完曾侯乙编钟音乐会后，我想只有用新学的一句中国古话"余音绕梁，三日而不绝"才能完美地诠释我的感受。湖北省博物馆每天定期演奏编钟，不仅丰富了市民的业余生活，向游客展示音乐文化，同时对文化传承也有很大的促进作用。我在武汉随处都能深刻地感受到市民对当地文化的认同感，几乎所有的武汉市民提及楚文化都感到自豪，并且人人都乐于向他人展示、宣传和传播楚文化。

除此之外，面对几千年前中国战国时期楚国精美绝伦的服饰、头饰、舞蹈，我只能慨叹：中国真的是太大了，中国文化真是太博大精深了，中国文明在不同的地域都有着不同的体现。

好希望能在武汉待更长的时间，我真的太喜欢这个城市了！

忆《波斯语汉语词典》问世前后

滕慧珠（北京大学外国语学院副教授，《波斯语汉语词典》署名编辑之一）

1981 年 9 月，商务印书馆出版了《波斯语汉语词典》。这是我国出版的第一部波斯语汉语词典，是中国和伊朗文化交流史上的一件大事，具有里程碑意义。

《波斯语汉语词典》正式出版至今，已经过去了 35 年，如果把它前期酝酿准备和实际编写修改的时间算上，那就更长了。很遗憾，由于种种原因，有关《波斯语汉语词典》的编写沿革和逸闻趣事，词典署名的三位主要编辑都没有留下具体的文字记录。所以我只能依据《波斯语汉语词典》的"前言"和华黎明先生的《忆鸿年学长》、宋丕方先生的《怀念张先生》、张晖先生的《怀念张鸿年老师》、穆宏燕女士的《岔道里的胜景——记波斯语文学家张鸿年先生》等纪念文章，从以下几个方面谈一下我对《波斯语汉语词典》编写的一些记忆和了解。

———— 一 ————

谈到《波斯语汉语词典》，就不能不提到组织和领导编写这部词典的张鸿年先生。而提到张鸿年先生，就不能不从他与波斯语结缘的话题说起。

1957 年，北京大学东方语言文学系根据国家的需要筹建了波斯语专业，并于当年开始招收专业学生。因为担任教学的伊朗老师不懂汉语只会俄语，所以张鸿年先生从俄语系被借调到东语系，担任伊朗老师的

《波斯语汉语词典》
封面

翻译和助教。据记载，1958 年招收的第二届学生不懂俄语，伊朗老师教的字母和发音都是通过张鸿年先生口口相传传授给学生的。就这样，张鸿年先生在做翻译的同时，也开始学习波斯语。第一届学生毕业时，张鸿年先生不仅成为北大波斯语专业的首届毕业生，同时也成为北大波斯语专业第一位自己的教师。华黎明先生曾用"饮水不忘掘井人"高度评价了张鸿年先生对中国波斯语启蒙作出的贡献。

学习外语离不开词典，对于初学外语的人来说，找到一本合适的词典尤为重要。北大波斯语专业 1957 级第一届学生有一个优势，就是精通俄语，可以借助《波俄词典》来学习波斯语。而以后入学的学生就没有这种优势了。所以，找到合适和代用的词典就成为紧迫的任务。据张晖先生回忆，1958 年，波斯语专业 1957 级学生（包括张鸿年先生在内）把《波俄词典》译成了《波汉词典》。1959 年，张鸿年先生又组织波斯语专业 1958 级学生把《波汉词典》手稿打字油印，装订成四册供学生使用。可见，张鸿年先生很早就萌生了编写波汉词典的念头。

由于众所周知的原因，"文革"前后，在大学里想要安下心来全力以赴地编写词典，那几乎是不现实也是不可能的。这种状况一直持续到70年代初，那时，北京大学波斯语专业开始招收工农兵学员，随着教学的需要，波汉词典的编写被提上日程。时任波斯语教研室主任的张鸿年先生审时度势，果敢地提议由北大波斯语教研室牵头，联合国内波斯语界的同行共同编写《波斯语汉语词典》，并亲任编写组组长，开始组织和领导漫长的词典编写工作。如果说张鸿年先生当年由俄语转行波斯语，还多少带有"听从组织安排"的被动原因，那么他日后义无反顾地组织和领导编写《波斯语汉语词典》，则完全是发自内心的主动行为，体现了作为波斯语专业教师和带头人的责任感和使命感。

二

40多年前，要编写这样一部大型词典，遇到的困难是现在无法想象的。在工作量大、人员少、缺乏参考资料、没有经费、没有设备的条件下，张鸿年先生硬是凭借他的才能和魄力带领全体参编人员开始了长达10年的编写工作。

词典开编之初，我还是波斯语专业的学生，因为宿舍与词典编写办公室同在35楼，在波斯语学习中遇到问题时，我们学生都会去词典编写办公室向老师们请教，也因此目睹过教研室老师特别是从外单位借调来参加编写的老师们为之付出的辛劳和心血。

在我的记忆中，编写办公室是一间十平方米左右的学生宿舍，里面只摆放着一些桌子和椅子，但每张桌子上都堆满了手抄的资料和卡片。那时候还没有电脑和复印机，一切都要靠手工抄写。所以，编写初期，制作卡片就成为最原始也是最有效、最经济的办法。我们学生经常可以看到从外单位借调来的张铁伟、甄锦波、崔玉梅、元文琪、王薇和胡德梅老师在办公室里抄写卡片。他们都是拖家带口的中年人，但为了一个崇高的事业，吃住在学校，日复一日，月复一月，为波汉词典的前期准备默默地作着奉献。

在那个特殊的年代，教研室老师要经常随学生去工厂和农村开门办学。为了不影响词典编写，老师们走到哪儿，就把编写任务带到哪儿。记得我们在外文印刷厂开门办学时，劳动之余，老师们就坐下来讨论编写中遇到的问题。他们曾经就词条如何标音讨论多次，最后是张鸿年先生综合了大家的意见，决定采用拉丁音标注音。

词典的前期编写中，遇到的问题很多。当时还没有伊朗学者参与，于是张鸿年先生就想办法，先把问题集中起来，然后通过书信方式，让在伊朗留学的北大老师请教伊朗教授后，再把答案寄回国内。我在伊朗德黑兰大学留学期间，就执行过两次这样的任务。后来经过多方努力，终于邀请到了伊朗伊斯法罕大学教授穆罕默德 · 贾瓦德 · 沙里亚特博士和德黑兰大学教授古兰姆 · 列扎 · 苏托德博士，他们先后两次来华和北大老师一起合作编写，这样很多问题就迎刃而解了。

1977 年，两位伊朗教授第一次来华，因为他们在各自的大学都有教学任务，所以在北京只能待一个多月的时间。为了有效地利用时间，张鸿年先生和曾延生先生顾不上家庭和孩子，也住进伊朗教授入住的宾馆。整整一个多月，他们夜以继日地与伊朗教授讨论和解决词典编写中遇到的问题，并逐条核对词条内容和释义。听说伊朗教授还带来了当时最新出版的波斯语版《穆因大词典》，他们以此为蓝本，在原有的基础上，又补充和增加了许多新词条，充实和丰富了《波斯语汉语词典》的内容。1978 年，两位伊朗教授再度来华，与中方学者一起校阅词典，提出修改意见，进行最后的修订工作。这部《波斯语汉语词典》凝聚了中伊两国学者的心血和汗水，是两国学者共同努力的结果，也是两国文化交流

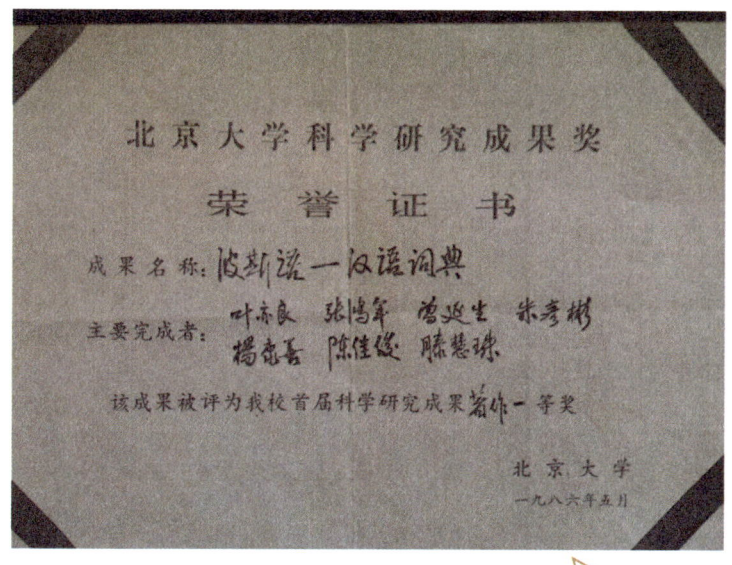

 《波斯语汉语词典》获得北京大学科学研究成果著作一等奖。

的最好见证。另外，正是因为有了《波斯语汉语词典》的编写和合作，才拉开了北京大学和伊朗德黑兰大学友好合作关系的序幕，为以后两校互派教师和学生、进行校际交流和学术研究奠定了扎实良好的基础。

三

《波斯语汉语词典》是一部中型语言工具书，共收现代波斯语词汇 6 万余条，其中包括一定数量的成语、谚语和现代科技词语。词典于 1981 年 9 月由商务印书馆正式出版。

《波斯语汉语词典》的署名是：

北京大学东方语言文学系波斯语教研室 编

扉页上注明的《波斯语汉语词典》编辑人员是：

主要编辑：叶奕良　张鸿年　曾延生

编辑：朱彦彬　杨康善　陈佳俊　滕慧珠

关于《波斯语汉语词典》，张晖先生作过非常精准的概括，他说："这部《波斯语汉语词典》是集体的杰作，凝聚着张鸿年、曾延生、叶奕良，以及其他教师及外单位借调人员的心血，但无疑领导、组织这部词典的核心乃是波斯语教研组组长张鸿年老师。"

在《波斯语汉语词典》的前言里，除了第二节中提到的人名外，还提到了如下的一些老师：在《波斯语汉语词典》编写过程中，"宋丕方同志在核定词典的整个过程中做了大量工作"，"参加工作时间较长的有：白君鹤、薛祥贤、钟友文、张濮和王文通等同志"。

这里需要特别提到的是张鸿年先生和宋丕方先生在《波斯语汉语词典》编写中的合作关系。张鸿年先生编写波汉词典的念头由来已久，他早在上世纪 60 年代末就与宋丕方先生商议合作编写事宜。因为宋丕方先生精通俄语，70 年代中后期，张鸿年先生还找人替宋丕方先生教课，以便让他专心地把当时刚出版的两卷本《波俄词典》翻译成汉语。他们的前期准备为《波斯语汉语词典》的编写打下了良好的基础。

另外，词典编写基本完成后，张鸿年先生和曾延生先生专门邀请东语系汉语造诣深厚的陈玉龙老师和徐晓阳老师对中文释义进行了加工润色，使汉语表达更加精准。可见他们两位对这部词典倾注了多大的心血。

《波斯语汉语词典》1981 年 9 月第一次印刷，印数为 1500 册。词典出版后，学界反响很好，很快售罄。有学者说："我购买过《波俄词典》，也买过一部《波英词典》，这些词典都编纂得较早，词汇量和编辑质量无法与《波斯语汉语词典》相比。因而，若作横向比较的话，《波斯语汉语词典》在非波斯语国家中应居于先进之列。由此也可以看到编纂者付出的辛苦，特别是教研室主任及主编之一张鸿年老师严肃、认真、谦逊的态度。"为了满足社会的需求，《波斯语汉语词典》1988年12月第二次印刷，印数为3000册；1997年3月第三次印刷，印数为2500册；2012年1月第四次印刷，未注印数。保守估计，四次印刷总数应该达到8000册之多。这样，就基本满足了国内波斯语教学、翻译和科研工作的需要。

随着中伊两国的文化交流日益增多，使用《波斯语汉语词典》的人越来越多，反响也越来越大。词典受到了学界的高度重视，1986年6月获得北京大学首届科学研究成果著作一等奖，1987年11月获得北京市哲学社会科学和政策研究优秀成果二等奖，1995年7月获得国家新闻出版署首届辞书奖二等奖。

如今，《波斯语汉语词典》的三位主编——曾延生先生、张鸿年先生、叶奕良先生已经先后去世，这是中国波斯语界的一大损失。他们生前为中伊文化交流作出了重大贡献，为《波斯语汉语词典》的编写付出了毕生的精力。谨以此文向他们表示深切的怀念。

我眼中的新疆

莫茵·贝赫曼内什（中国国际广播电台波斯语部记者）
林 路译

我叫莫茵，是个老外。我的祖国在千里之外的伊朗——一个和中国一样有着无数美丽故事的国家。我在北京已经生活八个年头了，现在是中国国际广播电台波斯语部的一名外籍记者。因为工作的关系，我去过很多中国的城市——昆明、大理、重庆、洛阳、大连……也算是个见过一些世面的老外了。可有一个地方，无论何时何地想起她，我仍难掩心潮澎湃，那就是——新疆，丝绸之路上一颗璀璨的明珠。

去新疆之前，每年回伊朗探亲，我都会在乌鲁木齐转机。每当飞机起飞的时候，我总会久久地凝望着脚下这片多年以来一直心驰神往的土地。新疆，中国陆地面积最大的省份，和八个国家接壤，有美丽的高山湖泊，有一望无际的荒漠戈壁。上学的时候，我就从书中得知，中国的新疆生活着许许多多和我一样信仰真主的穆斯林兄弟姐妹，关于这里的故事，我听过许许多多，或美丽，或忧伤。我曾多次向真主祈祷，让我去看一看吧，看一看吧。

终于，真主听到了我的祈求。

2015年，我应邀参加"感知新疆——一带一路进行时"采访活动。出发前，我问了同事一个问题：在伊朗时，我不止一次听说，在中国的

乌鲁木齐国际大巴扎内，几位穆斯林坐在一起闲聊。

新疆，维吾尔族人没有权利使用自己的语言，他们只能说汉语、用汉语。这是不是真的？同事们没有立刻回答我的问题，他们建议说：这样吧，你带着疑问自己去看看，回来之后再把你自己的感受写下来，这样不是更好？我想了想，同意了。

乌鲁木齐——国际化的区域交通枢纽

一出乌鲁木齐机场，我在出发前提出的那个问题就有了答案。从机场到市区，一路可见各类指示牌，政府机构、商场、学校、银行乃至路边的小店招牌都清楚地用汉语和维吾尔语作了标注。更有趣的是，晚上我们来到一家餐厅，翻开菜单，我居然能够对照着维吾尔语字母准确地念出每一道食物的叫法。店主非常好奇，热情地过来和我聊了好一会儿天，临走还说欢迎我再来。当然，我一定还会再来。在乌鲁木齐的第一

莫苒在乌鲁木齐国际大巴扎试戴维吾尔族小帽。

天，我在自己的微信里写道：亲眼所见才为真。

我们的采访活动从乌鲁木齐开始，途经阿克苏再到吐鲁番。有趣的是，这三座城市都曾是古丝绸之路上重要的节点。重走丝路，我不禁为中国政府在落实习近平主席提出的"一带一路"伟大构想上所做出的巨大努力而感叹。一路上，随行的同事一直耐心地给我作翻译，他们希望我能够把最真实的新疆记录下来。尽管出发前已经做了很多功课，但当我站在雨中远眺正在建设中的兰新高速铁路乌鲁木齐站，在巨大的轰鸣声中走进出口中西亚的金风科技风力发电装置叶片组装车间，在乌鲁木齐经济技术开发区的展厅通过 3D 影像鸟瞰整个开发区发展规划蓝图时，我不得不承认，我还是被这片土地快速发展的脉搏深深地震撼了。一座

采访团探访乌鲁木齐一家文化慈善中心。
儿童和青少年在这里学习和传承传统艺术。

座工厂拔地而起，一条条高速公路和铁路正穿越戈壁荒滩，翻越帕米尔高原，直通中亚、西亚乃至欧洲！我甚至有一丝丝小小的嫉妒：什么时候我也能拥有如今中国人国富民强的骄傲表情？

阿克苏：荒漠变绿洲

来新疆之前，我没听说过"阿克苏"这个名字。同事告诉我，在中国，几乎没有人不知道阿克苏，因为这里出产的冰糖心苹果几乎走进了每一个家庭。在我的想象里，这里一定水草丰美，物产丰富。不承想，到了阿克苏才知道，30多年前，这里还是遍地风沙的"不毛之地"。如果

莫苒试弹当地传统乐器都塔尔。

说乌鲁木齐的高速发展是时代车轮驱动的结果，那么阿克苏防沙造林、发展生态农业的故事背后，则是一代代新疆各族人民不畏艰险的"新疆精神"。

徜徉在绿意盎然的万亩防护林中，远眺天山脚下的万亩枣园，我一次又一次被当地治沙工人讲述的几代人扎根荒漠、植树造林的动人故事所打动。咬一口有着"冰糖心"美称的阿克苏苹果，闻着带有一丝果香的空气，我已经很难想象那种半夜醒来黄沙遮掩门窗的日子，只能从防沙治沙展览馆的老照片里追踪到一点当年的影像。老馆长告诉我，阿克苏的维吾尔语含义是"清澈的水"，我不禁莞尔：黄沙淤泥已成往日，今日的阿克苏不正是流淌在丝绸之路上的一滴清澈的水珠吗？

莫苒在吐鲁番与维吾尔族阿妈合影

吐鲁番：葡萄架下的甜蜜

吐鲁番给我的第一个感觉，就是热。据说，这里有一座火焰山，曾经阻挡了玄奘西天取经的路。跟乌鲁木齐和阿克苏不同，吐鲁番显然更符合我对新疆城市的想象：高高的宣礼塔、低矮的四方庭院、街头巷尾踢球的少年、头顶着牛奶桶的维吾尔族老阿妈。当然，还有葡萄！遍地的葡萄晾房，随处可见的用葡萄命名的宾馆酒店，无时无刻不在提醒我，好好享用一番吧。可惜我们来得不是时候，葡萄尚未成熟，还高高地挂在藤蔓上，只能把玩一番过过瘾，再买上几袋葡萄干解解馋。见我有几分遗憾，随行的新疆朋友告诉我，现在吐鲁番的葡萄早就不再是新疆人

莫苒和记者同行在吐鲁番葡萄园合影留念。

的专利，便捷的电子商务和物流已经把这里的葡萄送到了中国千家万户的餐桌上。等回到北京，只需轻点几下键盘，照样可以享受这份独特的甜蜜。

从乌鲁木齐到阿克苏再到吐鲁番，我们在新疆的行程近两千公里。舟车劳顿，我却从未有过一丝疲惫。我一直想找一个词来形容自己在新疆时的那种心理状态。直到回到北京，我才恍然大悟，那种感觉就是"熟悉"，这种莫名而来的熟悉而亲近的感觉，从下飞机的那一刻起就扑面而来。具体是因为什么，我说不上来。是空气？是海拔？是不断映入眼帘的大大小小的清真寺？是街角拐弯处不经意间出现的馕店？是街上行人和我相似的面孔？是能顺利读出来的维吾尔字母？我无法具体解释。我总觉得，行走在大街小巷，一种平静、安详的感觉油然而生，像是回到了家乡，正漫步在回家的路上。

　　从新疆回来，我的伊朗朋友们都问我，新疆美不美？我总是不假思索地回答：美！他们都说：什么地方美？赶紧说说，下回我们也去看看。我说，我一个景点也没去，具体说不上来，就是觉得哪里都美。他们笑我：中国人说话的方式你已经学得差不多了。我笑笑没说话，眼前又浮现出一个又一个熟悉的场景：夕阳西下，大巴扎边上的长椅上唠家常的几个维吾尔族长者；十字路口绿灯闪烁时，快速跑过的衣着艳丽的维吾尔族少女；馕店里被炉火映红脸颊的小哥……还有那天从吐鲁番的葡萄种植园里出来，采访团一行在路旁一家维吾尔族居民的庭院里歇脚，素不相识的女主人给大家倒上自己做的砖茶，然后指着茶对我们说"chayi"——没想到，维吾尔语茶的发音竟和波斯语一模一样！我们端着茶，没怎么交谈，彼此相视而笑。女主人挺着九个月的孕肚忙进忙出，两个娃娃在院子里认真地洗着自己心爱的皮球。长长的躺椅上铺着地毯，绚烂的斑纹在阳光下显得更加耀眼。这就是生活，比葡萄还甜的生活；这就是新疆，我眼中最美丽的新疆。

"相亲相随": 我与伊朗人交往的两个故事

王泽壮（安徽大学西亚北非研究中心教授、主任，伊朗研究专家）

从 2003 年攻读硕士开始，我从事伊朗研究已经 16 个年头了。随着研究工作的逐渐深入，我与伊朗各界的联系、交往和合作也越来越多，期间发生的很多事都给我留下极深刻的记忆，现撷取其中两个片段形诸文字，以飨读者。

学习波斯语收获一个干儿子

我在南京大学读博士期间，虽然跟着南京大学著名蒙元史专家刘迎胜教授学习了一段时间波斯语，但由于读博学习任务繁重难以保证正常出勤，所学基本上仅限于字母认读水平，既无阅读能力，更无交流能力。我的博士论文写的是被称为伊斯兰革命三大理论家之一的阿里·沙里亚蒂，每天阅读的全部是沙里亚蒂本人的《法蒂玛就是法蒂玛》(Fatimeh Fatimeh hast) 和《伊斯兰社会学》(Jameshenasee Islamee) 的英文版以及《阿里·沙里亚蒂政治评传》(The Political Biography of Ali Shariati) 之类的著作，但对其中时有出现的波斯文单词完全不懂。语言问题成为我研究工作难以深入的瓶颈。为了学习波斯语，同时也为了收集一些关于阿里·沙里亚蒂的资料，我于 2013 年 9 月底到伊朗马什哈德大学访学，为期半年。到马什哈德大学的第二天，我的老朋友阿

2013 年 11 月，王泽壮教授与沙里亚蒂的学生、马什哈德大学历史教授劳特费先生（右）在讨论沙里亚蒂。

里·阿斯加尔·佐吉（Ali Asghar Zoghi，马什哈德大学人文学院世界史教师，2007 年到云南大学攻读博士学位，师从肖宪教授，主要研究 1949 年之后新中国与伊朗关系。2008 年我博士毕业后曾在云南大学国际关系学院短暂工作过，期间经姚继德教授介绍与之结识，之后一直保持联系）专门安排了两个历史系男生教我波斯语：一个叫阿泰·贾拉叶（Ata Jalayer），他是大四学生，英语水平能简单交流；另一个叫赛义德·巴赫提亚里（Said Bakhtiari），大三学生，他的英语水平还没有达到简单交流的程度，只会结结巴巴说几个最简单的英语词汇。他们的英语水平不高，这对我学习波斯语反而更有利。他们从字母表"alef、be、pe"开始教起，从书店里买回供外国人使用的教材，从"ab"（水）、"dast"（手）、"asb"（马）、"雨"（baran）等最简单的单词入手；为了练习书写，我又从商店里买回了小黑板和记号笔，挂在宿舍的墙上。差不多每天下午 6 点左右，两个学生轮流来到我的宿舍（我的宿舍是研究生公寓 fajow yek 142 房间）教我三小时。有一段

2013 年 12 月，王泽壮教授与马什哈德大学政法学院老师们座谈。

时间，白天我到班上给他们上课，晚上他们来宿舍当我的老师。

除了课堂学习外，我为了强化口语，不时邀请伊朗学生三三两两到周边的餐厅吃饭，在校园里散步，到校园周边的书店、商场闲逛，交流时虽用英语，但我常常努力用波斯语提问，学习日常单词。我记得跟我一道散步或吃饭的学生中有一个叫马赫迪（Mehdi）的大四男生及其女友娜勒盖斯（Narges），交往次数少的名字就记不清了。访学期间，出于了解民情和练习口语的目的，我让赛义德做向导，带着我从马什哈德坐大巴到他家乡，一路上他磕磕巴巴地用英语夹杂着波斯语与我交流，我说不成波斯语整句，就一个一个单词往外冒，好在他马上就能知道我想要说什么。碰到一些实在听不懂又影响交流的英语或波斯语单词，他就拿出手机查英语单词给我看。就这样，我从第一个波斯语单词 ab 开始，再到 kebab Kubideh（肉末烧烤）和学术单词 jadeh-e abrisham（丝绸之路），到我回国之前，我已经可以单独到饭店去点菜，可以跟波斯

2013 年 9 月，王泽壮教授与伊朗学生赛义德·巴赫提亚里合影。

老汉面对面交流简单的思想了。如今，我借助字典可以阅读原版的哈梅内伊回忆录，这必须归功于在马什哈德将近半年的集中学习打下的基础。现在，我基本能做到利用波斯语看材料，阅读波斯文报纸和网站，这对我来说实在是一个可喜的进步。

为了答谢伊朗学生的帮助，当然也是出于对伊朗的感情，我在回国前把手头没有花完的里亚尔全部给了赛义德，折合起来大概有 60 多美元。他家有四口人，自己在上学，妻子失业在家（他属于早婚，18 岁就结婚了），妹妹和妹夫也失业，母亲是家庭主妇，家中上班的只有他父亲一人。他父亲在一家养鸡场上班，每月工资折合起来才 300 美元不到。他的家在戈尔甘（Gorgan）的农村，我在他家中基本没看到值钱的东西，除了一台伊朗国产"萨满德"（Samand）汽车之外。他本人也非常简朴，衣着陈旧，皮鞋又脏又破。我把一双新皮鞋也送给了他。而阿泰呢，我干脆将他带到中国来留学，经过多方努力，把他送进合肥的中国科技大学并申请到政府奖学金，如今他硕士已毕业并继续攻读博

2013 年 9 月，王泽壮教授与伊朗
义子阿泰及其妻子合影。

士学位。由于关系亲近，他已经认我为"中国爸爸"，在所有公开场合，即使当着亲爸爸铁木尔（Timur）的面，他也从不避讳这一称呼。干儿子后来告诉我，原本他已经计划好到德国留学，而且都已联系妥当，因为他有一个舅舅在德国经营地毯生意，但随着与我接触越来越多，他渐渐放弃了原来的计划，决定跟我到中国，后来还说"是真主把中国爸爸送到我面前"。其实这孩子并不迷信，反而还属于思想开放、积极活跃的那种，我平时未见他"乃马兹"（namaz，祷告），更没有"如宰"（rozeh，斋戒），课余更多是引朋呼友，积极为中伊两国的高校、研究机构、文化人士的互访互通奔走联络，做了很多有益的工作。日前，中国科大考古队成功地与内沙布尔大学启动联合考古工作，这主要得益于他的具体联系和推动。最近两年，因伊朗东北部干旱严重以及美国制裁导致国内通货膨胀、经济凋零，他亲爸的大量土地歉收，家中接济常常不及，再加上他平时交友广、开销大，一旦出现手头拮据时，他就来

2013 年 11 月，王泽壮教授与阿泰
父亲铁木尔（右 3）等家人合影。

到我办公室转悠，无须多言我就知道他的来意，便不定量给予资助，以代替他亲爸的角色。直到 2018 年 9 月开始获得中科大高额奖学金后，他才很少向我提要钱的事。他因为各方面表现出色，深得导师赏识，也深得伊朗在华留学生、商人和驻华使领馆的赏识，一度还出现过上海总领馆正式邀请他辍学到领馆工作的事，后来因我反对而作罢。说心里话，我非常看好他的未来，盼望他将来能更好地学习汉语，结交更多中国朋友，为中伊两国做更多有益的工作。须知，这一切都是从我那次波斯语学习开始的。

参赞先生空运吉县苹果苗

侯赛因·贾里万德是继萨贝基之后的伊朗驻华使馆文化参赞，大约在 2010 年底或第二年年初到中国履职，之前担任伊朗东北部胡腊桑拉扎维省萨卜泽瓦尔（Sabzevar）大学校长、学术委员会主席。2011年暑假，经河南师范大学吴成教授介绍，我认识了伊朗驻华使馆文化处秘书兼翻译马晓燕女士，不久我就接到了使馆文化处打来的电话，邀请我和西北大学黄民兴教授前往伊朗访问交流。当年 11 月，我和黄老师就完成了为期 12 天的考察交流，那是我第一次踏上伊朗国土。后来我了解到，正是贾里万德参赞的好意才使我第一次伊朗之行得以实现。此后，我与使馆文化处直接交往变成常态。2012年6月，马晓燕女士联系我，说参赞先生希望访问山西师范大学，并希望就支持和扩大我校伊朗研究与校领导会谈。我将此事写成文字报告给历史学院院长车效梅教授，很快就获得学校的同意。7 月 6—7 日，贾里万德参赞正式到访并与时任山西师大副校长薛耀文进行了会谈。双方会谈很顺利，并签订了合作备忘录。贾里万德参赞非常开心，提出到周边景点和文化场所参观的想法。于是，我决定陪同参赞先生到离临汾大约 140 公里的壶口瀑布，因为壶口景区还有其他值得参观的地方，完全适合一整天饱满的行程。

第二天早晨，我从学校申请了一辆面包车，拉着参赞先生、使馆翻译马晓燕、我以及一名研究生一同前往壶口。一路上，参赞先生对沿途的一切都充满了好奇：看到正在施工的高架桥桥墩就问那干啥用，我说是在建高速铁路，他就问高速铁路的速度、建设费用、使用寿命等，其中很多专业问题我根本回答不了；看到吕梁山区山坡上的农舍，他就提出一连串的问题，诸如他们的生活水平、主要农作物、农民保障条件等；看到路边的果园，他同样会提出一连串问题。当然，作为学者，我更愿意谈学术问题，尤其是伊朗问题。我跟他说，伊朗近代以来和中国很相似，政治上专制腐败、经济上落后、军事上挨打，中国是从鸦片战争开始，伊朗是从伊俄战争开始，但两国都是文明古国，民族主义根深蒂固，当国家面临危机时，民族主义中蕴含的自强不息和保家卫国的热情和勇气就会迸发出来，形成抵抗和改革的潮流和运动，中国领导抗争和

2013 年 3 月，伊朗驻华使馆文化参赞贾里万德（右 4）出席山西师范大学伊朗研究中心挂牌仪式。

改革运动的人来自士大夫阶层，伊朗也是如此。他回答说"totally the same（完全一样）"，然后又补充说："伊朗除了开明官员之外，还有一个受过教育并在社会政治中具有显著影响力的阶层——rouhani 阶层。他们对伊朗的影响有时超过官员。"问清 rouhanni 的意思后，我说"totally correct（完全正确）"。当我告诉他我研究阿里·沙里亚蒂时，他显得十分惊讶，然后问我读过沙里亚蒂的哪些书，还记得沙里亚蒂的哪些名句。由于我当时不懂波斯语，只能用英语说出沙里亚蒂的名句"everywhere Karbala, everyday Ashura"（"处处卡尔巴拉，天天阿舒拉"）。他显得更加兴奋，接着就跟我说沙里亚蒂在伊朗青年当中的影响：沙里亚蒂的书从伊斯兰革命以来一直属于青年人的必读书，伊朗年轻人中很少有没读过沙里亚蒂著作的人，他本人就读过沙里亚蒂的书。他还告诉我，沙里亚蒂并不受当今政府欢迎，因为他的书中对历

2016 年 4 月，伊朗历史学者代表团访问安徽大学。

史上尤其是萨法维时代的宗教人士持有尖锐的批判。这与我此前在英文材料中获得的信息是一致的。通过这些交谈，我已经能感受到他作为正式外交官员，思想上也是很开明、开放的，至少也表现出学者式的客观和中立。

　　参观壶口后，我们驱车前往景区内的历史遗存克难坡。由于参赞先生对中国历史不了解，更不知道阎锡山为何人，我跟他介绍克难坡的来历以及对山西抗战的意义时，他好像并不感兴趣。于是，我们走马观花地转了司令部旧址后，就在附近景区吃了饭准备返回。就在我们返回停车场的途中，他注意到路边到处摆放的水果摊，估计是渴了或者好奇，他想买点水果，于是我就随意买了几斤青色的小苹果提到车上。上车后不久，参赞先生提出要吃苹果，我说车上没有水洗，他下了车，一只手捏着小苹果，一只手用矿泉水冲洗，然后在身上擦擦就吃起来。我吃惊地看着他：我和你才第一次见面，且你身为堂堂的文化参赞，这也太不讲究了。可是，他对我的表情毫不在意，还连连称赞"very good taste（真好吃）"，接着便开始发问：苹果为什么这么小？为什么这么甜？为什么是青色？是否是本地特有品种？能否移植？我告诉他，这种苹果属于吉县地方特有品种，因为味道好曾被当作贡品上献给中国的皇帝享用，甜度与本地的日照和土质条件有密切关系，青色是因为现在还是公历7月，还没到苹果成熟季节，至于能否移植，我怎么可能知道呢？他告诉我伊朗也出产苹果，也非常好，但味道与这里的苹果大不相同。总之，赞不绝口。

吉县苹果甜如甘饴，味道确实不错，但参赞先生想到的远不止这些。2012年7月底8月初，学校基本处于放假状态，我接到了马晓燕女士从使馆打来的电话，说参赞先生回去后念念不忘吉县苹果的味道，因为他三天内要回国述职，希望我校能提供几棵苹果树幼苗，让他带回伊朗国内试种。我说，现在不是树苗移植季节，况且三天内很难找到树苗，即使找到送到北京，时间上也很难保证。但马晓燕女士的态度十分坚定，说参赞先生称不惜一切代价也要得到树苗。我只好答应她的请求，并发动研究生利用同学关系到处寻找苗圃。两天后，研究生喻方洲从吉县同学家的果园中居然找到了几棵。剩下就是如何送达的问题。因为暑期开始，当时的临汾到北京既无高铁又无飞机，火车票根本买不到，连站票也没有。我把这一情况告知马晓燕女士后，她很快就回电说：希望我派人乘坐飞机将树苗送到北京，因为12小时后参赞先生回国的航班就要起飞，所有火车票或机票费用皆由伊朗方面负责。看来，这位参赞先生为了得到树苗真的不惜一切代价了。为了能在12小时内将树苗交到参赞先生的手中，我与喻方洲同学最终商定了具体线路。喻方洲同学至今还清楚地记得他当天晚上12:30从临汾乘火车两个小时到运城火车站，然后打车到运城机场，搭乘早晨5:00飞往北京的班机，6:30飞抵北京

2017 年 3 月，伊朗马什哈德大学校长卡菲教授在山西师范大学教职工活动中心与中国教师切磋乒乓球。

机场后，与伊朗使馆工作人员取得联系，最终于早晨 7:30 左右将三棵苹果树苗交到参赞手中。后来我听说，参赞先生对我和学生费尽周折空运树苗的举动无比感激，表示一定要将象征中伊朗两国友好的树苗好好栽培。

通过这次空运树苗的事，我与贾里万德参赞彼此加深了了解，信任感也得以建立。2013 年 3 月 25 日，参赞先生再次来到临汾，与山西师大时任校长武海顺共同为山西师范大学伊朗研究中心揭牌，该中心成为全国同类研究机构中的第六个，教育部网站、《中国社会科学报》等予以报道，影响很大。今天想来，如果没有参赞先生的鼎力推动和支持，我很难在临汾建立这样的中外合作研究机构。由于彼此建立了牢固的信任关系，后来参赞先生与我见面时，似乎已经不再需要太多的客套，甚至愿意把自己很多私事都告诉我：他本人的专业是教育心理学；家里有三个孩子，两女一男，妻子是普什图人、家庭主妇，没有工作；虽然身为教授和一校之长，他工资收入相对较高，但家庭负担仍然很重。来中国担任文化参赞后，为了孩子前途，他把三个孩子带到中国来留学，而且都是自费留学。2014 年 6 月，我从山西师范大学调到安徽大学后，他还专门打来电话，表示希望能让儿子来安徽跟我读硕士学位，并请我在他儿子奖学金的申请上提供帮助。为此，我还确实认真筹划过一段时间，后来大约是他觉得这样有失尊严，又打电话跟我说孩子可能要回国读书，我便放弃了自己的努力。

上面我只是简单列举了我与伊朗人交往的两个实例而已。在我的日常生活和工作中，几乎每天都在发生着值得记述的故事。中伊两国人民属于真正的世交，两国人民之间在历史上曾经发生过无数个动听动人的交往故事。大约正是这一缘故，在与伊朗人的交往中，我们似乎不需要通过太多的语言表达就能感受到彼此之间的信任和亲近。我曾经对马什哈德大学校长卡菲先生说，凡是有历史、有文明的民族都值得尊敬。他听了很动容。我发自内心地尊重他们的文化，喜欢他们的艺术，力所能及地帮助我身边需要帮助的伊朗人，并自费创办了"伊朗艺术研究网"等平台。或许正是因为如此，不论是最高领袖办公室的宗教人士，还是普通的伊朗老百姓，只要跟我接触之后都认可我，很少有戒备之心。"国之交在于民相亲，民相亲在于心相通"，我感觉，我与伊朗人的交往基本做到了"相亲相通"这一步。

在伊朗，有种热情叫"戒不掉"

雷湘平（中国国际广播电台伊朗站记者）

　　至今依然记得，我是在 2016 年的 4 月 26 日晚上 10 点多抵达德黑兰的。初次抵达伊朗，我什么都不懂，却遇上了行李箱丢失的厄运。由于不懂波斯语，我不知道怎么去失物招领处报告情况，只是站在国际抵达出口处干着急地踱着步子。幸亏遇到刚从土耳其旅游回来的 Tara 女士，她看出了我的焦急。在热心地询问了我的情况后，她一边背着重重的行李袋、推着婴儿车，一边把我领到机场警务室，把我的情况告诉了值班警察。后来，在他们的帮助下，我终于找到了行李箱。那晚，Tara女士为了帮我，让来接她的丈夫在外面等了快半个小时，真是个热心人。

　　从初次抵达伊朗开始，对伊朗人热情好客的美好印象在我的心中日益加深。现在，来伊朗两年多了，对这个国家最直观的感受是走在大街上民众对你报以的那种刚出炉还热乎的友好与热情。这种热情似乎跟功利性的套近乎无关，更多的是当地人火热心肠之延展、深入骨髓的素养流露。来伊朗之前，我感觉自己含蓄内敛，不会主动跟人打招呼，但来伊朗后，我发现自己习惯性地热情活泼起来，变得愿意与周围人分享。这种改变很大一部分原因是受到当地环境的影响，毕竟，在一个把热情当饭吃的国家，不变成这样都难。

　　伊朗人的热情首先是写在脸上，表现在说话的语气里，触摸得到，

雷湘平（右1）参加波斯语培训班结业
后与老师和同学们合影。

真实而鲜活。走在大街上，目光接触不超过两秒钟，对方可能会面带微笑对我说声 "salam"，这个人或许是西装笔挺的男士，也可能是顶着罩袍的女士；遇到问题需要求助时，一些会说英语的伊朗人会尽可能地告诉你该怎么做，即便是不说英语的人，也会帮你找一个会英语的来帮忙，或者拿出手机来一边翻译一边解释，这一点特别让人感到欣慰。

刚来伊朗时，有一天我在塔吉利士广场购物时，手机突然欠费了，但我不知道该去哪里充值。于是我便在大街上找人求助，遇到的第一个行人迈赫迪非常热心地帮了我。迈赫迪当时赶着下班回家，所以他用自己的银行卡在 ATM 机上买了一张面值 50 万的充值码，并告诉我如何输入充值码充值。迈赫迪当时用英语对我说："你是外国人，我不知道你有没有足够的伊朗里亚尔充值，如果没有的话，这 50 万里亚尔我先给你出了，等你有钱时联系我把钱还给我就好了。这个是我的电话号码，你记下来，以后你如果在塔吉利士广场遇到啥问题的话，可以给我打电话，这一带我挺熟悉的。"当迈赫迪说出这些话的时候，我是将信将疑的，觉得他可能葫芦里在卖啥药。但之后的多次交往经历证明，迈赫迪是个值得信赖的人，他不仅经常帮助我，还是一家慈善机构的志愿者。

在伊朗，最讨人"嫌"又让人觉得有趣的莫过于出租车司机了。刚来时，只要出门就会被出租司机问这问那："你是中国人还是日本人？""今年多大了，为什么要来伊朗？""结婚了吗？有孩子了吗？""你们中国人是不是什么都吃呀？"等等，这些基本上是他们轮番询问我的套路。刚来时我对这些挺反感，毕竟隐私的东西没必要随口告诉对方，所以我要么直接说"我不会波斯语"搪塞过去，要么笑而不答。但在伊朗工作两年多，懂点波斯语后，我也不拘谨了，会主动和司机唠嗑，他们问什么我都爽快地答，时不时也抛几个问题给他们："你现在单身么？伊朗姑娘这么漂亮，怎么不找女朋友啊？""你们养孩子比中国便宜，怎么只要一个孩子啊？""你们街上那些咒美国去死的涂鸦口号怎么那么多？你们真的恨美国人吗？""你们伊朗菜是不是很单调，全国饭店一张类似的菜谱呀？"我这么反问，把大家都逗乐了。有时聊得开心，司机真的连车费都给免了，有时候钱找不开，司机跟我开玩笑地说："这是我的银行卡号，你有钱就把车费转账给我，对我的服务不满意就算了吧。"现在想来，司机喜欢问三问四，不是人家真的喜欢打听隐私，不过是他们热情的流露，对你感兴趣而已。有趣的是，很多司机一听我是中国人，都会兴奋地跟我用波斯语说："中国和伊朗是好朋友。美国制裁伊朗的时候，中国可是帮了伊朗大忙的，不然我们的石油都卖不出去！"有些司机因为跟我交流，开始更加全面地了解中国文化和饮食习惯，当然也会跟我解释为啥伊朗的餐馆大多是一张菜谱的原因。可见，在出租车上，也可以做促进"民心相通"的工作。

伊朗人的热情，还体现在率性而为、开心就好，喜欢你的话，就是

雷湘平在设拉子波斯波利斯古城遗址与穿着当地特色服装的伊朗人合影。

要对你热情友好。在中国社交文化里，跟人保持适当距离，谨慎言辞，不随意显山露水，方为成熟之表征。但在伊朗人看来，或许直接要比委婉来得实在，不藏着不掖着不见得就是社交大忌，不管怎样，要把自己真实的想法表达出来。

　　由于经常出去采访，我认识了不少当地记者，和他们之间的一些故事让我印象深刻。他们有些在给我发信息时都要加一句"亲爱的"，一开始我特别不适应，觉得还没亲密到这么称呼对方的地步，但接触久了也就适应了，因为当地男性之间玩得熟的见面了还亲脸，叫你一声"亲爱的"真不算过分。有些当地记者更"肉麻"，Telegram 上聊不了几句就说："最近特别想你，下次我们一起见个面吃个饭吧。"还有位记者某天给我打电话，因为他的一位做消防员的朋友在火灾中牺牲了，他在跟我说正事以前说："朋友在火灾中牺牲了，现在好难过，好想哭出

雷湘平与伊朗国家电视台记者一起
报道在尼亚瓦兰文化中心举办的
"欢乐春节"活动。

来。"最后我不得不先好好安慰他，我说："你要是难受的话，来我家附近的咖啡厅一起坐坐聊聊，缓解下沉重的心情。"和他们交往，久而久之，我也开始亲爱的长、亲爱的短地叫他们了，一点都不觉得脸红，有啥问题需要帮忙的也就直接说了出来。比如，有时候听不懂采访当地人得到的波斯语录音时，我会直接用 Telegram 发给他们，让他们帮我翻译下，这样我就能够轻松地完成写稿。在伊朗感受这种未经打磨修饰的热情久了以后，此前我内心与外界之间修筑的那座自我保护的高墙也渐渐地没有了，原来不是那么知根知底的人之间的距离可以如此之近。

最近一次在哈马丹旅游，在去当地著名旅游景点伊本·辛那墓的路上，我在一家快餐店前停下了脚步，买三明治时，我用波斯语问伊本·辛那墓是不是已经很近了。快餐店老板一听我竟然说波斯语，有点诧异，连忙告诉我怎么去景点，收钱时一个大大的三明治竟然只要了我 2 万里亚尔（相当于 1 元人民币）。我惊奇地问道："您这是给我折扣了吗？"他开心地点了点头。快要吃完三明治时，餐厅里的一位女士主动跟我打招呼，说她可以带我去伊本·辛那墓。路上，她热情地问我是哪里人、做啥工作的以及为何要来哈马丹玩。这位女士问我："在中国，会波斯语的人多吗？"我告诉他："很多呢，因为中国跟伊朗的关系越来越好了。"她那一刻非常开心，说："我希望我女儿以后能学点中文，因为中国现在发展越来越好了。"把我带到景点后，她开心地跟我道别，尔后消失在茫茫人海中。

伊朗人的热情，最难能可贵之处在于发自内心。这种热情的源头是那满腔热血，虽然有时候不经过滤和筛选显得有点裸露，但不伪饰不做作，往往能够达到"精诚所至，金石为开"的效果。

最直观的感受是，去超市买菜，卖肉的大叔、卖蔬菜瓜果的小哥和收银员大哥都主动会用中文"你好"跟我问好。一回生二回熟，结果我也开始学会用波斯语和他们问长问短的。大家不知不觉地成了朋友，几天不去超市购物，见面时他们就会问我前段时间哪里去了，怎么不来买东西了。有时遇到钱包里的里亚尔用完、钱庄关门没法换美元时，他们竟主动给我赊账，我要不主动提起欠他们钱，他们有时竟然装作不知道。有次正值周末，家里突然停了电，原来是欠费太多了，但是当天银行不开门，没有开银行卡的我交不了电费，最后没办法只能去找家附近的超市肉铺的大哥帮忙。他得知我没法交电费，立马让我把电费单给他，要帮我去银行 ATM 机上交费。最初来伊朗时，这位肉铺大哥帮了我很多次，但我只知道他家是马什哈德的，以前在马来西亚当过几年的厨子。除了经常去他那里买肉，我也没有怎么感谢人家。

以前记者站的家安在塔吉利士广场附近时，一对热情的伊朗夫妇是我的邻居。我和这对夫妇中的女士曾经因为倒垃圾的时间问题红过一次脸。按照物业管理的规定，所有的住户应该在下午 4 点半左右把垃圾放在家门口，等保洁员来收，但有好几次我都是下午 2 点多就把垃圾袋放在门口了。这位女士觉得我这么做不合适，每次见到我提早放垃圾都会敲门来找我理论。记得有一次，这位女士跟我说："你好，以后垃圾请在 4 点半左右再放在门口，提早放了会影响美观。"当时她这么跟我说时刚好是下午 3 点多，为了避免尴尬，我直接就将垃圾拿回了屋里，并表示歉意。但后来好几次，她老公也在下午 2 点多提早把垃圾放在了门口，我觉得这么做不对，但也不主动去说这事。后来又有一次，我提早放了垃圾，结果她又找上门来跟我理论，我就跟她吵开了。她开门见山、带着点责备地跟我说："我已经跟你说过了提早放垃圾会影响美观和大家的心情，你怎么不遵守这个规定呀？"我直接反驳道："好几次你们家的门口也提早就放了垃圾，你们自己也这么做，怎么我做就不行了？"她接着说道："我们家或许有人这么做了，但这次我亲眼见到你提早放垃圾了，下次你如果见到我们也提早放垃圾在门口了，请直接告诉我。"被抓到了提前放垃圾的证据，我无力反驳，再次把垃圾收回了屋内。

但我和这对邻居经过几番较量，后来竟然变得越来越熟了。有时候，他们从外地旅游回来会给我带点好吃的，家里做了啥好吃的也会分我一份；有时候他们家举办聚会，还会问是不是打扰到我了。这对夫妇有个儿子在马来西亚工作，刚好和我的年纪差不多，在电梯里遇到他们时，他们还会跟我聊起他们的儿子。其实，伊朗邻居和我吵架，只是对事不对人，今天和你因为某件事红了脸，明天照样可以笑呵呵地跟你打招呼唠嗑。这或许是伊朗人热情的另一面吧。

在伊朗工作两年多以来，我觉得伊朗人对我是有恩的，是他们的热情让我在完全陌生的生活环境中感受到了春天般的温暖，是他们的热情促使我学习他们的语言波斯语，并希望自己能用波斯语对他们的热情报以友好和感激。现在，记者站搬了新家，但我完全感觉不到生活在一个

雷湘平（左1）与到伊朗访问的中国新闻代表团在伊斯法罕伊玛目广场合影。

新的环境中，这离不开伊朗人的热情。楼下那家汉堡店的老板阿里总记不得我的名字，因为他分不清中国姓"李"和"雷"的发音，索性每次电话点餐都叫我"Bruce Lee"（李小龙）。我问他为何要这么叫我，他说："Bruce Lee 是在伊朗最出名的中国人，住在附近的中国人有不少，但是姓 Lee 的我就认识你一个，所以就这么叫你了。"有趣的是，到现在他还以为我姓 Lee。在伊朗生活工作久了以后，我逐渐养成了伊朗人问好打招呼的习惯。现在，面对那些大街上的张张笑脸、那一双双对中国人充满好奇的眼睛，我往往会先于他们说出"salam khobi?"这句当地问候语。他们听见我用波斯语打招呼时，往往又惊讶又兴奋地笑得合不拢嘴："eh, to farsi baladi?"（"原来你懂波斯语呀"的意思）现在，遇到伊朗人时，我会尽量说波斯语，我觉得这是拉近与当地人关系的最亲切的方式、最方便的桥梁。

伊朗人的热情或许过于高调和直接，但不失为一种"戒不掉"的真诚，一种可爱的纯真表达。在这里，不用担心人与人之间的热情是否此前已经有感情上的铺垫，不必担忧这样的热情未来能不能持续下去。在这里，热情是一种呼之即来的习惯，是一种人与人之关系的不需要大成本投入和心理负担的天然润滑剂。

我喜欢伊朗人的热情，受益于伊朗人的热情，也希望用自己的实际行动为促进中国和伊朗的民间交往做出应有的努力。作为驻外记者，我更有责任和义务承担起这样的角色。

在伊朗旅游的温暖回忆

张碧茹（上海申得欧有限公司高级工程师）

伊朗旅游回来已经快三年了。踏足伊朗这片"神秘"的国土，首先是因为我是个伊朗电影迷，那些叙事平淡、质朴无华却打动人心的伊朗电影一直为我喜欢，爱屋及乌，伊朗便在我心里种了草。同时，我对中东的历史、地理、民族、宗教、文化、艺术都有强烈的好奇心和探秘欲。

12天的经典行程，从德黑兰出发，一路到达库姆、卡尚、伊斯法罕、亚兹德、设拉子，再返回德黑兰。被灿烂的波斯文明深深折服之际，与当地人的一些交往虽然不深，但三年后回忆起来依然生动。热情的伊朗人，成为我在伊朗最美好的回忆之一。

德黑兰大有绅士在

"绅士"一词来自西欧，但用来形容德黑兰的男士，我觉得非常恰当。

德黑兰的地铁非常深，虽然去之前已经在攻略上有所了解，到达后我仍有些吃惊。不过，女生不用为难，每次出地铁爬台阶，都会有男士默默地帮我们把行李箱提上去，然后默默地离开。

德黑兰的交通非常拥挤，过马路需要在车流里见缝插针，但会遇到好心人带我们过去。

德黑兰 艺术之家 外景

"艺术之家"有一个
咖啡馆，里面挂着各
种活动海报。

最难忘的是我在找"艺术之家"时得到的一次帮助。

那是行程的最后一天，我一个人独行，想在离开德黑兰之前，去看一下原美国驻伊朗大使馆，还有它边上的"艺术之家"。同伴因为早我一天到达，这里已经去过。"艺术之家"（The House of Artists）在穷游网的攻略上只有大概的方位标识，具体在哪条街哪栋楼不得而知，而我由于对伊朗电影的热爱，特别不想错过这个现代艺术展馆，因为只有这里可以让我领略一下当代伊朗文艺青年的风貌和艺术作品。于是，我拦下一位正在行路的男士问询。这位男士其实也并不知道它在哪里，语言也不通，攻略上又只有英文街名，唯一能沟通的基础就是攻略上的那几个波斯文字。他按着这几个波斯文字去问其他路人，问了几个都说不知。他就一直向前走，走得比较急，在到一个十字路口的时候，已经把我甩开一段距离。这个时候我心想，看来他也帮不上我的忙了，是不是他自己走了？我另外再找人问吧。于是，我拐弯走了另一条路。但是走了一会儿，忽见他从后面追了上来，示意我跟他走。原来他并没走掉，而是已经帮我问到了地址。然后，他一直把我带到了目的地，并一起查证了这里确实是我要来的地方后，他才离开。这事让我异常感动，也非常内疚。在问地址的过程中，我们走了不少冤枉路，耗费了他很长的时间，其实他一开始就完全可以跟我表示抱歉，没法帮你。在国内，问路遇到能帮你查地图的，已经很难得了，但他却坚持不懈为我的求助负责到底，一直送到目的地才离开。我向他道谢，朝他伸出手，但他没有接受握手。可能按照伊斯兰教规，不允许触碰陌生女士，他手捂胸口朝我点头致了下意，就离开了。

这是个外表很普通的男士，但每次回想起他的低头致意，我总是想到"绅士"这个词——它不是笔挺的西服、礼帽和手杖的代名词，而是高贵的人格。当他手捂胸口向我彬彬有礼、大大方方地低下头致意时，难道他不是一位有足够风度的绅士吗？而我，却居然在他费心帮助我期间，怀疑他而撇下了他。

远方的朋友，在我写下这些的时候，希望你能再次收到我的致谢和歉意！

热情、不设防的亚兹德老城

亚兹德是我很喜欢的一个地方，那里有夕阳下金色的土坯古建筑群、地下的波斯庭院、外星球一样隆出地面的半球形通风屋顶，还有古

亚兹德奇特的街景：半球形的地下
建筑的屋顶，竖起的是通风井。地
下有种着树、带水池的波斯庭院。

亚兹德老城里一个正在做
房屋维修的阿富汗人

老的拜火教遗址，以及同样迷人的金色古城梅博德。

穿行在亚兹德老城纵横交错的巷道内，会联想起新疆的喀什古城。在此可以看到丝绸之路上文明的传递和交汇，让人油然而生亲切之情。

在这里，我们进入一户当地人家里做客，领略到主人的热情与不设防。

说起来有些冒失，在古城的巷道内游走时，两个小伙伴看到一位老妇人手拎一袋米和蔬菜等物迎面走过来，便上去帮她拿下重物，也没有征询人家愿不愿意，差不多是不由分说的方式，跟着她到了她的家里。

如果在国内，一群陌生人这样的"抢劫"式的帮助，也许真的是很冒失的。我原来想，送她到她家门口时我们就离开为好，以免让她心生不安。但是，我们却成了老太太尊贵的客人，她不但允许我们进她家，

张碧茹在德黑兰与当地姑娘合影。

还端来各种点心糖果，烧水端茶，忙得不可开交。我们一再示意她不用忙，但她就是坐不下来，继续忙前忙后。由于语言不通，我们从墙上挂着的照片和简单的示意交流中大概猜出老太太有几个子女和孙子孙女，但都不在一起，她自己一个人生活。因为老太太实在忙得歇不下来，我们不好意思让她这么一直不停地忙下去，又无法和她说话，便只能告辞了。老太太披起恰多儿（罩袍），把我们送到外面，一直挥手目送我们走远。

在别人的游记中，我也曾看到过游客被当地人主动邀请进家里喝茶。对外来人，他们没有戒备之心，热情好客，心态非常开放。今天，我们非常幸运地亲身体验了这一点。

在伊朗，中国被称为"chin"（秦），我们一路不断地被问候并被问及从哪里来，如果回答是"chin"，会受到特别的礼遇，很多人会上来求合影。

在伊斯法罕广场，看到中国游客
在买甜筒，一位美丽的女士主动
过来分享她买的甜食。

伊朗人对外来人的热情好客，从对待阿富汗难民的方式上也可见一斑。看到报道，伊朗接受的阿富汗难民数量相当可观，并且他们不是集中生活在难民营里，而是可以像伊朗本国人一样自由地谋生计，他们的子女可以免费就读本地的学校。

我们在亚兹德老城也遇到两个阿富汗人，正在帮人维修房屋，他们能用英语交流。可惜，对于阿富汗，我的知识太有限，关键词除了塔利班只有巴米扬大佛，不过听到我们说巴米扬，他们已经很开心了。

热情好学的年轻人

这次旅游期间，我对伊朗年轻人的状态稍有了解。最让人刮目相看的是他们的语言能力。做游客生意的自不必说，旅行社英语交流都无障

设拉子的少年足球队员。伊朗人非常乐于
面对镜头，显示出热情开放的民族特性。

碍，清真寺里陪同的导览（库姆、设拉子的几个重要的清真寺必须被陪同游览）能流利地用英语作介绍，这让我很意外。在设拉子，还遇到一位能说英、法、德三种语言的男子，为游客做一些有偿服务。尝试交流了一会儿，我发现他比我的那点德语水平可要好得多。这些，和我先前以为的伊朗（特别是宗教场所）"封闭锁国"完全不一样。

女孩子的热情开放更是超出之前的想象，一路多次遇到主动来攀谈的。她们美丽、大方，很愿意找外国游客练习口语，还有很强烈的了解外面世界的欲望。交谈中我了解到一些她们的生活，至少知道了伊朗的女性能上学接受教育、能工作、能申请离婚，这比其他一些伊斯兰国家的宗教限制已经宽松不少了。

跑道上训练的学生

在设拉子的清真寺和中学训练场受到的礼遇

在设拉子，我们有一天随处闲逛，先是路遇一个不知名的清真寺，门口站着两列黑衣男子，看上去正在搞活动，我们冒冒失失地就进去了，没有遇到阻拦。清真寺里男女分开，我们与当地女信徒们一起席地而坐，她们把我们当自己人一样分享小零食。后来又有人统一分发食物，我们这些外来者也一人得到一份，有点心，有水果。

之后，更让人想不到的是，我们在一所学校里受到了同样的礼遇。

在著名诗人哈菲兹陵墓附近，我们经过一个学校的体育场，看到有学生在训练，我们很有兴致地进去了，和家长们一起坐在台阶上观赏了男孩们的足球训练。想着伊朗国家队不能小看的实力，眼前的这些孩子可能就是未来的选手啊。接着，又看了女孩们的跑步训练，小一点的女孩不用包头巾，大一点的女孩则比较辛苦。我兴致一高，也进入操场和

正在训练的足球队员
与准备好的奖杯

她们一起跑了一圈。最后，我们观看了男孩足球比赛的颁奖仪式，在场的所有家长、孩子均得到了分发的一份食物，我们这几个外来者，居然也一样一人得到一份，里面同样有点心和水果。

这一天，这两份礼物成了我们的晚饭，让我们吃在口里，暖在心头。

类似的友好经历还有很多。比如在伊斯法罕的著名景点三十三孔桥，我们遇到一位会汉语的在中资公司工作的小伙子，他带着我们去了另一个他认为更好看的桥，叫哈朱桥。在桥洞下，我们聆听了一场自发的双人对唱，歌声悠扬，非常动听。他向我们介绍说，歌词是歌颂爱情的。有了他的指点，我们得以享受旅途中意外的美妙收获。这歌声至今仍飘荡在我耳边。后来，我买到了一盒 CD，正是桥下所听到的那种诵咏式的演唱。我心满意足地一直保留至今。

哈朱桥下听歌的人群

在伊斯法罕的伊玛目清真寺，有位当地人为了向我们演示清真寺建筑内的回声扩音效果，当场吟唱一曲，唱的应该是宗教圣诵。同伴录了下来，虽然我不是信徒，但每次回放都如同感受到一种来自遥远天际的召唤。

总之，在伊朗旅游遇到伊朗人热情友好的相待、相助，是一点也不新鲜的事。有位朋友在伊朗独行时，甚至在库尔德山区被一对兄弟接到家里住了几天。

最近又看到报道，伊朗对外国游客不再实行纸签，避免游客在其他国家旅行受到限制。这样的善意来自伊朗，一点不让人觉得奇怪。

伊朗，让你惊喜和难忘的不仅是宏伟壮丽的波斯遗迹、灿烂独特的波斯文化，更有那么多友好热情的男女老少。不管回来有多久，我都会回想和牵挂远方可爱的你们。

那些伊朗朋友教会我的

田　唐（北京大学外国语学院波斯语系 2016 届毕业生）

中国和伊朗艺术的灵魂碰撞

2013 年 9 月，中华世纪坛"国际诗歌文化节"邀请到了两位伊朗艺术家——哈菲兹·伊曼尼和纳贝尔·沙利达维先生参加活动。由于两位艺术家不懂中文，主办方计划招募一名波斯语翻译作为陪同。当时的我是一名波斯语专业大二的学生，对伊朗语言背后的社会文化充满了好奇，并颇有一股"初生牛犊不怕虎"的架势，毅然应征。在与两位艺术家相处的一周时间里，我和他们结下了深厚的友谊，与他们之间发生的故事是我认识伊朗人生活方式及观念的重要窗口，也让我对自身的文化进行了反思。

我们的第一次会面在首都机场，两位艺术家的出现在人流中格外引人注目。纳贝尔是个鼓手，他身背伊朗特色手鼓，皮肤黝黑，身材健壮，笑起来格外阳光健康。诗人哈菲兹则一头飘逸的长发，目光深邃，面庞清瘦，衣袂飘飘。一见面，二人热情地上前打着招呼。二人都是第一次来中国，对中华文明有着强烈的好奇心——中国和伊朗是如此不同。在从机场到宾馆的路上，哈菲兹望着窗外飞驰而过的树感慨道："世界上的人生活在不同国家，说着不同的语言，有时甚至出现分歧。但是树不一样，全世界的树都说同一种语言，他们之间互相听得懂。"言外之意

波斯庭院

像是在说，如果人们都能消除交流中的障碍和观念的隔阂，这会是一个多么和谐的世界！伊朗是一个经历过苦难的民族——历史上阿拉伯人的大举入侵、现代的两伊战争、国际制裁——他们也因此懂得苦难，更加珍惜和向往自由。

交谈过程中我得知，纳贝尔的背包在上飞机前不慎遗失，包括手机、电脑在内的贵重物品均在背包内无法找回，这给他即将开始的在中国的一周生活带来了诸多不便。但纳贝尔是个乐天派，在他脸上没有看到丝毫的懊恼或不安，倒是我听到这个消息时颇为他惋惜，他却笑了笑说："这些不重要，生命里还有更重要的东西。比如家庭、孩子……"这一番话使我感到惊讶。我不禁想：应该怎样去看待得失呢？生命里真正重要的是什么？现实生活中忙碌的我们有着太多想要追求的东西，当由于某些不可抗力失去它们时，我们缺少的正是纳贝尔这种洒脱和豁达。这位伊朗朋友在刚来中国的第一天就给我上了生动的一课——不要因为小事情绝望，要特别高兴地去热爱生命中更加重要的东西。

此次"国际诗歌文化节"正值中秋佳节，组织方安排了一场主题演出，计划邀请哈菲兹和纳贝尔两位伊朗艺术家与中国艺术家刘索拉、唐朝乐队吉他手老五联袂出演。演出前几天，哈菲兹和纳贝尔来到刘索拉女士的家中进行彩排。与其说是彩排，不如说是一场即兴的、不同文化之间的心灵交汇。双方第一次见面，在语言不通、文化背景也完全不同的情况下，艺术成为他们共同的语言和沟通的法宝。在刘索拉女士家宽敞的客厅里，纳贝尔和哈菲兹打起伊朗手鼓，老五和着节拍即兴弹起电吉他，哈菲兹和刘索拉女士伴着音乐分别用波斯语和汉语吟起了曲调。一时间，东方鼓音、西洋乐调伴随着中伊两国艺术家的歌喉在屋内响起，绕梁不绝，效果竟然出奇地流畅和谐。在场的朋友都受到这种气氛的感染，不禁纷纷伴随音乐跳起了舞蹈。此情此景，让我忽然想起了来京第一天哈菲兹在车上说的"全世界的树都说同一种语言"，便在彩排结束后的闲谈中对他提起："您看，即使世界各国的人们不说同一种语言，文化之间仍然有很多相通啊！"彼时他喝了很多酒，欣然点头。

由于"彩排"效果出奇地好，主办方最终决定把演出形式定为四人同台的"混搭"表演。演出当晚，一轮明亮的圆月挂在夜空的幕布上，哈菲兹和纳贝尔两人首先登台，在伊朗手鼓的伴奏下，哈菲兹吟唱了自己的诗歌，浓郁的异国风调给在场的观众带来了诸多新奇的感受，接着刘索拉、老五二人上台，四人完美地演绎了一台东西方交汇曲，台下的观众此时更是起身为他们鼓掌叫好。

演出结束后的台下，一位中国诗歌朗诵者与哈菲兹交流，他为哈菲兹朗诵了苏轼的《水调歌头》："明月几时有，把酒问青天……"虽然不懂中文，哈菲兹仍然凝神仔细地听着。那位朗诵者接着说道："语言除了达意，还有它的节奏和韵律，这是形而上的，从而能让人感受到美。

11 世纪伟大的波斯诗人哈亚姆与中国古代大诗人李白在诗歌风格上就有很多相似之处。"待我把大概的意思翻译给他听后,哈菲兹表现出了极大的兴趣,眼睛亮亮的,"那我有机会一定要好好拜读一下李白的作品。"然而遗憾的是,中国文学翻译成波斯语的材料并不多,尤其是诗歌。这对伊朗民众从文学角度了解中国文化造成了一定的困难,也给中伊两国语言文化工作者提出了更多挑战。

演出结束当晚,观众散去后,中华世纪坛两边的街道渐渐重新变得安静起来。哈菲兹忽然指着形状如圆盘的手鼓和天上的圆月说道:"你看这手鼓的形状和月亮多像!伊朗虽然没有中秋节,可现在我好像懂了中国人过中秋的含义。"他望着月亮说起了他心爱的妻子伊丽——伊丽此次没能同行,令他颇为遗憾和想念——很多年前,年轻的伊丽一次无意中在电视上看到了电视台对哈菲兹及其诗歌的报道,便深深迷恋上了这个充满才情的浪漫诗人。作为土生土长的波斯姑娘,伊丽有着大部分伊朗女孩的热情大胆,她辗转找到哈菲兹,向他倾诉自己的爱慕,哈菲兹也爱上了这个美丽善良的姑娘,二人从此结为伉俪。在日久天长的相处中,伊丽陪他度过一段段生计窘迫的日子,也源源不断地给予他创作的灵感。哈菲兹落地中国后不久便告诉伊丽有一个中国小姑娘做他的翻译,伊丽执意要在电话中谢我:"多亏有你帮他们解决语言上的困难,以后有机会来伊朗一定要来我家做客!"爽朗的笑声如银铃一般。当晚,哈菲兹有些醉意,望着月亮仿佛自言自语似地说:"那是伊丽!"

巧合的是,我们之后真的有机会在伊朗相见——之后的一年,我赴伊朗留学,期间与朋友到德黑兰办事需要借宿一晚,哈菲兹和伊丽热情地接待了我们——有缘千万里相会于异国他乡,格外令人感慨。我也终于在他们家里见到了哈菲兹美丽的妻子伊丽——清秀的面庞,长长的鬈发散发着温和的气息。"这次终于轮到我们来招待你了!"她笑盈盈地说着,热情地去厨房张罗伊朗特色饭菜。客厅里暖黄色的灯光下,哈菲

设拉子粉红清真寺

兹点燃一支熏香，在轻柔舒缓的波斯音乐中拿起鱼食喂给鱼缸里的小金鱼，目光含笑。在旁人看来，他们的爱情故事浪漫得令人钦羡，与他们短暂的相处后我才发现，哪有美满的爱情不是日久天长的陪伴与理解的成果呢？

作为一个政教合一的国家，伊朗的宗教社会常常引起外界的好奇。纳贝尔是伊朗少数没有宗教信仰的人之一。在国内，为了避免招致不必要的麻烦，他很少向他人说起这一点，除了他的挚友哈菲兹。虽然纳贝尔很少向人提起他的信仰，但在中国这个于他而言陌生的国度，他却愿意向我这个刚认识不久的朋友侃侃而谈。"也许不同环境里的人反而能够真正理解"，他认为。"世界上每一种宗教的信徒都认为自己的信仰是唯一正确的，而这就是很多战争的根源，"他说道，"我唯一的神是孩子。孩子是上天的礼物。"他给我看随身携带的八岁儿子的照片：小

田唐与哈菲兹（右2）、纳贝尔（右1）和诗人严力（左1）在颐和园。

男孩一头黑色的卷发，水灵灵的大眼睛，快乐地笑着。"这是一个多么美的世界，我爱孩子，不忍心让孩子来到这个世界上看到战争带来死亡和亲人的分别。"纳贝尔和哈菲兹都有亲人在两伊战争中死去，那种伤痛是刻骨铭心的。

与纳贝尔不同的是，哈菲兹虔诚地信奉真主。他曾很认真地告诉我："你知道吗，人永远不会真正死去，人的灵魂是可以得到永生的。"作为一个虔诚的穆斯林，哈菲兹对好友纳贝尔的不信教虽不赞同，却表示能接受。诗会结束后，组织方安排我们到颐和园游玩，在一处凉亭，哈菲兹不慎遗失了一副墨镜，事后他返回原地来回找了几遍无果，坐在一边垂头黯然神伤："那是伊丽送我的生日礼物。"如果一件东西被赋予了家人或朋友的意义，伊朗人会格外珍惜。这时，纳贝尔走过去拍拍他的肩膀，用自己的生活哲学劝慰他："兄弟，身外之物而已。一切事物最终都将逝去。"哈菲兹没有说话，起身走了一段路后转头悄声对我说："虽然很多物质终将消逝，但我对你说过有些东西是永恒的，你知道。"他向我眨眨眼睛。纳贝尔和哈菲兹两人在生活中常有争论，而这两个看似在思想和信仰上存在冲突的人，在现实生活中却是挚友——两人一起醉酒，在伤心的时候一起从诗歌中寻找慰藉，拍着肩膀互相安慰。这不禁引人思考：宗教在现实生活中到底扮演着怎样的角色？也许正是伊朗人这种对于人性和神性、生活与信仰的把握，使得他们能够放下紧张与仇视，以沉稳、从容、不卑不亢的姿态去面对多样化的现实生活吧。

有人说，伊朗人是天生的艺术家。这话在我与伊朗朋友相处的过程中得到了印证。作为一名专业的鼓手，纳贝尔不仅仅把手鼓当作一种谋生的手段，更把对手鼓艺术的热爱融入了生活当中。当他坦然告诉我已经与自己的妻子离婚，我望着他无名指上的戒指露出迷惑的神情时，他大方幽默地告诉我："你看这戒指多像手鼓背面的金属环！你就当作我与我的手鼓结婚了吧！"这种对艺术真挚坦诚的热爱，也无不体现在他们日常的对话和举动当中。难得的是，他们在珍惜热爱自己的艺术的同时，也乐于赞美其他并甘愿无私地给予。当美国著名汉学家、翻译家梅丹理先生盛赞他们是艺术界的宝贝时，纳贝尔谦虚地表示："您自己是珍宝，我们只是镜子。懂得称赞别人的人，实际是通过别人看到值得称赞的自己。"妙语天成，让在场的朋友叫绝。临别前，哈菲兹赠送给我一本波斯著名诗人萨迪的文集，叮嘱我好好学习波斯语言和文化："希望有一天你的波斯语像夜莺一样动听。"

他们以一种珍爱崇敬的心情和神圣的情怀去对待和赞美包括诗歌、书籍、音乐在内的艺术形式，并努力尝试以智慧和生命去接近与体现至善至美的生命本质。"充满劳绩，诗意地栖居"，这样丰富的精神生活与一个人富有还是贫穷没有关系，这样的心性和匠心是任何先进的现代技术无法比拟的。

田唐在伊斯法罕
伊玛目广场留影。

与伊朗女孩玛莎的邂逅

如果说与哈菲兹和纳贝尔的相识是我认识伊朗文化艺术和思想观念的窗口，那么我与伊朗女孩玛莎的邂逅则让我亲身体会到了伊朗人的日常和家庭生活。

2014 年 11 月，我初到伊朗，周围的一切让我感到熟悉又陌生——熟悉的是，作为波斯语专业的学生，我已经对这个拥有古老文明和历史的国家有了初步的了解，陌生的则是身处异国社会，面对具体实际的问题时的茫然无措。当我在手机营业厅面对伊朗复杂繁琐的电话卡手续焦头烂额时，玛莎的偶然出现，让我仿佛在慌乱的头绪中看到一丝光亮。像大多数生活在伊朗的女性一样，20 岁出头的玛莎衣着朴素，然而及膝的风衣和黑色的头巾却难以遮掩她修长的身材和美丽深邃的大眼睛。那天恰巧也在场办事的她看到我面露难色，便步伐轻盈地走过来，微笑着问道："有什么能帮你吗？"就这样，我与她熟识了。

年龄相仿的我们很快成了好朋友。玛莎是一个在画画、摄影方面极富天分的女孩，彼时即将进入哈马丹大学攻读艺术专业。她对中国文化有着极大的兴趣，每次说起中国，眼睛里都闪着光亮，长长的睫毛扑扑闪闪："我和妹妹都在自学汉语，虽然这对我们很难。""我还报名练习中国武术，已经拿过好几次比赛的冠军了！""我知道中国有长城、故宫，有机会真的想去看看！"我也好奇地向她请教伊朗的"高考"制度、大学生活、社会风俗……彼此都颇长见识。细想起来，大到两个国家之间的双边关系，小到个体与个体之间的友好交往，彼此之间这样坦诚的了解和沟通多么重要啊！

没过多久，玛莎便邀请我到她家做客。记得临行前读王蒙先生的《伊朗印象》，对其中一个场景印象深刻："……伊朗母亲抱孩子的姿势与我们不太一样，她们常常是两手平托，你远远看去，好像是托着一件珍贵的礼物。"可见，家庭生活对伊朗人至关重要。伊朗人的家庭一般由父母、子女和祖父母等年老的长辈组成，几世同堂的现象十分常见。玛莎是家里的大女儿，她还有一个同样聪明伶俐的妹妹玛瑶。玛瑶也十分喜爱中国，听说家里有中国客人要来，甚至在前一天晚上就央求妈妈："可不可以下午给学校请假在家招待中国客人？"被妈妈柔声拒绝后，玛瑶当天放学后飞快跑回家要见我这位来自"秦"的朋友（波斯语中国发音为"chin"，与"秦"十分相像）。她进门时气喘吁吁，双颊红扑扑的，见到我后反而有些羞怯，远远地对着我微笑。在开朗的姐姐玛莎的鼓励下，玛瑶才走上前来与我交谈。两姐妹的父母和爷爷也都健康大方，慈爱可亲。玛莎亲昵地搂着爷爷的肩膀说："来，我们一起和中国朋友学中文！"然后随手拿起一颗葡萄问我它的中文名称。老爷爷好像

田唐（右4）和
同学在玛莎家中。

没太听清，半认真半开玩笑地说：在"在伊朗，'葡萄'变成了'树丛'
（bute）啊！"大家都开心地笑起来。厨房里，玛莎的母亲特意做了伊
朗家庭为贵宾准备的食物 fesenjun——一种由石榴汁、核桃、茄子和
豆蔻混合成的酱汁浇在鸡肉米饭上的伊朗特色食物，甚是美味。不多时，
玛莎的小姨带着自己的小儿子来串门，可爱的小男孩穿着一身小老虎的
套装，欢快地在屋子里跑来跑去。这是一幅多么生动美好的家庭生活画
卷！

　　波斯历新年"诺鲁兹节"之际，玛莎再次邀请我去她家里共度新年。
伊朗人将诺鲁兹节视为一年中最重要的节日，其重视程度不亚于中国人
对于春节的感情——一家人其乐融融地团聚，长辈给晚辈发放红包或礼
物来传递祝福，共同庆贺新一年春天的到来。玛莎的妈妈特意也为我准
备了一个礼物包裹，里面是一条漂亮的纱巾和几块糖果。她说："祝你
在新的一年美丽又甜蜜。"

临回国前，玛莎送给我一枚自己手绘的彩蛋，烫金的波斯花纹精致又优雅。"希望你每次看到它都能想起我！"她恋恋不舍地说。回国后，我们仍不时通过网络保持着联系，交流彼此的大学生活，问候对方的家人和朋友，分享生活中的喜悦和悲伤。有时，想想在遥远的异国有这样一位真诚可亲的朋友，真应了那句中国古话——"海内存知己，天涯若比邻"。

"你想念我妈妈做的 fesenjun 了吗？"玛莎常常问道。"当然啊，我的朋友。"

在伊朗，常常会看到很多景点说明、商品包装上印着这样一句话："比历史还要古老。"这句话多么美！在与我的伊朗朋友的交往过程中，我体会到了这个国家古老的文明和伊朗人的和平从容。文化、礼貌与教养，是任何一个国家和民族在发展过程中需要不断培养并精心呵护的。同时，不同人和不同文化之间的尊重、亲近与交流，是减少偏见和误解、实现我们所企盼的和谐世界的必要途径。我喜爱伊朗，我对它永远怀抱最美好的祝愿。希望中伊两国友谊万古长青，两国人民有更多友好交往，共同创造一个更加光明的未来。

后记

经过五洲传播出版社和外交笔会多年的努力，《中国和伊朗的故事》适逢中伊两国都在庆祝 40 周年的欢乐气氛中付梓，即中国改革开放 40 周年和伊朗伊斯兰革命胜利 40 周年。恰在此时，伊斯兰议会拉里贾尼议长访华，中伊两国领导人一致重申了深化互利合作的重要性。

习近平主席在会见时强调，"无论国际和地区形势如何变化，中方同伊朗发展全面战略伙伴关系的决心不会改变。"拉里贾尼议长在访问期间一再阐明，伊中两国同为文明古国，一直联系紧密，丝绸之路是两国文明交流的象征。当今世界比以往任何时候都更需要"一带一路"倡议中的丝路精神，以及多边主义等建设性理念，提升国际和地区的和平、稳定与发展。"中国是我们的朋友和兄弟，我们愿与中国携手，在'一带一路'框架内，在交通、基础建设和能源等领域加强合作，共同推进'一带一路'建设，共同营造人类命运共同体"。

正如习主席所述，"中伊友好源远流长，双方互信和友谊久经考验"。中伊两国都曾是历史上的强盛国家，但相互之间从无对抗与冲突，唯有通过陆上和海上丝路互联互通。诸多波斯物种的输入，丰富了中国人的生活；中国的四大发明，以及丝绸、瓷器、茶叶经过波斯运往欧洲。中国盛唐的兴衰、回民族的形成，皆与波斯密不可分。

如今，伊朗已经成为中国企业和实业家在海外开拓发展的主要市场之一，也是中国进口能源的最大供应国之一。《中国和伊朗的故事》的出版，必将进一步增进两国人民之间的相互认知、了解和理解。只有民心相通，才会一通百通，从而助推两国关系更上层楼。

值此，特别感谢两国元首特命全权代表——我的新朋友克沙瓦尔兹扎德大使和我的老朋友庞森大使为本书写序。扎德大使甫到任，就在其官邸接待了我们并慨允作序；庞大使刚从国内返使馆，就发回了序言文稿。

同时，对中伊友协会员和诸多长期热衷推动中伊两国民间文化、商贸交往的中伊朋友，不吝拨冗赐稿、译稿或提供其他方式的帮助，尤其是前驻巴勒斯坦大使刘爱忠利用其长期在伊朗学习和工作的经验提供的独特帮助，在此一并致以谢忱。

刘振堂

2019 年 3 月 3 日